nomen

Aktham Suliman

Krieg und Chaos
in
Nahost

Eine arabische Sicht

nomen

Keine Erde, vermute ich,
wurde so sehr mit Sonne und Blut begossen
wie die meiner Heimat;
keine Trauer auf Erden ist so groß
wie die der Menschen dort.
Doch es ist meine Heimat:
Nirgends sonst
lache ich aus ganzem Herzen,
weine ich aus ganzem Herzen,
sterbe ich aus ganzem Herzen.
Nur dort.

Muthaffar al-Nawwab
– irakischer Dichter –

3. Auflage 2018

© Nomen Verlag, Frankfurt am Main 2017
Alle Rechte vorbehalten

www.nomen-verlag.de

Lektorat: Wolfgang Metzler
Umschlaggestaltung: Blazek Grafik, Frankfurt am Main
Satz und Layout: Nomen Verlag, Frankfurt am Main
Druck und Bindung: CPI Clausen und Bosse, Leck
Printed in Germany

ISBN 978-3-939816-40-9

In Gedenken
– stellvertretend für Millionen Getöteter seit 1991 –
an:

Atwar Bahjat,
sie wäre heute 40,

Mazen al-Tmaizi,
er wäre heute 37,

und

Rasheed Hameed Waali,
er wäre heute 56,

und wir wären alle vermutlich
noch immer Freunde
und hätten
– wie damals in Bagdad –
sehr viel gelacht
„aus ganzem Herzen"

Berlin, Frühjahr 2017

Inhalt

Statt einer Einleitung: Eine Gebrauchsanweisung

Sterben ist, wenn man sich tot glaubt. Eine Angelegenheit des Bewusstseins, der Wahrnehmung eben. An jenem Abend Ende Oktober 2003 bin ich in Bagdad in meinen Augen kurz gestorben. Es gab nach einer Explosion ein Großfeuer, Löscharbeiten und ein Durcheinander. Ich lag mitten auf der durch das Löschwasser nass gewordenen Straße. Einen halben Meter entfernt von mir lag mein Journalistenausweis mit Bild und Namen nach oben. Dieser war beim Fallen oder durch den Knall auf den harten Boden aus der oberen Hemdtasche geflogen. Gefühllosigkeit, Kälte und Stille bestimmen die Perspektive des Todes. Nur ein Gedanke kreiste wie verrückt in mir vor – oder über? – dieser Kulisse: „Den Ausweis, den Ausweis, damit meine Leiche identifiziert werden kann." So bewegte sich meine rechte Hand irgendwann in Richtung Ausweis und ich mich in Richtung Leben. Nun war ich, anders als mich meine Wahrnehmung für einen kurzen Moment glauben ließ, doch nicht gestorben und meine Prellungen waren im Vergleich zu den in solchen Fällen zerfetzten Menschenkörpern eher symbolisch. Die Vorstellung allerdings, dass auch Tote, Totgeglaubte oder sich tot Glaubende auf ihr ICH, auf NAMEN, KÖRPER und IDENTITÄTEN bestehen, faszinierte mich und tut es bis heute: Auch eine Leiche braucht einen Namen, auch ein Tod braucht einen Lebenslauf.

Dieses Buch versteht sich grundsätzlich als Lebenslauf des Todes im Nahen Osten des letzten Vierteljahrhunderts aus arabischer Sicht. Vor circa 25 Jahren, Anfang 1991, erreichte die Zahl ausländischer bewaffneter Männer und Frauen aus über dreißig Ländern auf einem kleinen Fleck Wüste im Nordosten der Arabischen Halbinsel mehr als eine halbe Million. Für den Westen war es der Beginn der „Operation Wüstensturm" zur Befreiung Kuwaits von der im Sommer davor erfolgten irakischen Invasion. Für viele in der Arabischen Welt war es ein Sturm des Todes, von dem sich die Region zwischen dem Atlantischen Ozean und dem Persischen Golf bis heute nicht erholt hat. Mit dem Kriegsbeginn im Jahr 1991 – das ist die Kernthese dieses Buches –

nahmen viele später stattfindende Entwicklungen und Ereignisse zwischen der Arabisch-Islamischen Welt und dem Westen ihren Lauf: vom 11. September 2001 und dem „Krieg gegen den Terror" bis hin zum Irak-Krieg 2003 und dem „Arabischen Frühling" 2011 sowie später der Entstehung des „Islamischen Staates" (IS). Ein weiterer Aspekt des Buches entstand zugegebenermaßen beim Schreibprozess selbst. Immer eindringlicher stellte sich die Frage nach den Hintergründen: Warum so viel Krieg und Chaos? Ein Lebenslauf des Todes im Nahen Osten mag als dokumentarisches Vorhaben sehr interessant sein. Für einen Erklärungsansatz ist er auf jeden Fall zu wenig.

Vor diesem Hintergrund entstand während des Schreibens zusätzlich zur oben erwähnten Kernthese über die Folgen des Krieges von 1991 eine Art Sinn-These. Diese kristallisierte sich erst später heraus, nachdem das Buch fast fertig war. Sie entsprang der Ratlosigkeit angesichts der Lücken und Widersprüche im Lebenslauf des Todes, wurde dann im Schlusskapitel angeschnitten und bedarf sicherlich einer weiteren separaten und tiefergehenden Behandlung in der Zukunft. Dabei geht es um Weltkonstellationen bzw. die politischen und ökonomischen Interessenlagen internationaler Akteure, die herangezogen werden müssen, um die Entwicklungen im Nahen Osten zu verstehen. Mehr zur Kernthese und zur Sinn-These des Buches sei an dieser Stelle nicht verraten, nur so viel: Das Buch verfolgt nicht unbedingt die Frage nach den Fehlern oder gar der Schuld des Westens. Hierzu sei auf andere Werke verwiesen, denen man nicht genug Respekt zollen kann, wie zum Beispiel Jürgen Todenhöfers *Warum tötest Du, Zaid?* (2008), Peter Scholl-Latours *Der Fluch der bösen Tat. Das Scheitern des Westens im Orient* (2014) sowie Michael Lüders' *Wer den Wind sät. Was westliche Politik im Orient anrichtet* (2015). Der Umgang des Westens mit dem Nahen Osten bleibt jedoch auch jenseits der Suche nach Fehlern und der Klärung von Schuldfragen zutiefst entscheidend. Denn ohne den Einfluss des Westens wäre die Nahost-Region nicht so geworden, wie sie heute ist. Aus diesem Grund bewegt sich dieses Buch nicht nur entlang vieler Schauplätze in der Arabischen Welt, sondern auch entlang der Reibungslinien zwischen der Arabisch-Islamischen Welt und dem Westen.

Krieg und Chaos in Nahost beansprucht nicht DIE, sondern EINE arabische Sicht zu präsentieren, wohl wissend, dass mehr als 400 Millionen Araber in über zwanzig arabischen Staaten und im Ausland das Recht auf mehr als nur eine Sicht haben. Es gibt aber das empfundene Gemeinsame. Aus arabischer Sicht handelt es sich bei den letzten 25 Jahren nicht nur um historische Entwicklungen und Ereignisse, sondern vielmehr um konkrete Schicksalsmomente für Menschen aus Fleisch und Blut. Dabei änderten sich Biographien von Millionen von Arabern, darunter auch die des Autors dieses Buches. Nichtsdestoweniger oder gerade deswegen sei auch daran erinnert, dass just aus jener arabischen Sicht – allen Nachrichtenbildern zum Trotz – im Nahen Osten nicht nur gestorben und geweint, sondern auch gelebt und gelacht wird. Diesem auf den ersten Blick paradox erscheinenden Zustand wollen die Kapitel dieses Buches inhaltlich und stilistisch Rechnung tragen, sei es auch um den Preis, dass sich das Buch den Vorwürfen des Zynismus oder – Gott und Allah bewahren! – der Political Incorrectness ausgesetzt sieht. Zu einer arabischen Sicht gehört außerdem eine breitere, auch die Gefühle umfassende Definition des Begriffs Sachlichkeit. Denn was ist eine sachliche Analyse ohne Menschen, die Weltgeschichte ohne Seele? Aus den Zeilen dieses Sachbuches blicken die Gesichter dreier Freunde: Atwar Bahjat, Mazen al-Tmaizi und Rasheed Hameed Waali. Sie lagen, wie ich, auch irgendwann einmal, jeder für sich anderswo regungslos im Irak. Nur, sie blieben liegen.

Die Frage nach der Relevanz einer arabischen Sicht für eine westliche Leserschaft ist und bleibt legitim. Moralische, kulturelle und ökonomische Antworten gibt es genug; dieses Buch bevorzugt allerdings eine praktische Antwort. Der Westen und die Arabische Welt sind Nachbarn. Sie sind es einmal durch tatsächliche geographische Nähe, wie im Falle von Europa. Böse Zungen behaupten mittlerweile: Von Arabien nach Europa ist es nur noch ein „Flüchtlingssprung". Sie sind es aber auch oft durch strategische Nähe, wie im Falle der USA. Böse Zungen behaupten hierzu: Von einem fahrenden Auto irgendwo in der Nahost-Wüste bis in die Hölle – oder das Paradies? – ist es nur noch ein „Fingersprung". Gemeint ist der Fingersprung eines in der Wüste von Nevada auf dem amerikanischen Luftwaffenstützpunkt Creech stationierten US-Drohnen-Bombers. Ein Sprung hin zum entsprechenden Knopf mit der roten Aufschrift „FIRE" vor einem Bildschirm, der das weit entfernte Ziel zeigt. An der geographischen, strategischen und somit geostrategischen Nachbarschaft des Westens zur Arabischen Welt ändert auch die Wahl eines Donald Trump als US-Präsident im Herbst 2016 nichts. Denn auch unter einem Trump gilt: So einander nah und fern zugleich wie der Westen und die Arabische Welt sind sich wahrscheinlich kaum zwei andere Regionen auf der Erdkugel. Der Weg vom „Wüstensturm" im Zweiten Golfkrieg hin zu jenem Flüchtling und jenem Von-Drohnen-Getroffenen ist der Leitfaden der analytischen, journalistischen und persönlichen Reise auf den folgenden Seiten.

Mit dem Zweiten (Golfkrieg) sieht man besser

„Als ob das Schicksal nun, wo ich ans Aufhören denke, mich zum Ursprungsort zurückführen und somit unbedingt einen kreisförmigen Verlauf nehmen wollen würde." Diese durchaus kitschig klingenden Worte schrieb ich Mitte Mai 2012 in meinen zu einer Art Tagebuch umfunktionierten Kalender. Sie waren allem Kitsch und fehlender Originalität zum Trotz ehrlich gefühlt und gemeint. Der Auftrag meines Arbeitgebers, des arabischen Nachrichtensenders *Al-Dschasira* (auch: *Al Jazeera*), klang harmlos: Von Deutschland aus in den Irak zu fliegen und dort über die Gespräche zwischen den 5+1-Mächten (den ständigen Mitgliedern des UNO-Sicherheitsrates und Deutschland) und dem Iran über dessen Atomprogramm zu berichten. Diese Gespräche waren im Übrigen eine immer wiederkehrende diplomatische Dauerangelegenheit, bis das Iran-Atom-Abkommen Mitte Juli 2015 vereinbart wurde. Im Jahr 2012 fanden sie in der irakischen Hauptstadt Bagdad statt.

Ich war zu jener Zeit innerlich so weit: Fast eineinhalb Jahre nach dem sogenannten Arabischen Frühling und mehr als zehn Jahre nach dem Unterschreiben meines Arbeitsvertrages konnte ich mir sehr wohl das Ende meiner Karriere als Korrespondent und Büroleiter von *Al-Dschasira* in Deutschland vorstellen. Sechs Wochen später, Ende Juli, werde ich meinen Chefs schreiben: „Nach langem Nachdenken kündige ich hiermit – fristgerecht – ... zum 1. Oktober 2012. Meine Kündigung ist endgültig.... Ich wünsche dem Sender und all unseren arabischen Ländern bessere Zeiten als die jetzigen." Es war eine Art Genesungswunsch an die Chefetage, der meine Kritik an dem unprofessionellen Umgang des Senders mit dem Arabischen Frühling eher zu betonen als zu verbergen vermochte.

Damit war das Ende eines Märchens namens *Al-Dschasira,* auch – in Anlehnung an den erfolgreichen amerikanischen Sender – das „Arabische CNN" genannt, in meinen Augen besiegelt. Sechzehn Jahre nach Gründung des Senders im Jahr 1996 war mir und vielen anderen klargeworden: Die Araber bekamen mit

Al-Dschasira ihren eigenen, lang ersehnten, unabhängigen und professionellen Sender nun doch nicht. Stattdessen eher einen weiteren Propaganda-Sender, der mittlerweile eine klare politische Ausrichtung aufweist: mal als Instrument der Mutter aller späteren islamistischen Bewegungen, der Muslimbruderschaft, mal als Instrument der katarischen Außenpolitik und immer im Dienste der Interessen der USA. Das ging auf Kosten der Glaubwürdigkeit und blieb in der arabischen Öffentlichkeit selbstverständlich nicht unbemerkt. So begann zu jener Zeit zum Beispiel der in Kalifornien lebende libanesische Intellektuelle Asad Abu Khalil, *Al-Dschasira* in seinen Artikeln als „Sprachrohr der NATO" (North Atlantic Treaty Organization) zu bezeichnen. Das war eine Anspielung auf den mittlerweile offensichtlichen Einklang der Programminhalte mit der Außen- und Sicherheitspolitik der USA. Für mich war dies eine nicht hinnehmbare Endstation für einen Sender, der sich in der Vergangenheit durch seine abweichende Berichterstattung über den 11. September 2001 oder den Irak-Krieg 2003 als Alternativmedium zu den westlichen Medien einen Namen gemacht hatte.

Ich nahm den Auftrag des Noch-Arbeitgebers im Mai 2012 dennoch sofort an: Am Anfang war der Irak und auch am Ende sollte er es sein; ein passender Abschiedsort. Es war mein letzter Auslandseinsatz für *Al-Dschasira*. Am Anfang war der Irak, weil alles, was ich später meine journalistische Karriere nennen durfte, mit dem Irak und dem Zweiten Golfkrieg begann. Dabei bin ich eigentlich Syrer und kam Ende 1989 von Damaskus nach Europa, ursprünglich um Informatik zu studieren. Eine persönliche Geschichte? Keineswegs. In Wahrheit ist es die Geschichte einer ganzen Region und vieler, sehr vieler Millionen von Menschen, deren Leben ohne den Zweiten Golfkrieg und dessen Nachbeben ganz anders verlaufen wäre.

Die Reichweite dessen, was am 2. August 1990 begann, als irakische Panzer die Grenze zum benachbarten Kuwait überquerten, war niemandem klar. Es war die erste Stufe einer Entwicklung, die Monate später zu einem erschütternden und neuartigen Krieg im Nahen Osten führen würde: dem Zweiten Golfkrieg (der erste fand von 1980 bis 1988 zwischen dem Irak und dem

Iran statt). Bereits einige Monate vor dem militärischen Ausbruch des Konfliktes entflammte ein Streit zwischen dem Irak
und Kuwait über die Höhe der Ölfördermengen bzw. den Öl-
preis, des Weiteren über die sich während des ersten Golfkrieges
angehäuften Schulden Bagdads bei dem Golfemirat und über
angebliche unzulässige Bohrungen in irakischen Ölfeldern seitens Kuwaits.

Auch für uns junge arabische Studenten aus Syrien, Palästina, dem Jemen oder Jordanien bedeutete der Ausbruch eines
Krieges in unserer Herkunftsregion wenige Monate nach der
Ankunft in Deutschland einen Schock. Die Polarisierung unter
uns erreichte bis dahin nicht gekannte Formen: Man war jetzt
für oder gegen Präsident Saddam Hussein (1979-2003). Dazwischen gab es nichts. Das mag an unserem jugendlichen Alter gelegen haben oder an den spärlichen Informationen, die uns zur
Verfügung standen. Wir hatten damals ja weder Internet, noch
Handys, noch arabische Satellitenfernsehsender. Es gab lediglich
zwei oder drei internationale arabische Zeitungen, von denen
sehr wenige Exemplare, oft um einen Tag verspätet, in den
Hauptbahnhofkiosken größerer deutscher Städte lagen. Die Polarisierung mag aber auch mit dem Ausmaß des Krieges selbst
zusammengehangen haben. Regionalkriege und Flächenbrände
waren auch für hart gesottene „Nahostler" wie uns etwas ganz
Neues. Sicher ist: Für seine Befürworter war der irakische Präsident der Ritter der arabischen Nation, für die Gegner ein
Dummkopf, der sein Land und die ganze Region ins Verderben
führen würde. Die konkreten persönlichen Ängste, die letztendlich alle erfassten, waren hingegen gleich: Etwas Großes und Be-
drohliches ist im Gange und unsere Familien sind mitten drin.
Die Rede war sogar vom Einsatz chemischer und biologischer
Massenvernichtungswaffen und von Dutzenden von Ländern,
die an diesem Krieg teilnehmen würden.

Dabei hatten wir es in Deutschland besser als die Araber in
den USA oder in Großbritannien. Denn Deutschland beteiligte
sich nur finanziell an dem Konflikt. Scheckbuchdiplomatie hieß
eine solche außenpolitische Vorgehensweise damals. Die einzige
deutsche Kontroverse zeigte sich in Form einer Mini-Debatte
über die Zulässigkeit des Einsatzes deutscher Bundeswehringe-

nieure auf AWACS-Ausspähflugzeugen der NATO, die den Luftraum über Saudi-Arabien überwachen sollten. Wenn wir – die arabischen „Nix-Ganz-Verstehen-Studenten" – die Bewegungen der Brille des Moderators Erich Böhme (gest. 2009) in seiner damaligen Sendung „Talk im Turm" auf *Sat.1* richtig interpretiert hatten, dann war die vorherrschende Meinung in seiner Politrunde: nicht zulässig! Dieser pflegte seine Brille, je nach Diskussionslage, hektisch auf- und abzusetzen oder einfach ausdrucksstark zu jonglieren: mal damit in der Hand spielend, mal deren Spitze nachdenklich in den halboffenen Mund steckend. Keiner konnte damals unter Einheitskanzler Helmut Kohl (1982-1998) ahnen, dass deutsche Soldaten wenige Jahre später auf dem Balkan, ja gar am Hindukusch stehen würden.

In einer Herbstnacht 1990 waren wir, etwa 15 arabische Studenten, in einem Zimmer versammelt. Man suchte in der Fremde die Nähe und den Zusammenhalt, während irgendwo nicht weit entfernt in der Heimat ein Großkrieg drohte. Der Rauch unzähliger Zigaretten hielt sich trotz offener Fenster hartnäckig im oberen Drittel des Raumes. Nach einigen Kartenspielrunden, vielen mit halb zugefallenen Augen und zitternder Stimme vorgetragenen Pro- und Contra-Argumenten und noch mehr Wodka schliefen die Jungs ein. Es war ungeheuerlich, wie viel Energie und Machtlosigkeit sich in diesem kleinen Raum gleichzeitig stauten, einfach zum Heulen, zumindest aus der Sicht des 20-Jährigen, der ich damals war. Dass wir die in wenigen Stunden stattfindenden Informatik-, Mathematik- und Physikvorlesungen an der Universität nicht würden besuchen können, lag auf der Hand. Sie erschienen uns sogar nutzlos und überflüssig angesichts der zugespitzten und dramatischen Situation in unserer Heimatregion. Denn der Tag wurde beherrscht vom mühsamen Kampf mit der deutschen Sprache im Zusammenhang mit der Berichterstattung über den Konflikt am Golf – und die Nacht von endlosen Diskussionen auf Arabisch. In jener Herbstnacht überkam mich, während die anderen um mich herum schliefen, ein quälendes Gefühl absoluter Macht- und Sinnlosigkeit und mündete schließlich in eine kleine innere Explosion mit allem, was dazu gehört. Am nächsten Morgen war mir klar: Ich werde kein Informatiker, sondern Journalist. Das schien zumindest für jemanden wie mich sinnvoller zu sein, der es mit der Nachrichtenverfolgung nicht sein lassen konnte und trotzdem noch ein ganzes Leben lang über die Runden kommen will, ja kommen muss.

Doch in der Region selbst blieben die Explosionen mit dem Ausbruch des Krieges im Januar 1991 weder klein noch innerlich.

Die Welt zu Gast bei uns

Nicht nur im Empfinden junger arabischer Studenten im Ausland erschien der Umfang der Militärpräsenz ausländischer Truppen auf der Arabischen Halbinsel im Jahr 1991 ungeheuerlich. Es war fast ein halbes Jahrhundert her, als so viele ausländische Truppen auf arabischem Boden standen. Damals, kurz vor dem endgültigen Scheitern des deutschen Afrikafeldzuges im Zweiten Weltkrieg standen in Libyen Ende Januar 1943 die Truppen der Achsenmächte einer halben Million alliierter Soldaten und somit einer doppelten Übermacht gegenüber (bei der berühmteren Schlacht von El Alamein in Ägypten waren es 1942 insgesamt nur circa 300.000 Mann). Der Zweite Golfkrieg war der bedeutendste Krieg seit dem Ende des Zweiten Weltkrieges, sowohl was Rüstungsgüter als auch den Mobilisierungsgrad der Kriegsparteien angeht.

Anders als im Zweiten Weltkrieg bekämpften sich allerdings die ausländischen Truppen auf arabischem Boden im Jahre 1991 nicht gegenseitig. Der einzige Gegner der circa 700.000 in Saudi-Arabien versammelten Soldaten, die mehrheitlich von außerhalb der Region stammten (über 75 Prozent von ihnen aus den USA und Großbritannien), war augenscheinlich die irakische Besatzungsarmee auf kuwaitischem Gebiet. Dieses Mal bekämpften sich zudem die Araber selbst, auch wenn die Beteiligung von circa 110.000 Soldaten aus arabischen Staaten an dem von den USA gebildeten internationalen Militärbündnis aus 34 Ländern eher symbolischer Natur war. Denn Saudi-Arabien und die anderen Golfstaaten fühlten sich durch den Irak bedroht und befürchteten ein ähnliches Schicksal wie Kuwait. Bereits damals haben Länder des „Neuen Europa" – wie einige Jahre später der amerikanische Verteidigungsminister Donald Rumsfeld (2001-2006) die ehemaligen europäischen Ostblockstaaten lobend hervorhob – ihre Hilfsbereitschaft bei neuen Aufgaben bekundet. Polen, Ungarn und die Tschechoslowakei, damals offiziell noch Mitglieder des Warschauer Paktes, beteiligten sich bereitwillig am Bündnis gegen den Irak. Zur Ironie der Geschichte gehört, dass auch Afghanistan unter der – trotz Abzug der Roten Armee im Februar 1989 – noch sowjetisch gestützten Regierung von Präsident Mohammed Nadschibullah (1986-1992) ein Teil des Militärbündnisses war.

In der Zeit zwischen dem Fall der Berliner Mauer im November 1989, der Auflösung des Warschauer Paktes im Juli und dem Zerfall der Sowjetunion im Dezember 1991 erkannten viele Staaten, dass sie politisch obdachlos geworden oder auf dem besten Weg zur Obdachlosigkeit waren. Das betraf auch einige arabische Staaten, die sich Jahrzehnte lang nach Osten orientiert hatten. So beschreibt zum Beispiel Faruk al-Scharaa, der Ex-Außenminister Syriens (1984-2006) in seinem 2015 auf Arabisch erschienenen Buch *Al-Rewaya al-Mafqooda* (Das fehlende Narrativ) seine Eindrücke nach einem Moskau-Besuch Ende April 1990 mit dem ehemaligen Präsidenten Hafiz al-Assad (1970-2000) wie folgt: „Es wurde uns klar, dass die Sowjetunion in eine Phase des Rückgangs eingetreten, dass der Kalte Krieg zugunsten der USA ausgegangen und dass auf unseren Alliierten, die Sowjetunion, kein Verlass mehr ist." Vier Monate später hat sich Syrien dazu entschieden, sich an der internationalen Militärkoalition zur Befreiung Kuwaits mit 17.000 Mann zu beteiligen. Es sah so aus, als ob sich die Hauptakteure der Gruppe, die sich später „Internationale Gemeinschaft" nennen würde, und diejenigen, die dazu gezählt werden wollten, ein Jahr nach dem Fall der Berliner Mauer auf der Arabischen Halbinsel verabredet hätten. Die Welt zu Gast bei uns in Arabien, sogar in Uniform.

***

Apropos Mauer. Die Berliner Luft roch im Sommer 1990 nach großen Hoffnungen, nicht nur, weil die Mauer verschwunden war. Die Deutsche Mark befand sich bereits ab Juli in den Portemonnaies aller Deutschen. Diese waren dann auch – alle zusammen – am 8. Juli 21:45 Uhr unter Teamchef Franz Beckenbauer Fußballweltmeister geworden. Die Volkskammerwahl in der Noch-DDR fand bereits im Frühling statt und brachte die Ost-CDU als stärkste Kraft hervor. Ein Votum für die deutsche Einheit, würde man später sagen, weil die CDU im Wahlkampf das Ziel der Wiedervereinigung groß auf ihre Fahne geschrieben hatte. Auch im Alltag standen die Zeichen auf Entspannung. Fahrradtouren durch Ganz-Berlin waren – nach jahrzehntelanger Kriegsangst – in jener Zeit sehr angesagt.

Die Nachrichten über die parallel laufenden und beunruhigenden Entwicklungen im Nahen Osten konnten die euphorische Stimmung hierzulande nicht trüben. Lediglich in den Nachrichten liefen Meldungen über die Krise am Golf und auf dem Berliner Bahnhof Zoologischer Garten war aus den im hinteren Teil der großen Halle aneinander gereihten Telefonzellen vermehrt lautes Arabisch zu hören. Andere Länder, andere Stimmlagen und anderes Telefonierverhalten, würde wahrscheinlich der deutsche Otto Normalverbraucher damals gedacht haben. Otto-Kataloge waren übrigens zu jener Zeit tatsächlich noch sehr verbreitet und erlebten nach der deutschen Wiedervereinigung sogar einen echten Boom. Der Fernsehbildschirm und die auffällig laut in ihre Heimat telefonierenden Araber: das war es aber auch schon mit der Golfkrise in Deutschland. Dabei hatte sich seit Sommer 1990 ein Prozess in Gang gesetzt, der Kriegszeiten erahnen ließ. Es ging Schlag auf Schlag, quasi atemlos im Zeitraffertempo.

Wenige Stunden nach Beginn der irakischen Invasion verabschiedete der UNO-Sicherheitsrat die Resolution 660. Diese verurteilte die Invasion und verlangte einen Rückzug der irakischen Truppen vom kuwaitischen Territorium. Vier Tage später, am 6. August, verabschiedete der Sicherheitsrat die Resolution 661 und verhängte Wirtschaftssanktionen gegen den Irak. Eine Weltsensation, genauer eine Weltsicherheitsratssensation: Denn dies waren die ersten wirtschaftlichen UNO-Sanktionen, die auf Artikel 41 (nichtmilitärische Maßnahmen) und Artikel 25 (für alle Mitglieder bindend) der Charta der Vereinigten Nationen basierten. In Straßenkampfsprache: der Würgegriff. Am 8. August kündigte US-Präsident George Herbert Walker Bush (1989-

1993), später auch Bush Senior genannt, den Beginn einer „insgesamt defensiven" Militäraktion „Operation Desert Shield" (Operation Wüstenschild) an, um Saudi-Arabien vor einem angeblich möglichen irakischen Angriff zu schützen. Am 9. August wurde die Resolution 662 verabschiedet. Diesmal ging es darum, die Wiederherstellung der „Souveränität, Unabhängigkeit und territorialen Integrität" Kuwaits zu fordern.

Am 10. August trafen sich die arabischen Staaten zu einem Sondergipfel der Arabischen Liga in Kairo, verurteilten mehrheitlich den irakischen Truppeneinmarsch in Kuwait und beschlossen die Entsendung einer Friedenstruppe zum Schutze Saudi-Arabiens und anderer Golfstaaten. Die Zerrissenheit der arabischen Staaten angesichts der sich überschlagenden Ereignisse zeigte das Abstimmungsergebnis: zwölf für den Beschluss, drei dagegen bei fünf Enthaltungen.

Am 18. August verabschiedete der UNO-Sicherheitsrat die Resolution 664, die den Irak aufforderte, allen damals im Land festgehaltenen ausländischen Bürgern die Ausreise zu ermöglichen. Am 22. August ordnete Präsident Bush die Mobilisierung der Reservisten an. Am 25. August wurde die Resolution 665 des UNO-Sicherheitsrates zur Durchsetzung der Sanktionen, unter Anwendung von den auf die Schifffahrt begrenzten Blockaden, verabschiedet. Am 28. August erklärte die irakische Regierung Kuwait zur 19. Provinz des Irak. Am 13. September wurde die Resolution 666 verabschiedet, die aus humanitären Gründen wenigstens begrenzte Lebensmitteltransporte in den Irak erlaubte. Am 16. September folgte Resolution 667, die die irakischen „Übergriffe auf die diplomatischen Vertretungen" in Kuwait verurteilte. Am 25. September weitete der Sicherheitsrat durch die Resolution 670 das Embargo auch auf den Luftverkehr aus.

Aus der Sicht der arabischen Massen erschien das alles wie eine juristisch einwandfrei laufende Kriegsmaschinerie. Aus westlicher Sicht sah es im Allgemeinen nach einem UNO-Sicherheitsrat aus, der endlich mal so geschlossen, aktiv und effektiv wie noch nie zuvor funktionierte. Nach einem Welt-Sicherheitsrat, der zu „The New World Order", der neuen Weltordnung ohne den alten Kalten Krieg, passte. West-Optimismus gegenüber Arab-Pessimismus: Des einen Fried ist des anderen Krieg.

***

Natürlich war die Besetzung eines Mitgliedslandes der Vereinten Nationen wie Kuwait nach internationalem Recht nicht hinnehmbar. Das Bombardement von acht UNO-Resolutionen innerhalb weniger als zwei Monaten läutete allerdings weniger den Sieg des internationalen Rechts ein; es stand vielmehr symbolisch für den Beginn des „Neuen Amerikanischen Jahrhunderts". Eine neokonservative amerikanische Denkfabrik nannte sich zwischen 1997 und 2006 tatsächlich „Project for the New American Century" (PNAC) und hatte einen großen politischen Einfluss, auch auf die späteren Ereignisse im Nahen Osten. Deren Prinzipien sind sehr einfach: US-amerikanische Führerschaft ist erstens gut für Amerika und die ganze Welt und erfordert militärische Stärke; die multipolare Welt mit der Sowjetunion als ebenbürtiger Gegenpol hat zweitens doch nur zu Kriegen geführt und die US-Regierung soll drittens nun Kapital aus ihrer technologischen, wirtschaftlichen und militärischen Überlegenheit in einer unipolaren Welt schlagen. Genau das praktizierten die USA bereits in den Jahren 1990/1991.

Am 29. November 1990 war es dann mit der Resolution 678 so weit. In dieser ermächtigte der UNO-Sicherheitsrat die Mitgliedsstaaten der Vereinten Nationen, „alle notwendigen Mittel, die Resolution 660 zu unterstützen und durchzuführen", einzusetzen, sofern der Irak nicht bis zum 15. Januar 1991 den UNO-Resolutionen Folge leistete. Gemeint oder verstanden wird dabei im UNO-Sprachgebrauch nur das eine unausgesprochene Mittel: das Militärische. Es wurde somit Zeit, dass hunderttausende von amerikanischen und anderen Soldaten, die erst seit circa drei Monaten in der Region zusammengetrommelt wurden, endlich „höhere" Ziele ins Auge fassten. Der scheinbar harmlose Schutz-Schild einer „insgesamt defensiven" „Operation Wüstenschild" verwandelte sich über Nacht in einen aggressiven „Sturm": Damit war die offensive „Operation Desert Storm" (Operation Wüstensturm) geboren. Mit der Namensänderung der Operation und der damit verbundenen verstärkten ausländischen Militärpräsenz veränderten sich auch die Einstellungen und Gefühle der Bewohner der Region. Aus der von vielen Arabern sonst nur als ungerecht empfundenen Weltgemeinschaft wurde somit über die Wochen des Konfliktes am Ende eine feindliche. Drei Tage vor Ablauf des UNO-Ultimatums beschloss der amerikanische Kongress, die irakischen Truppen unter Anwendung militärischer Gewalt aus Kuwait zu vertreiben.

So begann durch die massiven US-Luftangriffe auf den Irak am 17. Januar 1991 um 3:00 Uhr Ortszeit – mehrheitlich beschlossen und somit demokratisch legitimiert – das neue Zeitalter im Nahen Osten. Ein Beginn, der kaum zu übersehen oder zu überhören war, mit einem Luftkrieg, reißerisch über die Medien fast in Echtzeit in Szene gesetzt, wie ihn die Welt seit dem Zweiten Weltkrieg in dieser Form nicht mehr erlebt hatte: Hunderte Kampfflugzeuge und Bomber, mehr als 1000 Luftangriffe mit 1400 Tonnen abgeworfenen Bomben täglich und somit die totale Beherrschung des Schlachtenhimmels, gegen die der Irak keine Chance hatte. Quantitativ betrachtet haben die angreifenden Kampfflugzeuge während des kurzen Krieges am Golf – mehreren Quellen zufolge – eine größere Bombenlast abgeworfen als während des gesamten Zweiten Weltkrieges.

Der Versuch des Irak, Israel mit dem Beschuss von Scud-Raketen ab dem zweiten Kriegstag direkt in die kriegerischen Handlungen einzubeziehen, schlug fehl. Die Hoffnung, dass dann die arabischen Staaten zum Verlassen des Bündnisses bewogen werden könnten, weil diese sich sonst mit dem „Erzfeind" Israel in einer gemeinsamen Kriegsfront gegen einen anderen arabischen Staat befänden, erwies sich als die zweitgrößte Fehleinschätzung der irakischen Führung. Die erste stellte die Annahme dar, dass die USA die Besetzung des mit ihnen verbündeten Kuwait im Sommer 1990 irgendwie hinnehmen würden. Denn die USA nahmen nicht nur die Besetzung des einen Regionalpartners Kuwait nicht hin, sondern unterbanden auch jegliche Reaktion des anderen Partners Israel auf die irakischen Angriffe, um die verbündeten arabischen Staaten nicht zu desavouieren. Zum ersten Mal in der Nahost-Geschichte griffen die USA in solch direkter kriegerischer Form in die Region ein, ganz nach dem Motto: Das hier ist Chefsache. Und das sehr zum Ärger des damaligen israelischen Ministerpräsidenten Jitzchak Schamir (1986-1992) von der konservativen Likud-Partei.

Am 24. Februar 1991 begann der Bodenkrieg mit dem Einmarsch von US-Marines auf kuwaitisches, aber auch auf irakisches Territorium. Zwei Tage später ordnete der Irak offiziell den Rückzug aus Kuwait an. Am Tag darauf erreichten die amerikanischen Truppen die Hauptstadt Kuwait-City und am 28. Februar verkündete Präsident Bush: „Kuwait ist befreit, Iraks Armee ist besiegt, wir haben das Vietnam-Syndrom ein für alle Mal verscheucht." Diese Worte waren insofern sehr auffällig, als sie kaum in Einklang mit einem Narrativ über den Zweiten Golfkrieg als einem Krieg mit UNO-Mandat und einer internationalen Koalition zur Befreiung von Kuwait zu bringen waren. Vielmehr wirkten sie als kompensatorische Siegesmetapher für die USA zur Überwindung der Schmach der Niederlage im Vietnamkrieg, dem verlustreichsten US-Krieg nach dem Zweiten Weltkrieg.

Hinter dem Rauch brennender Ölfelder

Trotz der hochinteressanten Verbindung zwischen dem Trauma des Vietnamkrieges und dessen kompensatorischer Bewältigung durch den Zweiten Golfkrieg seitens des mächtigsten Mannes der Welt war es weniger die Vietnam-Syndrom-Aussage, die in den arabischen Ohren hängenblieb. Vielmehr machte eine andere Formulierung von George Bush Senior die Runde: Amerika habe die nuklearen Fähigkeiten des Irak „in die Steinzeit zurück gebombt". Das war eine noch denkwürdigere Begriffsverknüpfung durch den US-Präsidenten, diesmal zwischen dem Irak von 1991 und seinen angeblichen Massenvernichtungswaffen. Dabei wurde wieder einiges unter den Teppich gekehrt: Erstens wurde der einzige irakische nukleare Reaktor für die zivile Nutzung der Kernenergie, der mit Hilfe der Franzosen im Aufbau war, bereits 1981 durch die israelische Luftwaffe zerstört. Zweitens hatte der Irak, wenn es sich um Massenvernichtungswaffen handelte, die Materialien und das Know-how für sein Chemie- und Biowaffenprogramm zur Zeit des Irak-Iran-Krieges interessanterweise gerade von den USA, Großbritannien, Frankreich und Deutschland erhalten. Für die Menschen im Nahen Osten legten diese Tatsachen den Verdacht nahe: ABC-Waffen sind in dieser Region dann in Ordnung, wenn sie in den Händen einer mit dem Westen befreundeten Atommacht wie Israel sind oder von einem arabischen Land wie dem Irak gegen die Feinde des Westens, wie den Iran im ersten Golfkrieg, eingesetzt werden. Ansonsten stellten die gleichen Waffen einen Anklagepunkt dar – Doppelmoral und das Messen mit zweierlei Maß lassen grüßen.

Parallel dazu verbreitete sich auf breiter Front bis weit in die Kreise arabischer Studenten in Deutschland und anderen Ländern der Verdacht, nicht seine nuklearen Fähigkeiten, sondern der Irak als Ganzes sollte in die Steinzeit zurück gebombt werden. Die Frage, warum der Irak im Krieg zerstört wurde, anstatt nur Kuwait zu befreien, wurde in den darauffolgenden Wochen und Monaten immer lauter und heftiger diskutiert. Diese Frage war in Anbetracht der Luftkriegsführung der Koalition nicht ganz aus der Luft gegriffen. Denn bombardiert wurde im Irak alles: Elektrizitäts- und Wasserversorgungsanlagen, Kommunikations- und Hafeneinrichtungen, Ölraffinerien und -pipelines, Eisenbahnen, Verbindungsstraßen und Brücken.

Vor der Befreiung Kuwaits gab es nicht nur in der Berliner Studentenszene innerarabische Differenzen im Hinblick auf den bevorstehenden Krieg, die oft mit der Haltung des jeweiligen Heimatlandes übereinstimmten. So waren Syrer und Libanesen eher skeptisch, dass die verfahrene Lage gut ausgehen würde. Syrien und der Irak hatten seit der Machtübernahme von Saddam Hussein im Jahr 1979 schlechte Beziehungen miteinander, obwohl die panarabische Baath-Partei in beiden Ländern an der Herrschaft war. Jemeniten und Palästinenser waren wie ihre jeweilige Führung eher zuversichtlich, dass mit dem Irak eine arabische Großmacht wieder auferstehen könnte, die der Arroganz der Golfstaaten und der Aggression Israels Grenzen setzen würde. Während die allgemeine arabische Haltung gegenüber Israel mit dem damals bereits 40 Jahre alten Nahostkonflikt zu erklären war, trat mit dem Zweiten Golfkrieg die innerarabische Feindschaft zu den Golfstaaten zum ersten Mal in dieser deutlichen Form zutage. Ein Aspekt dieses Zwists war sicherlich auf den durch Erdöl entstandenen Reichtum von Kleinscheichtümern in einer sonst armen Region zurückzuführen. Ein beträchtlicher Teil hing allerdings mit dem erniedrigenden Umgang dieser Staaten mit praktisch rechtlosen und abhängigen – weil jederzeit ohne Angabe von Gründen abschiebbaren – Gastarbeitern aus anderen arabischen Ländern zusammen. Nur aus asiatischen Ländern stammende Gastarbeiter, die ebenfalls erheblich zum Aufbau dieser Scheichtümer und dem Wohlstand ihrer einheimischer Bevölkerung beitrugen, wurden noch massiver ausgebeutet und schlechter behandelt. Auf arabischer Ebene gehörten und gehören Palästinenser und Jemeniten bis heute zu den größten Gruppen unter den Arabern, die am Golf arbeiten.

Ein großer Teil der Differenzen unter den Arabern aus der Zeit vor dem Krieg verschwand als Resultat der Steinzeit-Strategie der USA gegenüber dem Irak innerhalb kurzer Zeit. Auch die Gegner der irakischen Besetzung Kuwaits empfanden die Kriegsführung der Amerikaner bestenfalls als nicht verhältnismäßig. Nach und nach verbreitete sich der Eindruck, dass der Westen vorsätzlich und böswillig den Irak zerstört hatte, um an dem Zweistromland mit Militärmacht ein Exempel zu statuieren und der gesamten arabischen Welt zu signalisieren, wer nun allein das Sagen hat, wenn es um die Durchsetzung politischer und ökonomischer Interessen in der Nahost-Region geht. Verstärkt wurde dieser Eindruck durch die Tatsache, dass die Besetzung Kuwaits keine wirkliche Überraschung war. Bereits zehn Tage vor dem irakischen Einmarsch schrieb *DER SPIEGEL* (30/1990), der Irak bereite einen „Eroberungskrieg gegen Kuwait" vor.

Die Skepsis gegenüber den tatsächlichen Kriegsmotiven der USA wuchs zusätzlich mit der steigenden Zahl irakischer Opfer, die ohne militärische Notwendigkeit gefallen waren. So ereignete sich in der Nacht vom 26. (an diesem Tag kündigte der Irak den Rückzug aus Kuwait an) zum 27. Februar (an diesem Tag erreichten die Amerikaner die Hauptstadt Kuwait-City) eines der dramatischsten Kapitel des Zweiten Golfkrieges, das Kapitel des „Highway of Death" (Autobahn des Todes). Dabei hatte die US-Luftwaffe, die sich auf dem Rückzug befindlichen irakischen Truppen und eingeschlossenen Zivilisten entlang der Hauptverbindungstrasse zwischen Kuwait und dem Irak stundenlang bombardiert. Die US-Piloten bezeichneten ihre Angriffe später als „Turkey Shoot" (Truthahn-Schießen) – der Truthahn ist kein besonders beweglicher Vogel, weder in der Luft noch auf dem Boden. Diese Kennzeichnung drückte auf den ersten Blick lediglich die sehr geringe Wahrscheinlichkeit aus, dass die vielen tausend irakischen Soldaten auf dem Asphaltstreifen inmitten dieser offenen Wüstenlandschaft hätten leicht entkommen können. Bei genauerer Betrachtung drückte sie aber auch den enthemmten Spieltrieb der Angreifer bei einer vorsätzlichen Entmenschlichung der Angegriffenen aus. Denn mit Truthahn-Schießen drückt man in den USA das Schießen auf Zielscheiben aus: eine Übung, ein Hobby, eben ein Spiel mit Gegenständen.

Einer der „Truthähne" auf dem Sandboden zwischen dem Irak und Kuwait hieß Rasheed Hameed Waali und war beweglich genug, um das Ganze zu überleben. Der damals 30-jährige Soldat einer Spezialeinheit der irakischen Armee war allerdings auch Soldat genug, um später weder die eigene irakische Führung noch die Amerikaner für die Erfahrungen jener Zeit verantwortlich zu machen. Danach gefragt, pflegte Rasheed im Jahr 2003 öfters ausweichend zu betonen, Soldaten seien Kämpfer, keine Philosophen. Er wich dann auf Erlebnisse aus dem Ersten Golfkrieg mit dem Iran aus. Dieser sei ein normaler Krieg gewesen. Und die Winternacht Ende Februar 1991? „Das war kein Krieg", sagte er leise und fast beschämt, bevor er aufstand und angab, jetzt anderswo irgendetwas machen zu müssen. Es war vermutlich die Hölle.

***

Im westlichen Gedächtnis steht das Bild der circa 700 von irakischen Truppen bei ihrem überstürzten Abzug in Brand gesetzten kuwaitischen Ölfelder symbolisch für den Zweiten Golfkrieg. Die Löscharbeiten dauerten Monate und der schwarze Rauch über Kuwait machte den Tag zur Nacht. Demgegenüber prägte sich im arabischen Gedächtnis eher das Bild der vielen völlig verbrannten und kilometerlang chaotisch entlang der „Autobahn des Todes" verstreuten Zivil- und Militärfahrzeuge ein. Es hatte etwas Gespenstisches, denn weit und breit waren auf den Bildern keine lebenden menschlichen Wesen zu sehen; alle waren entweder getötet oder geflohen.

Mit Unverständnis und Erschrecken verfolgten auch die Araber im Westen jene schockierenden Bilder aus der Ferne. Sie verfolgten allerdings auch hautnah, wie sich hier in der westlichen Welt spätestens mit dem Zweiten Golfkrieg die Meinung durchsetzte, der Tod sei eine PR-Angelegenheit. Mitte Februar 1991 erklärte zum Beispiel die US-Regierung nach dem berüchtigten Angriff auf den Al-Amiriya-Bunker in Bagdad mit über 400 zivilen Opfern, dieser sei ein „legitimes militärisches Ziel" gewesen und sie „bedauere den Verlust von Menschenleben". Punkt. Der Satz, der alle Regeln der Public Relations befolgte, wirkte auf die Araber eher zynisch als tröstlich. Auf Arabisch gibt es sogar eine Redewendung für ähnliche Fälle von empfundener Dreistigkeit: „Jemanden umbringen und dann noch bei dessen Trauerzug zum Friedhof mitmarschieren." Das ist dreist.

Westliche PR kann vieles schmackhafter machen, nicht jedoch den Tod von hunderten sieben Tage jungen bis 93 Jahre alten Menschen in einem deutlich erkennbar markierten Bunker. Dieser befand sich zudem nicht in der Nähe von Kampfhandlungen, sondern mitten in der Hauptstadt, weit entfernt von jeglicher Front. Genauso wenig tröstlich wie das westliche Bedauern des Verlustes von Menschenleben wirkte auch die Tatsache, dass der Tod äußerst schnell durch zwei bunkerbrechende Präzisionsraketen eintrat, abgefeuert durch zwei zum ersten Mal eingesetzte F117-Kampfflugzeuge, für feindliches Radar unsichtbar. Diese Kampfbomber waren nicht die einzigen Waffen, die im Zweiten Golfkrieg zum ersten Mal zum Einsatz kamen; es waren auch nicht unbedingt die gefährlichsten. Dieser Krieg geht wahrscheinlich als einer derjenigen in die Geschichte ein, in denen nicht nur erprobte Waffen eingesetzt wurden, sondern die selbst zur Erprobung neuer Waffen „eingesetzt" wurden. Jedenfalls heißt das unsichtbare Flugzeug F117 seit 1991 auf Arabisch: „Das Gespenst".

Das Werk der unsichtbaren Gespenster lernte Atwar Bahjat mit 14 Jahren kennen. Als irakischer Teenager in der konservativen Kleinstadt Samarra verfolgte sie wie viele andere Millionen Iraker die Bilder vom „Kollateralschaden" im zerstörten Al-Amiriya-Bunker auf dem Bildschirm des irakischen staatlichen Fernsehens. Vermutlich entstanden bereits damals ihre ersten

Negativgefühle im Zusammenhang mit dem Westen. Sie war damit nicht allein.

Viele Menschen in der Region zwischen dem Atlantik und dem Persischen Golf hatten das Gefühl: Dieser Krieg gegen den Irak ist nicht nur gewollt, sondern auch als Falle für Bagdad von langer Hand geplant worden. Die Anhänger dieser Interpretation in der Arabischen Welt glaubten an einen „Aprilscherz" bzw. eine „April-Lüge" als Mitursache des Konfliktes. Sie verwiesen in diesem Zusammenhang auf die Verhandlungen zwischen dem irakischen Präsidenten Saddam Hussein und der damaligen US-Botschafterin in Bagdad, April Glaspie, vor der Invasion. Letztere behauptete dabei irakischen Quellen zufolge, dass die USA „keine Meinung" zu innerarabischen Streitigkeiten wie den irakischen „Unstimmigkeiten" in Bezug auf die Grenzen zu Kuwait hätten. Dem Irak gegenüber erklärte das US-Außenministerium darüber hinaus, dass die USA keine spezifischen Verteidigungs- oder Sicherheitsabkommen mit Kuwait hätten. Als schließlich die irakischen Truppen in Kuwait einmarschierten, gab es dann doch das oben aufgelistete UNO-Resolutionen-Bombardement und die sofort darauffolgenden militärischen Vorbereitungen für den Krieg.

Verwiesen wird in diesem Zusammenhang auch darauf, dass sich die USA nicht gewillt zeigten, verschiedenen Vermittlungsversuchen mit dem Irak nach der Invasion mehr Platz einzuräumen. Ende Dezember 1990 legte der Irak laut offiziellen US-Quellen ein Rückzugsangebot vor. Im Gegenzug verlangte Bagdad, dass seine abziehenden Truppen nicht angegriffen werden, ausländische Truppen die Region verlassen, Vereinbarungen über das Palästina-Problem getroffen und Nuklearwaffen aus der Region verbannt werden. Die USA forderten jedoch einen bedingungslosen Rückzug und winkten ab. Ähnlich missachtete Washington zwei Tage vor dem Bodenkrieg den durch die Sowjetunion unterbreiteten Vorschlag, dass der Irak seine Truppen innerhalb von drei Wochen aus Kuwait abzieht, worauf dann ein Waffenstillstand folgt und schließlich das Ganze durch den UNO-Sicherheitsrat überwacht wird.

***

Die Selbstverständlichkeit, mit der über dreißig Länder zum Krieg geblasen haben oder dazu verleitet wurden, darf über die bis dahin bestehende Einzigartigkeit des Zweiten Golfkrieges nicht hinwegtäuschen. Es war ein Krieg mit Ankündigung durch Ultimaten, ein Krieg zwischen einer Koalition von über 30 Ländern und einem einzigen Land. Ein Krieg, der auf UNO-Resolutionen fußte, die nicht direkt vom Krieg sprachen und trotzdem einen solchen zuließen, um nicht zu sagen, auf Betreiben des ständigen Mitglieds des Sicherheitsrates USA diesen sogar mit vorbereiteten. Der Zweite Golfkrieg war darüber hinaus der erste Krieg nach dem Zweiten Weltkrieg mit einer solchen direkten massiven internationalen Beteiligung bzw. Einmischung und der erste überhaupt nach dem Fall der Berliner Mauer bzw. nach dem Anfang vom Ende des Ostblocks.

Gerade dieser ungünstige strategische Moment nach dem Mauerfall und dem Bröckeln des Ostblocks ließ keine differenzierte Meinung über Saddam Hussein zu. Es blieb dabei nicht bei Begriffen wie „Ritter" oder „Dummkopf", wie wir es bei den Diskussionen in unserer Jugendsprache als Studenten damals ausdrückten. Vielmehr entwickelten sich später ganze Narrative mit einem kämpfenden „Helden", der zum Opfer internationaler Verschwörung wurde oder einem „Mitverschwörer" und „Agenten des Westens", der Letzterem das Eindringen in die Region ermöglichte.

Rationale und sachliche Überlegungen, Erörterungen und Diskussionen waren in jener Zeit recht selten. Die folgenden selbstkritischen Worte eines tunesischen Journalisten bildeten eine Ausnahme. Er schrieb desillusioniert nach dem bedingungslosen irakischen Abzug aus Kuwait in *Al-Quds Al-Arabi*, einer internationalen arabischen Zeitung: „Ich war für Saddam Hussein. . . . Ich dachte, er hätte an die Risiken gedacht und sich darauf vorbereitet. Doch nun heißt es zur Begründung der Niederlage, der Gegner sei zu stark und die über 30 Koalitionsländer zu viele gewesen. Es ist, als ob man sich unter einen 30-Tonnen-Panzer begeben und dann das erdrückende Gewicht beklagen würde."

Im Regelfall herrschte auf arabischer Seite ansonsten ein emotionalisierter Blick auf den Krieg, vor allem in Verbindung mit der Palästina-Frage. Bei aller Anerkennung der Rolle von

Grenz- und Ölpreiskonflikten zwischen dem Irak und Kuwait vor dem Zweiten Golfkrieg: Zum psychologischen und historisch-politischen Rahmen dieses Krieges gehört zweifelsfrei der arabisch-israelische Konflikt, der seit 1948 für Kriege und Unruhen in der Region sorgt. Viele Araber waren für Saddam Hussein, allein schon deshalb, weil er den Abzug Israels aus den besetzten palästinensischen Gebieten forderte und weil er nach Ausbruch des Luftkrieges die regionale Supermacht Israel mit Raketen beschossen hatte und dessen Verletzlichkeit aufzeigte – zum ersten Mal in der Geschichte eines Nahostkonfliktes voller Demütigungen und Niederlagen für die arabische Seite. Als verstärkender Faktor kam die Dramatik der damaligen Lage in den palästinensischen Gebieten hinzu. Nach fünf arabisch-israelischen Kriegen (1948, 1956, 1967, 1973 und 1982) und zwanzig Jahren israelischer Besatzung im Gazastreifen und in der Westbank wollten die palästinensischen Massen ihr Schicksal in die eigene Hand nehmen. So brach 1987 die erste palästinensische Intifada (Volksaufstand) aus, die im Jahr 1990, als der Irak Kuwait überfiel, drei Jahre und fast 1000 tote Palästinenser alt war. Steinewerfern, meist Kindern, wurden in jenen Jahren von israelischen Soldaten Arme und Beine gebrochen. Der damalige israelische Verteidigungsminister (1984-1990) und spätere Ministerpräsident (1992-1995) Jitzchak Rabin erhielt daraufhin in der Arabischen Welt den Beinamen „Knochenbrecher".

Nach einem Bericht der Hilfsorganisation „Save the Children" aus dem Jahr 1990 benötigten knapp 30.000 minderjährige Palästinenser während der Intifada eine medizinische Versorgung aufgrund der Verletzungen durch Stockschläge. Mazen al-Tmaizi war einer von ihnen. Er führte damals ein für Anfang der 90er Jahre typisches palästinensisches Kinder- und Teenager-Dasein in der Westbank: Schule, Straßenverkauf von Süßigkeiten zur finanziellen Unterstützung der Familie mit drei Brüdern und einer kleinen Schwester, Demonstrationen gegen die israelische Besetzung und Steine-Werfen auf Besatzungssoldaten nahe Hebron.

In dieser aufgeheizten Atmosphäre Anfang der 90er Jahre ergab sich jenseits der Forderung Saddam Husseins nach einem israelischen Abzug aus den Palästinenser-Gebieten als Bedingung für einen irakischen aus Kuwait und jenseits irakischer Raketen auf Israel eine weitere Verbindung zwischen dem arabisch-israelischen Konflikt und dem Zweiten Golfkrieg. So war es keine Seltenheit, dass auch bei einer Diskussion in einem Studentenzimmer in Berlin die Frage aufkam: „Warum warten wir seit 1967 auf die Durchsetzung der Resolution 242 und seit 1973 auf die der Resolution 338, während die Resolutionen im Falle des Irak innerhalb weniger Wochen verabschiedet und sogar militärisch durchgesetzt wurden?" Die erwähnten zwei Resolutionen des UNO-Sicherheitsrats, 242 und 338, sind nach arabischem Verständnis die Ecksteine einer Lösung des Nahostkonfliktes. Denn sie basieren auf dem Prinzip: Land (das heißt die Rückgabe der von Israel im Sechstagekrieg 1967 besetzten Gebiete an die Araber und die Zulassung eines Palästinenser-Staates) gegen Frieden (das heißt die Anerkennung Israels und seiner Existenzberechtigung durch Palästinenser und Araber).

Später wird Mazen erzählen, wie viel Hoffnungen die Palästinenser damals in Saddam Hussein gesetzt hatten, als er die Israel-Schutzmacht USA mit der Besetzung von Kuwait herausforderte, und wie viel Glaubwürdigkeit sie ihm geschenkt haben. Vergebens. Mazen war 14 Jahre alt und lebte immer noch unter der Besatzung, als zwei Jahre nach dem Zweiten Golfkrieg die erste Intifada mit der Unterzeichnung des Osloer Abkommens im Jahr 1993 endete, ohne dass die Palästinenser ihrem Ziel von Freiheit und Selbstbestimmung einen Schritt nähergekommen wären. Das Abkommen zwischen Israel und der Palästinensischen Befreiungsorganisation (PLO) galt vielen Palästinensern als unfair, weil darin das Ziel eines unabhängigen Palästinenserstaates zugunsten einer Autonomie-Lösung geopfert wurde. In dieser „Prinzipienerklärung über die vorübergehende Selbstverwaltung", so lautet der Name dieses Abkommens offiziell, wurden die umstrittenen Kernthemen des Nahostkonflikts wie der endgültige Status der Palästinenser-Gebiete, die Zukunft Jerusalems, die Frage der palästinensischen Flüchtlinge oder die der israelischen Siedlungen im Westjordanland in die Zukunft verschoben. Die Rückkehr von PLO-Chef Jassir Arafat im Sommer 1994 in die Westbank auf der Grundlage der neuen Vereinbarungen mit Israel war für den damals 15-jährigen Mazen wie für viele andere Palästinenser ein kleiner Trost, aber wirklich nur ein kleiner.

Am Anfang war das Wort, dann das Bild

Das Wort des Jahres 1991 lautete in Deutschland: „Besserwessi". Das entschied damals die Gesellschaft für deutsche Sprache e. V. Es steht für eine „Person, die aus den alten Bundesländern stammt und sich gegenüber Bewohner(inne)n der neuen Bundesländer besonders in Bezug auf den politischen und wirtschaftlichen Bereich besserwisserisch und belehrend verhält". So wird dieser Begriff jedenfalls im Duden umgangssprachlich definiert. Als ehemaliger arabischer „Nix-Ganz-Verstehen-Student" in „Germany" halte ich mich bei innerdeutschen Angelegenheiten weitestgehend zurück. Indirekt stand die Wahl von „Besserwessi" allerdings aus arabischer Sicht für die Beschäftigung Deutschlands mit sich selbst im ersten Jahr nach der Wiedervereinigung. Natürlich verschwand die Friedensbewegung nicht ganz nach dem Ende des Kalten Krieges, und es fanden auch in Deutschland nicht wenige Demonstrationen gegen den Zweiten Golfkrieg, Mahnwachen und Friedensgebete statt. Laut einer Befragung des Meinungsforschungsinstitutes Emnid vom Januar 1991 standen jedoch 56 Prozent der Deutschen diesen Demonstrationen ablehnend gegenüber. Man war eben mit sich selbst beschäftigt. Gerade einmal auf Platz sieben bis neun auf der Liste der Wörter des Jahres 1991 kamen damals in dieser Reihenfolge: „Chirurgische Kriegsführung", „Pax Americana" und „Kein Blut für Öl", zusammengefasst: der Zweite Golfkrieg.

Während „Kein Blut für Öl" eine Metapher gegen den Krieg darstellte und „Pax Americana" den amerikanischen Führungsanspruch in der neuen Weltordnung nach Ende des Kalten Krieges symbolisierte, war „Chirurgische Kriegsführung" schlicht und einfach eine Erfindung der Kriegspropaganda. Eine Propaganda, die beim Zweiten Golfkrieg in großem Stil eingesetzt wurde und sich in die Sprache, das Bewusstsein und folglich das Gedächtnis einschlich. Mit „Chirurgischer Kriegsführung" wird im Allgemeinen der Einsatz von präzisionsgelenkter Munition bzw. „klugen Bomben" beschrieben. Es sollte einen „sauberen"

Krieg suggerieren, in dem nur Schuldige fallen. „Liebe Zuschauer, kaufen Sie amerikanische Waffen! Diese sind klug, klopfen an der Tür und gehen ins zweite Zimmer um die Ecke und suchen nur den Terroristen aus", werde ich in einer politischen Talkrunde im deutschen Fernsehen Anfang 2016 zynisch anmerken. Zuvor hatte in ebendieser Sendung ein US-Kollege den Russen vorgeworfen, viele Zivilisten in der syrischen Stadt Aleppo umgebracht zu haben, weil sie, anders als die Amerikaner, über keine „klugen Bomben" verfügten.

Wer hätte das gedacht? Die „klugen Bomben" und die „Chirurgische Kriegsführung" samt „Chirurgen" haben 25 Jahre überlebt und begleiteten sogar die Debatten zum Syrien-Krieg. Eine intensive, konsequente und nachhaltig-kritische Berichterstattung über die von den USA zum ersten Mal im Krieg von 1991 intensiv eingesetzte Uran-Munition war hingegen in den westlichen Medien im gleichen Zeitraum immer seltener zu finden. Dieser werden Krebserkrankungen, Missbildungen und das sogenannte Golfkriegssyndrom, unter dem viele US-Soldaten nach der Rückkehr in ihre Heimat litten, zugeschrieben. Im Dezember 2016 bestätigte das Pentagon den Einsatz von Uran-Munition in Syrien, genauer beim Anti-IS-Kampf im Jahr 2015. Eigentlich war dieser erneute Einsatz von Uran-Munition in der Nahost-Region ein erneuter Skandal, der allerdings, von einer kurzen Erwähnung in dieser oder jener Publikation abgesehen, erneut kaum angemessene mediale Beachtung fand.

Konkret beweisen lässt sich eine Absicht des Verschweigens dahinter nicht. Dennoch sticht ins Auge, dass, anders als im Falle der „Chirurgischen Kriegsführung", der Begriff „Uran-Munition" nirgends bei den Wörtern der letzten 25 Jahre von 1991 bis 2016 zu finden ist. Vielleicht schafft es die „Uran-Munition" irgendwann einmal auf die Liste der Wörter des Jahres. Bei dieser Munition kann man sich jedenfalls wahrhaftig Zeit lassen: Denn diese wirkt lange – sehr, sehr lange sogar – nach.

Von der Natur der Bomben und der Munition einmal abgesehen: Mit dem Zweiten Golfkrieg starb der klassische Kriegsbegriff, in dem die Rede von einer Partei A ist, die einer anderen Partei B den Krieg erklärt. Der Neue Begriff hieß: „Militäreinsatz mit UNO-Mandat". Aus einem von der UNO nur halbwegs und als letztes Mittel „legitimierten" Krieg wird medial ein absolut „legitimer" Krieg abgeleitet. Unter letzterem wird dann von den Lesern, Hörern und Zuschauern ein „gerechter Krieg" verstanden. „A" ist demnach keine Kriegspartei, sondern ein Militärbündnis der „Guten", der „Internationalen Gemeinschaft"; „B" irgendein böser Schurke, der die internationale Glückseligkeit stört.

Wie tief der neue Glaube an die Berechtigung eines Krieges mit einem UNO-Mandat damals saß, zeigten die späteren Debatten zum Irak-Krieg 2003. Für viele im Westen, sowohl bei den Massen als auch unter den Eliten, galt dieser im Gegensatz zum Zweiten Golfkrieg als ungerecht, weil kein UNO-Mandat vorlag. Die westlichen Debatten über den Unterschied zwischen dem Zweiten Golfkrieg und dem Irak-Krieg ähnelten über weite Strecken denen der gläubigen Muslime oder Juden zum Halal- bzw. Koscher-Fleisch. Für beide Gruppen ist der Verzehr eines Tieres nur dann erlaubt, wenn es zuvor nach islamischem bzw. jüdischem Ritual geschlachtet worden und somit halal bzw. koscher ist. Dabei ist es aus der Sicht eines Truthahns, um bei den Metaphern amerikanischer Piloten aus dem Zweiten Golfkrieg zu bleiben, völlig egal, nach welchen Riten und mit wessen Mandat er auch immer ins Jenseits befördert wird. Nur: Die Truthähne bestimmen selten die Geschichtsschreibung.

In späteren Kapiteln dieses Buches wird auf die Weiterentwicklung der Sprach- und damit Legitimationskonstrukte im Zusammenhang mit dem Krieg, bis hin zu „Responsibility to Protect" (Schutzverantwortung), eingegangen. Hier sei zunächst einmal auf die aus heutiger Sicht recht altmodischen Kommunikationstechniken bzw. -möglichkeiten am Anfang des letzten Jahrzehnts des 20. Jahrhunderts verwiesen. Es war eine ganz andere Ausgangssituation als beim sogenannten Anti-Terror-Krieg 2001, Irak-Krieg 2003 oder gar Arabischen Frühling 2011 und daher nicht ohne Auswirkung auf die Herstellung, den Fluss und die Wirkung von Informationen bzw. Desinformationen.

✳✳✳

Das Handy und das Internet steckten im Jahr 1991 noch in den Kinderschuhen. Erst durch die Einführung von flächendeckenden digitalen Mobilfunknetzen Ende der 80er und Anfang der 90er Jahre konnte in Deutschland der Weg für die Verbreitung von Handys geebnet werden. So nahmen im Sommer 1992 in Deutschland das von der Deutschen Telekom betriebene D1-Netz und das von Mannesmann Mobilfunk betriebene D2-Netz den Betrieb auf. Ähnliches galt für das Internet, auch wenn bereits im August 1984 die erste Test-E-Mail aus Amerika in Deutschland empfangen wurde. Die Redaktionen der meisten Massenmedien arbeiteten bis Mitte der 90er Jahre hauptsächlich mit dem klassischen Festnetztelefon und Telefax, zum Beispiel beim Empfang von Korrespondenten-Berichten und Agentur-meldungen. Bis Ende der 90er Jahre war das Internet für die breite Masse eher umständlich, kompliziert und teuer. Die Jugendzeitschrift *Bravo* titelte noch im Jahr 1998: „Online gehen – lohnt sich das?" und der Internet-Provider *AOL* zeigte im Jahr 1999 den inzwischen legendären Werbespot mit Ex-Tennis-Profi Boris Becker: „Bin ich schon drin oder was?" So aufregend neu und schwierig war alles damals, nur das Fernsehen war einfach.

„Etwas passiert hier draußen", meldete sich *CNN*-Reporter Bernhard Shaw telefonisch aus einem Hotel in Bagdad zu Beginn der Luftangriffe auf den Irak 1991 und fügte hinzu: „. . . der Himmel über Bagdad leuchtet." Leuchten würden der Himmel über dem Irak und auch der Bildschirm des bis dahin international eher unbekannten Fernsehsenders *CNN* (*Cable News Network*) für die nächsten eineinhalb Monate. Es war der eigentliche Beginn des Zeitalters der Live-Übertragung von Kriegen mit farbigen, bewegten und zeitgleichen Bildern. Für den modernen Menschen hieß es nun: Ich glaube, was ich sehe. Die Live-Übertragung war dank inzwischen verbreiteter Satelliten-Technik möglich geworden. Einmal bearbeitet und zusammenge-schnitten wirkten die Bilder in den Berichten fast wie bei einer Fußball-Live-Übertragung mit verschiedenen Kamera-Perspektiven: die eine auf dem US-Schlachtschiff beim Abfeuern, die andere mitten in der irakischen Hauptstadt beim Einschlag der Raketen. Man konnte zum ersten Mal in der Menschheitsgeschichte den Krieg optisch so nah erleben, ohne beteiligt zu sein und eigenen Schaden zu nehmen. Vom Wohnzimmersessel aus wurde der Krieg zu spannenden War-Games.

Manche US-Reporter in Bagdad berichteten später, sie hätten indirekt Tipps von amerikanischen Militärs bekommen, die Augen dort und dann aufzumachen, es würde sich lohnen. Gelohnt hat sich für die Kriegsbefürworter hauptsächlich das Outsourcing von Kriegspropaganda. Eine New Yorker PR-Firma hatte bereits im Vorfeld des Krieges im Auftrag der kuwaitisch finanzierten US-Organisation „Citizens for a Free Kuwait" unter anderem DIE Falschmeldung des Krieges, möglicherweise aller Kriege, für 10 Millionen US-Dollar erfunden, verbreitet und bis zum Ende des Krieges vor Entlarvung geschützt. Am 10. Oktober 1990 stand die 15-jährige Nijirah vor dem Ausschuss für Menschenrechte im amerikanischen Kongress und berichtete unter Tränen, wie irakische Soldaten in einem Krankenhaus in Kuwait-City frühgeborene Babys aus Brutkästen gerissen, auf den harten Boden geschmissen und ermordet hätten.

Der Begriff „Kinder", am besten leidend, ist das erste von bis heute enorm wichtigen Argumentationsmomenten: manipulativ einsetzbar, um Instinktiv-Emotionales auf Kosten von Rational-Kritischem in den Menschen zu erwecken. Begriffe wie internationale „Menschenrechtsorganisationen" und „Untersuchungsberichte" verkörpern das zweite Moment. Dieses verleiht dem Ganzen Glaubwürdigkeit und unterbindet jeglichen Widerspruch. „Man muss etwas tun", ist dann das dritte Moment, das einen ethisch-moralischen Handlungsdruck der „Guten" gegen die „Bösen" erzeugen soll – und schon ist ein neuer Krieg begründet und kann losgetreten werden.

Doch ohne das über die Fernsehgeräte verbreitete Bild des weinenden 15-jährigen Mädchens Nijirah vor dem Ausschuss für Menschenrechte im amerikanischen Kongress hätten alle Worte und Begriffe nie eine solch nachhaltig erschütternde Wirkung in der Öffentlichkeit erreicht. Präsident George Bush Senior hat in den darauffolgenden Wochen, bis zur Abstimmung über den Krieg im Kongress, die Geschichten mit den getöteten Babys zehn Mal in verschiedenen Reden wiederholt. Die Menschenrechtsorganisation Amnesty International bezifferte in einem Bericht – bevor sie später alles revidierte – die Zahl der getöteten Babys auf 312. Dabei handelte es sich bei Nijirah al-Sabah nicht um eine Augenzeugin, sondern um die Tochter des kuwaitischen

Botschafters in Washington, Saud bin Nasir al-Sabah. Auch der angebliche Chirurg, der zum gleichen Fall als Zeuge vor den Vereinten Nationen aussagte, war im richtigen Leben Zahnarzt und ein Miterfinder der „Brutkastenlüge". Die Vögel hingegen, deren Bilder mit ihrem durch Öl verklebten Gefieder gar als Beleg für Umweltverbrechen der irakischen Armee die Runde um die Bildschirme der Welt machten, waren im richtigen Leben auch Vögel. Sie lebten allerdings nie am Golf und haben nichts von der einzigen Hauptrolle ihres kurzen Lebens mitbekommen, denn ihre Bilder stammten in Wirklichkeit von einer Jahre zurückliegenden Ölpest in der Nordsee.

***

Propaganda im Jahr 1991 hieß Fernsehpropaganda, und Fernsehen im Zweiten Golfkrieg reduzierte sich – aufgrund seines technischen Vorsprungs und seiner Monopolstellung – auf den amerikanischen Nachrichtensender *CNN International*, den die ganze Welt damals schaute. Als der arabische Nachrichtensender *Al-Dschasira* Ende 1996 gegründet wurde, war sein Lieblingswerbespruch: „If everybody watches *CNN*, what does *CNN* watch?"; die Antwort sollte heißen: *Al-Dschasira*. Alle schauten im Zweiten Golfkrieg tatsächlich nicht nur *CNN*, sondern zitierten auch diesen weltweit ausgestrahlten Sender unkritisch, obwohl klar war, dass das Pentagon die Berichterstattung lenkte. Es gab jedoch Ausnahmen, auch in Deutschland. „Guten Abend zum heutejournal. Am Anfang steht der Krieg auch heute Abend. Das ist so seit 16 Tagen und das wird wohl eine ganze Weile so bleiben", sagte *ZDF*-Moderator Sigmund Gottlieb am 1. Februar 1991 und fügte hinzu: „Am Anfang unserer Sendung steht der Hinweis: Der feste Griff der Zensur lässt uns und Sie nur ahnen und nicht wissen, wie die Wirklichkeit aussieht. Ein Vorbehalt, unter dem auch die Bilder und Worte an diesem ersten Februar stehen." Ungeachtet solcher Ausnahmen waren die Spielregeln der US-Army sehr klar: Vorbehalte oder nicht, wir sind die Informationsquelle. Viel zu tief saß die Erfahrung des US-Militärs mit den Medien und der Presse während des Vietnam-Krieges, den es wegen der durch diese entstandenen öffentlichen Opposition innerhalb der Vereinigten Staaten verloren zu haben glaubte.

Die im Al-Rashid-Hotel mitten in Bagdad stationierten westlichen Journalisten konnten selten mehr als nur die Bestätigung eines Bombardements liefern. Die meisten Presseinformationen im Zusammenhang mit dem Kriegsverlauf kamen eher von ihren Kollegen, die bei den durch das US-Militär außerhalb des Iraks organisierten Informationsveranstaltungen, Pressekonferenzen und Briefings saßen – vorwiegend in den US-Militärbasen in Saudi-Arabien. Nicht erst im Irak-Krieg 2003, wie viele glauben, sondern bereits im Zweiten Golfkrieg 1991 wurden die „Embedded Journalists" (eingebetteten Journalisten) geboren. Diesen wurden bevorzugt Vor-Ort-Besuche, Interviews mit Soldaten und somit ein gewisser Vorsprung gegenüber ihren Kollegen erlaubt. US-Presse-Offiziere begleiten seit 1991 jedes Interview, das ohne ihre Autorisierung niemals gedruckt, gesendet oder gezeigt werden konnte. Diese Kontrolle versuchte man nahezu lückenlos durchzusetzen, angeblich um sensible Informationen zu schützen. Im oben erwähnten „heute-journal" beklagte sich Heimo Schwilk vom *Rheinischen Merkur* in einem Telefoninterview aus Saudi-Arabien darüber, dass deutsche Journalisten im Königreich von den Amerikanern „sehr kurz gehalten werden, was authentische Informationen angeht".

Doch auch deutsche Journalisten bekleckerten sich nicht mit Ruhm und leisteten ihren parteilichen Beitrag zur Propagandaschlacht. *BILD* zum Beispiel verglich Saddam Hussein prompt mit Adolf Hitler, indem sie das Foto von beiden nebeneinander abdruckte – und sieh mal an: Beide schauten grimmig, hatten schwarze Haare und trugen jeweils eigenartige Schnäuzer – nach allen Regeln der Propaganda ein Volltreffer. Noch wichtiger war für uns als arabische Neuankömmlinge in Deutschland damals, dass solche bildlichen Vergleiche die allgemeine Stimmung ausdrückten, ohne uns besonders gute Deutschkenntnisse abzuverlangen. Wir kannten bis dahin nur die eigene, arabische Variante der sprachlichen Propaganda, zum Beispiel die klangvolle Umschreibung des Krieges durch den irakischen Präsidenten als „Mutter aller Schlachten" oder den Rückgriff auf den Himmel mittels religiöser Rhetorik. Zu Beginn der Bodenoffensive rief Saddam Hussein im irakischen Radio seine Truppen zum damals noch nicht sehr gängigen „Dschihad" auf: „Der allmächtige

Gott hat die Gläubigen aufgerufen, einen heiligen Kampf zu führen. Schlagt sie!" „Sie" stand für die Feinde der Gläubigen. Visuell ließ sich der damals 53-jährige irakische Präsident lediglich vielerorts in Bagdad in siegesgewissen und beherrschenden Posen als strahlendes Bild selbstbewusster Stärke darstellen.

Der Anbruch des Zeitalters der Live-Übertragungen bzw. verstärkten Visualisierung von Kriegen war nicht die einzige Entwicklung in einem Zusammenhang namens Bild-und-Krieg. Eine andere, damit einhergehende und nicht minder relevante Entwicklung war die Visualisierung der Argumente für einen Krieg. Bilder, bewegte wie auch Standbilder, gewannen dabei an Bedeutung als vermeintliche Belege für die Wahrheit. Sie wurden nun im Zweifelsfall vermehrt als Beweismittel überall eingesetzt, auch in Deutschland. Zu den legendären Auftritten deutscher Politiker mit Bildern zählt der von Ex-Verteidigungsminister Rudolf Scharping (1998-2002) am 27. April 1999 während der NATO-Luftangriffe im Kosovokrieg, an denen sich auch Deutschland beteiligte. Bei einer Pressekonferenz zeigte er Medienvertretern Fotos angeblich durch serbische Spezialpolizei massakrierter unschuldiger Kosovo-Albaner in Rugovo und sagte: „Es sind erschütternde Bilder. Und ich muss mir große Mühe geben, das in einer Tonlage zu schildern, die nicht gewissermaßen zur Explosion führt." Es klang nach einem von der NATO geführten und diesmal alleine durch Bilder legitimierten Krieg. Diese Bilder entpuppten sich später als Stütze für eine unwahre Version des Zwischenfalls in Rugovo zwecks Kriegsbegleitung bzw. -rechtfertigung. „Deswegen führen wir Krieg", titelte *BILD* am nächsten Tag und veröffentlichte die Bilder von Verteidigungsminister Scharping. Dabei waren es keine Bilder von massakrierten Zivilisten, sondern von albanischen Kämpfern, die bei einer Schlacht ums Leben gekommen waren.

„Ende der Geschichte" gut, alles gut

Den Beginn des letzten Jahrzehnts im 20. Jahrhundert markierte nicht nur der Ausbruch des Zweiten Golfkrieges. Dieser Krieg brachte lediglich auf militärisch-materieller Ebene das zum Ausdruck, was als ideologische Neuorientierung des Zeitgeistes

schon im Entstehen war. Bereits in der zweiten Hälfte der 80er
Jahre begannen die sogenannten Denkfabriken in den westlichen Strategiezentren damit, über konkrete Ansätze zur Stärkung der westlichen Hegemonie über den Rest der Welt nachzu-
denken. Die Entwicklungen ein Jahrzehnt vor dem Millennium
stützten sich somit nicht nur auf neuartige Kriege und raffinier-
tere Propaganda, sondern auch auf neue ideologische oder zumindest pseudo-ideologische Termini und Theorien. Ohne diese
ist nicht nur der Zweite Golfkrieg schwer einzuordnen, sondern
auch viele weitere politische und militärische Entwicklungen der
Folgejahre in der Nahost-Region und darüber hinaus. Dem Anti-
Terror-Krieg 2001 und dem Irak-Krieg 2003 gingen ab Anfang
der 90er Jahre akademisch-politologische Debatten im Westen
über Globalisierung, Ideologien und die neue Weltordnung voraus. Diese Debatten beherrschten nicht nur die Inhalte von
Medien und Politik, sondern auch von Forschung und Lehre im
akademischen Bereich.

Auch den Arabern zwischen dem Atlantik und dem Persischen Golf blieb die Berührung mit den aktuellen westlichen
Theorien am Ende des 20. Jahrhunderts sowie mit deren Inhalten und Folgen nicht erspart. Der Norden, ob Ost oder West,
war aus arabischer Sicht in den letzten Jahrzehnten stets ideolo-
gisch-belehrend. Bereits in den 60er und 70er Jahren wurde eine
Szene zum Standard in den Beziehungen zwischen den Sowjets
und den arabischen sozialistischen Staaten wie Ägypten, Syrien,
dem Irak oder Algerien: Beim Besuch sowjetischer Partei- und
Staatsfunktionäre in diesen Ländern hatten die Gäste aus Moskau immer wieder eher belustigt auf die Ausführungen ihrer
Gastgeber zum Arabischen Sozialismus reagiert.

Denn dieser sah keine Verstaatlichung von kleinen Hand-
werksbetrieben in städtischen Gebieten und keine Verstaatlichung von Grund und Boden entsprechend der marxistisch-
leninistischen Ideologie, sondern lediglich eine Landreform in
ländlichen Gebieten vor. Er beschäftigte sich auch nicht vordergründig mit dem Klassenkampf, den die arabischen Sozialisten
angesichts der realen Produktions- und Lebensverhältnisse der
eigenen Bevölkerung als wirklichkeitsfremd empfanden. Gegen
eine flächendeckende Verstaatlichung und den Klassenkampf

sprach aus Sicht arabischer Sozialisten wie Präsident Gamal Abdel Nasser (1954-1970) in Ägypten oder der Baath-Partei in Syrien und Irak in den 60er und 70er Jahren vieles. Es gab kaum eine Großindustrie und eine damit verbundene Arbeiterklasse in den Nahost-Ländern. Das eigentliche Großkapital in Form von Großprojekten, wie dem Suezkanal in Ägypten, und Bodenschätzen, wie dem Erdöl im Irak, war in den Händen ausländischer Mächte bzw. Fremdfirmen und verlangte eher nach einem nationalen Befreiungs- als nach einem Klassenkampf.

Konfrontiert mit dem Postkolonialismus und Imperialismus in der zweiten Hälfte des 20. Jahrhunderts konzentrierte sich daher der Arabische Sozialismus auf die unmittelbaren nationalen Anliegen wie die politische und ökonomische Unabhängigkeit, die Palästina-Frage oder die arabische Einheit. Dabei funktionierte alles vorwiegend nach dem Prinzip „Learning by Doing", denn adäquate historische Beispiele als Leitlinie existierten nicht und mussten erst durch die Praxis geschaffen werden. Im Jahr 1956 verstaatlichte Nasser die mehrheitlich britisch-französische Suezkanal-Gesellschaft, im Jahre 1972 die Baath-Partei die sich bis dahin in der Hand britischer und amerikanischer Konzerne befindende irakische Ölindustrie. Wirtschaftspolitisch konnte bei den Ländern des Arabischen Sozialismus im Allgemeinen von Staatskapitalismus, das heißt vom Staat als Großinvestor und Wirtschaftslenker, gesprochen werden. Weltpolitisch von blockfreien Staaten, die weder der NATO noch dem Warschauer Pakt angehörten.

Der Kommentar der sowjetischen Gäste zu alldem lautete oft von oben herab: „Sie müssen verstehen, dass der Kommunismus die höchste Stufe des Sozialismus ist. Am Ende steht immer der Kommunismus." Mit anderen Worten: Vergessen Sie Ihren Arabischen Sozialismus! Das erklärt, warum die Beziehungen zwischen den sozialistischen arabischen Staaten und der Sowjetunion nie wirklich „brüderlich" waren und warum die Kommunisten in diesen Ländern von den arabischen Sozialisten eher als Agenten Moskaus empfunden, verfolgt und verhaftet wurden. „Wenn es in Moskau regnet, spannen arabische Kommunisten vor lauter Linientreue in Bagdad, Kairo oder Damaskus die Schirme auf", hieß es ironisch bei den arabischen Sozialisten in jener Zeit, wenn sie über die Folgsamkeit und bedingungslose Loyalität arabischer Kommunisten gegenüber der sowjetischen kommunistischen Partei spotteten.

***

Anfang der 90er Jahre wechselte – bedingt durch den Zusammenbruch der Sowjetunion und des Ostblocks sowie durch die Erstarkung des Westens – schließlich der „Lehrmeister". Die entsprechenden arabischen Staaten waren dann plötzlich mit einer westlichen Pseudo-Ideologie konfrontiert, die in nahöstlichen Ohren ungefähr so klang und weiterhin klingt: Vergessen Sie Gott und die Welt, am Ende steht immer die Demokratie! Diese stelle den Endzustand, die Erfüllung eines emanzipatorisch aufsteigenden Geschichtsprozesses dar, wie es die Ergebnisse des Kalten Krieges aus westlicher Sicht erscheinen ließen. Der Begriff „End of History" wurde vom amerikanischen Politikwissenschaftler Francis Fukuyama und seinem 1992 erschienen Buch *The End of History and the Last Man* (*Das Ende der Geschichte. Wo stehen wir?*) geprägt.

Dieses Werk entstand sehr schnell in den Jahren zwischen dem Fall der Berliner Mauer im November 1989 und dem Zusammenbruch der Sowjetunion im Dezember 1991. Fairerweise sei hier erwähnt, dass Fukuyama bereits im Sommer 1989, also vor dem Mauerfall, einen Artikel mit dem gleichen Titel veröffentlicht hatte. „Das Ende der Geschichte" war eine akademisch-theoretische Untermauerung der Ansätze der erstarkten Neokonservativen und Neoliberalen in den USA, innen- wie außenpolitisch. Demnach habe sich die Demokratie als letztendlich fortschrittlichste Herrschaftsform konkurrenzlos in der Geschichte im liberalen Sinne gegen alle anderen Systeme durchgesetzt. Eventuell weiterbestehende Defizite im System gebe es folglich dann nur wegen der mangelhaften Umsetzung der Prinzipien. Die Geschichte sei – laut diesem Ansatz – auf der Suche nach dem Endzustand gewesen und habe diesen nun gefunden. Kurzum: Alle wirklich großen Fragen seien nun endgültig geklärt und das friedliche Ende bedeute jetzt die vollständige Übereinstimmung von Kapitalismus und Demokratie bzw. Marktwirtschaft und Liberalismus. Ende. Punkt. Endgültiger Punkt.

Das bekannte Schicksal der Sowjetunion und des Ostblocks folgte nach Fukuyama daher nur der Logik und Gesetzmäßigkeit des geschichtlichen Prozesses. Doch was ist mit dem Schicksal der Araber? Darauf hat der amerikanische Politologe auch geantwortet, wenn auch nur indirekt. Denn das Ende der Geschichte bedeutet nach Fukuyama auch die vollständig assimilierende Integration nicht-westlicher Kulturen in die westliche Kultur, in die Kultur der Freiheit und Menschenrechte, zu der es keine Alternative geben kann.

Hier deutete sich bereits nicht nur der Lehrmeisterwechsel, sondern auch konkret an, wie die Berührung der Arabischen Welt mit den neuen westlichen Theorien wahrscheinlich erfolgen würde: nicht unbedingt friedlich. Der an einer anderen Stelle bereits erwähnte Gedanke vom „Amerikanischen Jahrhundert" kann als einer der metaphorischen Ausdrücke des Geschichts- und Weltbildes von Fukuyama angesehen werden. Seine Schriften galten und gelten weiterhin als eine hegemoniale Endvision auf dem Weg zu einer Welt ohne Widersprüche. Anders formuliert wird in den Geschichtsbüchern in einer Million Jahren demnach stehen: „Und wenn sie nicht gestorben sind, dann wählen sie noch heute und konsumieren kräftig."

Einen aktuelleren und bildhafteren Ausdruck des Glaubens an die Endgültigkeit des eigenen „optimalen" demokratischen Systems verkörperte die Verteilung arabischer Übersetzungen des Grundgesetzes der Bundesrepublik Deutschland durch deutsche „Gutmenschen" in diversen Flüchtlingsheimen des Landes im Jahr 2016. Es ist nicht als Vergleich gemeint, auch wenn es zugegebenermaßen beiden Seiten wie ein harter Vergleich erscheinen mag: Aber eine solche Verteilaktion vom „Endgültigen" gab es in Deutschland schon einmal. Es war die Verteilung des heiligen Buches der Muslime, des Koran, in den Fußgängerzonen deutscher Städte seitens der sich auch für Gutmenschen haltenden Salafisten. Beide Gruppen würden kaum verstehen können, wenn man – aus welchem Grund auch immer – dankend abwinkt und weiterzieht.

✳✳✳

Doch ein einziges Schwalben-Werk macht noch keinen Sommer des neuen Zeitgeistes. Während Fukuyama noch den Triumph der freien Marktwirtschaft und des politischen Liberalismus als Ende der Geschichte feierte, beschäftigte sich ein anderer Amerikaner namens Samuel P. Huntington (gest. 2008) mit einer neuen Weltformel für die Zeit nach dem Ende.

In ähnlicher Weise wie Fukuyama veröffentlichte Huntington zunächst einmal einen Artikel in der Zeitschrift *Foreign Affairs* im Jahr 1993 mit dem Titel *The Clash of Civilizations?* Drei Jahre später wurde der Artikel zu einem Buch erweitert und das Fragezeichen im Titel (auf deutsch lautete er *Kampf der Kulturen*) verschwand. Huntingtons Theorien zufolge könnten sieben oder acht durch Sprache, Geschichte und Religion voneinander getrennte Zivilisationen mit Haupt- bzw. Kernstaaten wie China oder die USA in der Zukunft aufeinanderstoßen. Diese sind demnach: je eine westliche, slawisch-orthodoxe, islamische (hierzu gehören zum Beispiel Atwar Bahjat, Mazen al-Tmaizi, Rasheed Hameed Waali und ich), konfuzianische, japanische, hinduistische, lateinamerikanische und eventuell auch eine afrikanische. Alle außer der westlichen seien mehr oder minder Feinde Amerikas: „The Rest against the West." Denn nach dem Ende des Kalten Krieges bestimmen laut Huntington nicht mehr Ideologien, sondern Kulturen die Weltordnung und die Bruchlinien verlaufen zwischen Staaten, Gemeinschaften oder sonstigen Gruppen aus unterschiedlichen Kulturkreisen – auch innerhalb eines Staates.

Bei Bruchlinienkonflikten, das heißt solchen zwischen Staaten oder Gruppen unterschiedlicher Kulturkreise würden die primär Beteiligten Unterstützung von ihren kulturellen Verwandten bekommen, was bei Eskalation zu Kriegen zwischen Kernstaaten führen könnte. Diese Kernstaatenkriege könnten sich aber auch unabhängig von Bruchlinienkonflikten aus Veränderungen eines weltweiten Machtgleichgewichts zwischen den Kulturkreisen ergeben. So war nach Huntingtons Meinung der friedliche Übergang von der Pax Britannica zur Pax Americana Mitte des 20. Jahrhunderts der engen kulturellen Verwandtschaft beider Gesellschaften zu verdanken. Eventuelle Konflikte bei einer weiteren Machtverschiebung, zum Beispiel in Richtung

China, würden demnach wahrscheinlich nicht ähnlich friedlich verlaufen.

Huntington wandte sich zwar gegen die Vorstellung einer universellen Weltkultur, wie sie nach dem Ende des Kalten Krieges von Fukuyama vertreten wurde. Seine Hypothese vom Kampf der Kulturen stellte aber insofern keinen Widerspruch zu jenem von Fukuyama dar, als letzterer genug Raum für Konflikte und Großereignisse ließ, solange diese am elementaren und endgültigen System nicht rütteln. Genug Raum für unterschiedlichste Deutungen, Auslegungen und Interpretationen in der Praxis ließen beide US-Politologen. So war Fukuyama ursprünglich für den Irak-Krieg eingetreten und wäre, als einige Jahre später alles schieflief, lieber nicht dafür gewesen. Auch Huntington hatte ein widersprüchliches Verhältnis zur Instrumentalisierung seines theoretischen Überbaus durch neokonservative US-Kreise. So waren für ihn die Anschläge vom 11. September ein „Angriff gemeiner Barbaren auf die zivilisierte Gesellschaft der ganzen Welt", aber keineswegs eine Ausdrucksform des Kampfes zwischen der islamischen und der westlichen Kultur. Den Anti-Terror-Krieg im Jahr 2001 unterstützte Huntington trotzdem ausdrücklich. Zum bevorstehenden Irak-Krieg im Jahr 2003 erklärte er wiederum warnend, dieser würde „zu einem Krieg ganz anderer Art führen und große Teile der Bevölkerung und der Regierungen in der muslimischen Welt aufbringen". Er sei aber ebenfalls keine Ausdrucksform eines Kampfes der Kulturen.

Gewollt oder weniger gewollt: Die Geister, die Fukuyama, Huntington und andere herbeiriefen, würde die Welt in den folgenden Jahren und Jahrzehnten nicht wieder loswerden. Denn zumindest aus arabischer Sicht – übrigens auch in seriösen akademischen Kreisen – dienten diese Geister bei den obengenannten zwei Großkriegen im Nahen und Mittleren Osten als ideologische Rechtfertigung. Es sollten für Millionen von Menschen im Nahen Osten schwierige Jahre vergehen und es sollte noch viel Wasser – und Blut – den Euphrat und den Tigris im Zweistromland, aber auch anderswo im Nahen Osten hinabfließen.

The days after the day after

Im Sommer 1991 war Rasheed Hameed Waali 31 Jahre alt und überlebte gerade seinen zweiten Krieg, den Zweiten Golfkrieg. Nach Ende des Irak-Iran-Krieges im Jahr 1988 wurde er aus der Armee entlassen. Er kehrte in seine Stadt Basra im Südirak zurück, bevor er mit dem Einmarsch in Kuwait wieder als Reservist einberufen wurde.

Im Sommer 1991 war ich 21 Jahre alt und wieder einmal zu Besuch in meiner Heimat Syrien. Dass die Anspielungen des irakischen Präsidenten Saddam Hussein auf die Arroganz der Golfstaaten und die Aggression Israels in der Region auf Zustimmung trafen, überraschte niemanden wirklich. Zum schlechten Umgang mit arabischen Gastarbeitern in den jeweiligen Ländern gesellte sich oft noch schlechtes Benehmen der Golfmänner, wenn sie ihren „Vergnügungsurlaub" in der ägyptischen Hauptstadt Kairo, im syrischen Damaskus oder im libanesischen Beirut verbrachten. Zum an sich sehr langen und aufgeladenen Nahostkonflikt kam hinzu, dass das offizielle Israel bis in die 90er Jahre die provokative Meinung der ehemaligen israelischen Ministerpräsidentin Golda Meir (1969-1974) vertrat: „So etwas wie ein palästinensisches Volk gibt es nicht." Doch das, was im Sommer 1991 nach dem Zweiten Golfkrieg in den Gemütern der gedemütigten Menschen in der Nahost-Region hochkochte, war nicht mehr mit der Arroganz der Golfstaaten oder der israelischen Aggression zu erklären. Hier war etwas in den Menschen ein für alle Mal zerstört worden, was mit Worten kaum zu beschreiben oder zu fassen ist.

„Na gut", sagte ein Schulfreund in Damaskus mit Funkeln in den Augen und unterdrücktem Schluchzen in der Stimme, „diesmal haben sie Saddam besiegt. Irgendwann werden wir aber zwei Saddams gleichzeitig hervorbringen ... oder drei ... oder vier ... oder tausend und den Westen besiegen." Mein Schulfreund war mittlerweile Medizinstudent an der Universität Damaskus und zählte somit zu der bis dahin besonnenen und aufgeklärten Mittelschicht des Landes. Diese stand dem Westen zwar immer skeptisch, niemals aber kriegerisch-feindlich gegenüber. Sie kritisierte am Abend die Außenpolitik der westlichen Staaten und schickte am Morgen nach dem Abitur die eigenen

Kinder zum Studium in Richtung Westeuropa oder USA. Es war, als ob die Verantwortlichen im Westen das Gespräch in Damaskus abgehört hätten und die „tausend Saddams" verhindern wollten. Sicher ist jedenfalls, dass in der Folge für sehr viele Araber die international verpackten, aber durch den Westen dominierten Maßnahmen nach dem Krieg nicht nur wie eine endlose Strafaktion gegen den Irak wirkten, sondern auch wie eine Abschreckung für andere Staaten in der Nahost-Region.

Bis heute herrscht in Fach- und Politikkreisen die Meinung vor, dass Präsident Saddam Hussein 1991 nur deswegen im Amt gelassen wurde, um ein Machtvakuum in der Region zu vermeiden. Anders formuliert: Um einen übermächtigen Iran zu verhindern, durfte dessen Feind in Bagdad nicht gänzlich beseitigt werden. Die USA verfolgten damals eine Politik der sogenannten doppelten Eindämmung gegenüber dem Irak und dem Iran. Das Nichtstürzen von Saddam Hussein wird bis heute als Beleg für die angebliche Weisheit von George Bush Senior beim Zweiten Golfkrieg im Vergleich zur angeblichen Tollpatschigkeit von George Bush Junior zwölf Jahre später beim Irak-Krieg 2003 angesehen. Dabei war das tatsächliche Vakuum innerhalb des Irak und innerhalb der Nahost-Region um den Irak nach dem Zweiten Golfkrieg folgenreicher und schlimmer als je zuvor. Innerhalb des Iraks: durch den Zerfall der Staatlichkeit aufgrund von Flugverbotszonen, Waffeninspektionen und Wirtschaftssanktionen. Im gesamten Nahen Osten: durch den Zerfall des ideologischen Überbaus moderner, sozialistischer und nationalistischer Ansätze.

***

Im Windschatten des gerade verlorenen Krieges und der geschwächten irakischen Armee eroberten Anfang März 1991 Rebellen im Südirak die zweitgrößte Stadt Basra. Im Norden des Landes kontrollierten andere die Stadt Sulaimaniyya. Erstere werden in die Geschichte und den Sprachgebrauch als schiitische, letztere als kurdische Aufständische eingehen. Ein innerirakischer Krieg brach nach dem Waffenstillstand im Zweiten Golfkrieg aus. Bereits im April verabschiedete der Sicherheitsrat der Vereinten Nationen die Resolution 688, die „die Unterdrückung der Kurden und anderer Minderheiten" im Irak verurteilte. Im Juli und nach schweren Kämpfen zwischen der irakischen Armee und kurdischen Kämpfern nutzten die USA und Großbritannien die Gunst der Stunde und richteten unter Berufung auf Resolution 688 Flugverbotszonen für die irakische Luftwaffe im Süden und Norden des Landes ein. Ziel war angeblich, die schiitischen und kurdischen Bevölkerungsteile zu schützen. Dabei erwähnte Resolution 688 mit keinem Wort so etwas wie eine Flugverbotszone. Ungeachtet dessen gilt 1991 als das Geburtsjahr der später immer wieder im Zusammenhang mit anderen Konflikten thematisierten Flugverbotszonen. Geburtsort: der Irak.

Ein weiteres bis dahin einzigartiges Produkt des Krieges auf internationaler Ebene waren die Waffeninspektionen. In Resolution 687 vom 3. April 1991 wurden die Waffenstillstandsbedingungen im Zweiten Golfkrieg festgelegt. Darin enthalten waren Forderungen nach einem Verzicht auf alle Massenvernichtungswaffen und auf Raketen mit einer Reichweite von mehr als 150 Kilometern. Zwei Monate später wurde die UNSCOM (United Nations Special Commission) ins Leben gerufen. Es folgten Jahre des Katz-und-Maus-Spiels zwischen den Inspektionsteams und der irakischen Regierung. Diese warf einigen Inspektoren Spionage vor und verwies sie des Landes, während die UNO der irakischen Regierung oft mangelnde Kooperation vorwarf. Doch jenseits der Rechtmäßigkeit oder Berechtigung der Waffeninspektionen und Einrichtung der Flugverbotszonen bedeuteten beide Maßnahmen eines: die Unterminierung der Souveränität des irakischen Staates bzw. die Schwächung der Staatlichkeit.

Verstärkt wurde die Wirkung der beiden Maßnahmen durch die bereits erwähnten Wirtschaftssanktionen, die unmittelbar nach dem Einmarsch in Kuwait verhängt worden waren. Deren Folgen waren trotz der Lockerung durch die Resolution 986 von 1995 verheerend. Mit dieser Resolution erlaubte die UNO dem Irak, in begrenztem Umfang und mit einem großen bürokratischen Aufwand Öl zu exportieren, um mit dem Erlös Versorgungslücken zu schließen. Wie brutal eine von der sogenannten Internationalen Gemeinschaft ergriffene Maßnahme sein kann, zeigt ein Report des Kinderhilfswerks der Vereinten Nationen

(UNICEF) von 1998, in dem von jährlich 90.000 zusätzlichen Todesfällen – insbesondere bei Kleinkindern und Babys – durch die Sanktionen die Rede ist. Bis zum Irak-Krieg 2003 kann demnach von ungefähr einer Million Opfern ausgegangen werden. Zu den humanitären Folgen der Sanktionen kamen auch wirtschaftliche wie der radikale Wertverlust der Landeswährung Dinar sowie die damit einhergehende Vernichtung der Mittelschicht. Hunderttausende Iraker, vorwiegend Akademiker und Fachkräfte, verließen den Irak in den 90er Jahren auf der Suche nach einem besseren Leben. Weitere Hunderttausende hat der Hohe Flüchtlingskommissar der Vereinten Nationen (UNHCR) als Flüchtlinge oder Personen mit flüchtlingsähnlichem Status in den Nachbarstaaten registriert. Der Irak gehörte in den Jahren von 1990 bis 1999 mit knapp 200.000 Asylantragstellern zu den wichtigsten Herkunftsländern von Asylbewerbern in den westeuropäischen Staaten, allen voran in Deutschland, Schweden und den Niederlanden. Somit begann die Flüchtlingskrise zumindest aus arabischer Sicht nicht erst im Jahr 2015.

***

Wenn ein Staat nicht vollständig über sein Staatsgebiet und seinen Luftraum verfügt, von Inspektionen jahrelang in Schach und Atem gehalten wird, die eigenen Kinder nicht versorgen, den Wert seiner Währung nicht aufrechterhalten und seine fähigsten Bürger nicht vom Auswandern abhalten kann, dann ist die Staatlichkeit dahin. Dann kann von einem „Failed State" (gescheiterter Staat) gesprochen werden, im Falle des Irak erzeugt per UNO-Resolutionen. Das hinterließ intern ein Vakuum. Zu diesem kam extern das regionale ideologische Vakuum hinzu, dessen Dimension mit einer Geschichte aus dem Berliner Bezirk Dahlem schnell erzählt ist.

Mitte der 90er Jahre bot das Otto-Suhr-Institut der Freien Universität Berlin die obligatorische Vorlesung „Einführung in die Politikwissenschaft" unter der Leitung von Professor Dr. Bodo Zeuner und der späteren Bundespräsidenten-Kandidatin Professor Dr. Gesine Schwan an. Unter den circa 400 Studenten fiel einer durch seine traditionelle afghanische Tracht und seinen Vollbart auf. Heutzutage würde man das als „Salafisten-Look" bezeichnen. Mitten in den Ausführungen der zwei Professoren zu Demokratietheorien hob dieser seine Hand und verlangte das Wort. „Was soll das Ganze, Herr Professor?", fragte er Professor Zeuner und fuhr fort: „Wir sind doch alle Menschen. Wir werden geboren und eines Tages werden wir alle sterben." Ein Schweigen ließ sich über dem Hörsaal nieder. „Sie haben vermutlich völlig Recht", sagte Professor Zeuner schlagfertig, ohne seinen erstaunten Blick von dem Studenten zu nehmen. „Es ist nur so: Mein Fachgebiet, die Politikwissenschaft, beschränkt sich auf die Strecke zwischen den zwei von Ihnen genannten Zeitpunkten: Geburt und Tod." Der ganze Hörsaal lachte, nicht ahnend, welche Tragweite die eben erlebte Szene in den kommenden Jahren haben würde.

Denn man kann im Westen ab Anfang der 90er Jahre und dem Zusammenbruch des Ostblocks gelegentlich von Ideologie-Armut sprechen. Im Nahen Osten muss man hingegen nach dem Zweiten Golfkrieg von einem fast vollständigen Fehlen einer Ideologie sprechen. Es entstand ein geistiges Vakuum, das seinen symbolischen Ausdruck in der Aussage des islamistischen Studenten im Berliner Hörsaal fand. Denn für das Geborenwerden und das Sterben braucht es im Regelfall keine besondere geistige Leistung und keinen eigenen Willen. Für die Strecke dazwischen übrigens – laut Meinung mancher Islamisten – auch nicht, weil Allah im Koran bereits alles vor fast 1500 Jahren vorgegeben haben soll, inklusive Herrschaftsform und Kleiderordnung. Man müsse sich nur daran halten. Für den Nahen Osten war der Anfang der 90er Jahre auch der Anfang vom Ende aller weltlichen, progressiven und zukunftsorientierten Ideologien. Mit dem Zusammenbruch des Ostblocks verlor die arabische Linke, ob kommunistisch oder arabisch-sozialistisch, ihre ideologische Rückendeckung und blickte in den Tunnel des Todes. Mit dem Ausbruch des Zweiten Golfkrieges galt das Gleiche für den Arabischen Nationalismus, zu dessen Entstehung und Entwicklung es seit 1987 Bassam Tibis deutschsprachiges, umfassendes Standardwerk gibt: *Vom Gottesreich zum Nationalstaat: Islam und panarabischer Nationalismus.*

Die arabischen Länder zeigten sich beim Zweiten Golfkrieg nicht nur weit entfernt vom Traum der ersten arabischen Nationalisten – etwa des syrischen Vordenkers des Panarabismus, Zaki al-Arsuzi (gest.1968) – von einem gesamt-arabischen Staat. Viel schlimmer: Diese Länder gaben ein erbarmungswürdiges Zerrbild der Zerstrittenheit ab, führten Krieg gegeneinander und holten in diesem Krieg sogar direkte militärische Hilfe von außen, ausgerechnet aus dem Westen, genauer den USA. Nach dem Scheitern des freiwilligen Einheitsexperiments zwischen Ägypten und Syrien (von 1958 bis 1961) scheiterte nun das unfreiwillige zwischen dem Irak und Kuwait kläglich. Kurz darauf kollabierte der Irak selbst als Staat unter den weiter oben erörterten Folgen des Krieges.

Das Land war allerdings nicht irgendein Land in der Region, sondern einer der wenigen verbliebenen arabischen Vorzeigestaaten wie zum Beispiel Libyen oder Syrien mit moderner ideologischer Ausrichtung – eben dem Arabischen Nationalismus – und einem einigermaßen funktionierenden Sozialsystem. Ägypten hatte sich bereits Ende der 70er Jahre nach dem Friedensabkommen mit Israel von nationalistischen und sozialistischen Ideologien verabschiedet. Der kommunistische Südjemen schloss sich vorsorglich im Mai 1990 dem kapitalistischen Nordjemen an und entging so einem wirtschaftlichen Totalzusammenbruch. Algerien verfiel ab Dezember 1991 in einen brutalen Bürgerkrieg, nachdem die Armee die Ergebnisse der Parlamentswahlen mit der Partei „Islamische Heilsfront" als Siegerin annullierte. Ein Wahlergebnis übrigens, das ohne die damals nur wenige Monate alte Niederlage des Irak in dieser Wucht nicht vorstellbar gewesen wäre.

Der Zweite Golfkrieg gab somit den Startschuss für das Erstarken der islamistischen Strömungen als Ersatz-Ideologie. Diese existierten zwar bereits seit einigen Jahrzehnten und beriefen sich auf die jahrhundertelange und als glorreich empfundene Zeit des islamischen Kalifats, erschienen aber in den Augen der Massen noch nie so attraktiv wie nach dem Zweiten Golfkrieg. In den Folgejahren gewannen dann überall in der Arabischen Welt der im Alltag alles bestimmende Salafisten-Islam sowie der politische Muslimbrüder-Islam an Bedeutung. Ab Mitte der 90er Jahre traf man schließlich auch in Berlin immer weniger auf Linke oder Nationalisten unter den arabischen Studenten. Die

Islamisten prägten allmählich das Bild des arabischen Alltags in den Studentenwohnheimen und in den verschiedenen arabischen Gemeinden und Vereinen in Deutschland.

Doch neben den klassischen Islamisten sunnitischer und schiitischer Couleur entwickelte sich am Rande eine islamistische Parallelszene, die im Verborgenen blieb, keine nationalen Ziele verfolgte und sich als schlagkräftige islamistische Internationale verstand. Anfang bis Mitte der 90er Jahre kamen Mohammed Atta, Ziad Jarrah und Marwan al-Shehhi als Studenten sowie Ramzi Binalshibh als Asylbewerber nach Deutschland. Diese werden im nächsten Kapitel zum 11. September 2001 die Hauptrolle spielen.

***

In der Nahost-Region selbst scheiterten in der gleichen Zeit nach und nach die Bemühungen um eine neue Regionalordnung. Es entstand ein politisches Vakuum. Zum einen zerbrach das Sicherheitssystem nach dem Prinzip 6 + 2 – sechs Golfstaaten als Geldgeber plus Ägypten und Syrien als Sicherheitsgaranten – an der Abhängigkeit der Golfstaaten von den USA. Zum anderen verflog die Hoffnung auf eine Verhandlungslösung des Nahostkonflikts aufgrund des ziemlich schnell im Sand verlaufenden – und bis heute dahinvegetierenden – Friedensprozesses zwischen Palästinensern und Israelis.

„Die kommende Zeit ist eine Zeit von weniger Träumen, aber auch von weniger Blut", so schätzte ein Kommentator der in London erscheinenden palästinensischen internationalen Zeitung *Al-Quds Al-Arabi* im Herbst 1991 die nahe Zukunft ein. Und er fügte hinzu: „Vielleicht ist es keine schlechte Zeit." Gemeint war die Zeit eines erhofften Friedens zwischen Arabern und Israelis, der damals bei der für November erwarteten Madrider Friedenskonferenz erreicht werden sollte. Bei dieser ging es unter der Schirmherrschaft der USA und der Noch-Sowjetunion um Kompromisse zwischen Israel und seinen arabischen Nachbarn Syrien, Libanon und Jordanien (die Palästinenser bildeten einen Teil der jordanischen Delegation, weil sie als selbständige Partei nicht anerkannt waren). „Weniger Träume" bezog sich auf die endgültige Aufgabe der arabischen Vorstellung von der Befrei-

ung Ganz-Palästinas. „Weniger Blut" bezog sich auf die durch
den Frieden zu rettenden Menschenleben in einer Region, die
seit der Gründung Israels im Jahre 1948 nur Krieg und Vertreibung kannte. In der Diplomatensprache heißt diese Strategie,
wie bereits an anderer Stelle erwähnt, „Land für Frieden" auf
dem Weg zu einer Zweistaatenlösung: Israel neben Palästina.

Es war, um gleich das Positive hervorzuheben, der erste amerikanische und teilweise internationale Versuch, den Nahostkonflikt anzupacken. Sei es auch nur, um weiteren Instrumenta-
lisierungen der Palästina-Frage wie durch Präsident Saddam
Hussein im Zweiten Golfkrieg zuvorzukommen. Es war aber
auch, um das Negative nicht aus den Augen zu verlieren, der
Versuch, den aus westlicher Sicht günstigen Zeitpunkt direkt
nach der Niederlage des Ostblocks im Kalten Krieg und der Niederlage des Irak im Zweiten Golfkrieg auszunutzen, um einen
Kompromiss nach dem Geschmack des Westens zu erreichen.
Anders als vom Kommentator von *Al-Quds Al-Arabi* prophezeit,
wurde es, besonders für die Palästinenser, zu einer Zeit von weniger Träumen, aber noch mehr Blut. Ende 1994 – circa ein Jahr
nach der Unterzeichnung des Osloer Abkommens zwischen der
Palästinensischen Befreiungsorganisation (PLO) und Israel – bekamen Palästinenserpräsident Jassir Arafat, der israelische Ministerpräsident Jitzchak Rabin und sein Außenminister Schimon
Peres (gest. 2016) den Friedensnobelpreis. Doch bereits Ende
1995 wurde Rabin von einem jüdischen Fundamentalisten erschossen. Der Friedensprozess kam daraufhin ins Stocken und
die zweite palästinensische Intifada, auch Al-Aqsa-Intifada genannt, brach im Herbst 2000, sieben Jahre nach dem Osloer Abkommen, aus.

Diesmal war Mazen al-Tmaizi nicht dabei: Der mittlerweile
21-jährige Palästinenser studierte seit zwei Jahren in Bagdad
Journalistik und verfolgte von dort aus die Nachrichten in seiner
besetzten Heimat. Mazen registrierte, wie – anders als bei der ersten Intifada – diesmal die „Bewegung des Islamischen Wider-
standes" (Hamas) und die „Bewegung des Islamischen Dschihad
in Palästina" (Islamischer Dschihad) nach und nach die Oberhand bei dem Aufstand gewannen; auch wie Selbstmordanschläge als Zeichen von Verzweiflung und Radikalisierung bei

seinen Landsleuten ab dem Frühjahr 2001 vermehrt zum Einsatz kamen. Mazens Entscheidung für den Irak war kein Zufall. Denn der Irak war neben Syrien eines der wenigen arabischen Länder, in denen palästinensische Studenten aus den besetzten Gebieten ohne große finanzielle oder bürokratische Hürden studieren konnten.

***

Der Irak von 2012 erinnerte wenig an die Zeiten, als das Land mit einer noch einigermaßen intakten staatlichen Infrastruktur vielen anderen Arabern begehrte Studienplätze anbot. Im Mai landete meine Maschine auf dem Flughafen von Bagdad. Außer dass die 5+1-Gespräche mit dem Iran aufgrund eines Sandsturms verschoben wurden und dass sie nicht Spektakuläres erreicht hatten, gab es nicht viel Berichtenswertes. Ein Jahr nach dem offiziellen Abzug der Amerikaner (2011), den der demokratische Präsident Barack Obama (2009-2017) bereits zu Beginn seiner Amtszeit anordnete, gab es kaum Veränderungen in der Sicherheitslage. Überall waren Checkpoints, die den Verkehr behinderten. Die Angst vor Anschlägen war allgegenwärtig. Junge Soldaten standen an den Straßensperren mit komischen Geräten mit einer Antenne in der Hand, die angeblich Sprengstoff entdecken konnten. In der „Green Zone" (Grüne Zone), dem zehn Quadratkilometer großen Regierungsviertel im Zentrum von Bagdad, gab es kaum noch amerikanische Soldaten. Nur die Hunde waren geblieben, genauer gesagt der Einsatz von Spürhunden zur Kontrolle von Autos und anderen Fahrzeugen auf Sprengstoff. Ein merkwürdiger Ablauf: Eine Autokolonne wird gestoppt, alle müssen aussteigen und die Türen und Kofferräume offenlassen. Dann kommt ein Vierbeiner und schnüffelt überall. Wenn kein Alarm geschlagen bzw. gebellt wird, können die seitlich Wartenden zurückkommen und wieder einsteigen. Nach 50 Metern das Gleiche noch einmal, diesmal ohne Hund, usw.

Nur Tote hatten im Irak keine Angst mehr vor dem Tod im Jahr 21 nach der Befreiung von Kuwait im Zweiten Golfkrieg und im Jahr 9 nach der „Befreiung und Demokratisierung" des Irak im Krieg von 2003. Daher waren auch keine Sicherheits-

maßnahmen am Eingang des Großen Friedhofs von Abu Ghu-
raib nötig, einem Ort westlich von Bagdad an der Schnellstraße
zur Stadt Falludscha. Keine Blume am Grab von Atwar Bahjat.
Auch sonst waren weit und breit keine Blumen auf dem Friedhof
zu sehen. Es konnten vermutlich auch nicht so viele Blumen im
Irak wachsen, wie gestorben wurde. Man verzichtete irgendwann
kurzerhand auf Blumen und machte dabei keine Ausnahmen,
noch nicht einmal für sensible Seelen wie die von Atwar. Ihre
ersten Versuche in Sachen Dichtung gehen auf ihre Jugendjahre
nach dem Zweiten Golfkrieg zurück. Später wird sie arabische
Literatur an der Universität Bagdad studieren. So vorausschau-
end und ahnungsvoll wie Dichter eben manchmal sind, hatte
Atwar selbst für reichlich Blumen gesorgt. Zu Lebzeiten erschien
ihr erster Gedichtband *Die Verlockungen der Viola-Blumen*. Nach
ihrem Tod entdeckten Freunde einen zweiten, nicht vollendeten
Band mit dem Titel *Auf der Blüte einer Flieder-Blume* und veröffentlichten ihn.

Der 11. September:
Der Tag
nach dem 10. September

Der Zustand der Welt schien Anfang Sommer 2001 aus westlicher Sicht ziemlich rosig zu sein. Der Zweite Golfkrieg war Geschichte, die Jugoslawienkriege – wie auch immer – ebenfalls. Russland, seit März 2000 unter Präsident Wladimir Wladimirowitsch Putin (bis 2008 und dann wieder ab 2012), benahm sich augenscheinlich unauffällig wie in den Jahren zuvor noch unter Präsident Boris Nikolajewitsch Jelzin. Zehn vorwiegend osteuropäische Staaten bereiteten sich fieberhaft auf ihren EU-Beitritt in zweieinhalb Jahren vor und die Amerikaner verabschiedeten sich von Präsident William Jefferson (Bill) Clinton (1993-2001) und versuchten, sich an Präsident George W. Bush (2001-2009) zu gewöhnen, über den damals nur bekannt war, dass er gerne in seiner Farm in Texas weilte und der Welt den Rücken zukehrte. Wenn das alles an Themen noch nicht reichte, führte man die Debatten der 90er Jahre über die Globalisierung weiter.

Es sollte aber alles anders kommen, als die trügerische rosa Brille des Westens die eigenen Bürger erahnen ließ. Am Morgen des 11. September 2001 wurden – so die gängige Version – vier amerikanische Verkehrsflugzeuge auf Inlandsflügen von insgesamt 19 Selbstmordattentätern zwischen 8:13 und 9:30 Uhr Ortszeit entführt. Zwei der Flugzeuge wurden in die Türme des World Trade Centers in New York City und eines in das Pentagon in Arlington/Virginia gelenkt. Das vierte Flugzeug mit dem Ziel Washington D.C. stürzte bei Shanksville ab. Zwei Tage nach den Angriffen wurde vom FBI (Federal Bureau of Investigation) verbreitet, dass drei der vier Piloten, Mohammed Atta (Ägypten), Ziad Jarrah (Libanon) und Marwan al-Shehhi (Vereinigte Arabische Emirate) seit 1998 in Hamburg gelebt haben sollen. Sie hätten dort mit dem als Verbindungsmann nach Afghanistan geltenden Ramzi Binalshibh (Jemen) einem Verbund islamistischer Studenten an der Technischen Universität Hamburg-Harburg angehört. Der verbliebene Pilot und weitere 14 Attentäter seien aus Saudi-Arabien gekommen.

Für die arabischen und muslimischen Länder stellte das Ganze eine dramatische Situation dar. Neben kollektiver Trauer wurden in der westlichen Welt die Rufe nach Rache immer lauter, weil die Attentäter arabisch und muslimisch waren und weil Araber und Muslime nach westlichem Geschmack den Angriffen nicht ablehnend genug gegenübergestanden hätten. Dass die Araber und Muslime von nun an in einem sehr negativen Licht stehen würden, war bereits wenige Stunden nach Bekanntwerden der Ereignisse in Amerika klar. Sehr früh kursierten bereits TV-Bilder von jubelnden Palästinensern in Jerusalem, die angeblich die Angriffe auf New York und Washington feierten. Verbreitet wurden diese von niemand geringeren als den zwei weltbekannten und als seriös geltenden Nachrichtenagenturen: *Reuters* und *Associated Press (AP)*. Zehn Tage später stellte sich heraus, „dass es möglicherweise eine andere Wahrheit über diese Bilder gibt, dass die Szenen vielleicht sogar gestellt sind", wie es das Wochenmagazin *DER SPIEGEL* damals noch vorsichtig formulierte.

Zu spät. Die Bilder waren ein empfindlicher Medienschlag gegen die seit nunmehr einem Jahr aufflammende zweite palästinensische Intifada in einer allgemein aufgeheizten Atmosphäre. Sie kosteten nicht nur internationale und westliche Sympathien für die palästinensische Sache. Hinzu kam, dass der 11. September Assoziationen mit dem umstrittenen Einsatz von Selbstmordanschlägen seitens islamistischer palästinensischer Befreiungsorganisationen gegen Ziele in Israel während der Intifada hervorrief. Dies machte wiederum eine Instrumentalisierung der „schlimmsten Terroranschläge der Geschichte" seitens der israelischen Regierung wesentlich einfacher.

Erst Wochen nach den Angriffen von New York und Washington kam die arabische Öffentlichkeit langsam zu sich. In den eher elitären internationalen arabischen Zeitungen setzte eine Welle der intellektuellen kritischen Auseinandersetzung mit sich selbst und dem „Anderen" ein. Bei den Massen hingegen herrschten vorwiegend verschiedenste selbstentlastende Verschwörungstheorien vor. Kein Wunder, denn die Organisation namens Al-Qaida war auch für die breite arabische Masse außerhalb des islamistischen Lagers noch kein Begriff. Dies gilt für die Zeit der Freundschaft zwischen Al-Qaida und dem amerikanischen Auslandsgeheimdienst CIA (Central Intelligence Agency) in den 80ern Jahren des 20. Jahrhunderts, als die USA die Mudschaheddin im Kampf gegen die Sowjets in Afghanistan aufbauten und unterstützten. Es gilt aber auch für die Zeit der Feindschaft voller blutiger Al-Qaida-Botschaften an Amerika in den 90er Jahren. Es mag viele im Westen überraschen, aber Osama bin Laden und Al-Qaida wurden auch den meisten Arabern erst durch die Ausstrahlung von Bin-Laden-Kassetten ab Oktober 2001 auf *Al-Dschasira* bekannt. Zwar schimpfte man in den westlichen Medien zunächst auf *Al-Dschasira* wegen der Ausstrahlung von Kassetten des „Terrorchefs", fragte aber im gleichen Atemzug nach dem Minutenpreis der Bilder. Anschließend wurden die Video-Botschaften gekauft, übersetzt und dann mit reinem Gewissen – weil aus zweiter Hand – in der westlichen Öffentlichkeit verbreitet. Nichtsdestoweniger mussten sich beide, der Westen und die Arabische Welt, auf eine Entdeckungsreise im Zusammenhang mit dem Ursprung und der Entwicklung von Al-Qaida begeben.

Der palästinensische Theologe und Führer der Muslimbrüder, Abdallah Azzam, gab bereits 1984 zusammen mit dem saudischen Staatsbürger Osama bin Laden den Startschuss für Al-Qaida. Beide gründeten damals im pakistanischen Peschawar ein „Dienstleistungsbüro", um die aus verschiedenen arabischen Ländern kommenden jungen Männer aufzunehmen und auf dem Weg in den Dschihad in Afghanistan gegen die „ungläubigen" Sowjets zu betreuen. Unterstützt wurden die beiden Scheichs vom amerikanischen Auslandsgeheimdienst CIA im Rahmen der geheimen „Operation Cyclone" zur Bewaffnung, Ausbildung und Finanzierung der Mudschaheddin. Im Sommer 1988 fiel zum ersten Mal der Name Al-Qaida (arabisch für Basis oder Stützpunkt) als Sammelbecken der arabischen Mudschaheddin in Afghanistan. Der Emir hieß von nun an Osama bin Laden. So gesehen war die CIA viel mehr mit Al-Qaida in Kontakt als die arabischen Massen.

Nach dem Abzug der Sowjettruppen aus Afghanistan im Frühjahr, der Rückkehr Osama bin Ladens nach Saudi-Arabien im Herbst und der mysteriösen Ermordung des ideologischen Vaters Abdallah Azzam Ende 1989 waren die arabischen Mudschaheddin arbeits-, kopf- und orientierungslos geworden. Erst der Zweite Golfkrieg bot ihnen ein neues und weites Aktivitätsfeld. Vergebens versuchte Bin Laden in Saudi-Arabien die Herrscherfamilie davon zu überzeugen, eine Freiwilligenarmee unter seiner Führung aufzustellen, um das Land gegen einen eventuellen irakischen Angriff zu verteidigen. Die Familie Al-Saud, nach der das ganze Land benannt wird, entschied sich lieber für die Stationierung von ausländischen Soldaten, überwiegend aus den USA. So wurden nunmehr die US-Truppen, die mit ihrer Anwesenheit als „Kreuzzügler" in Saudi-Arabien das heilige Land des Islams „befleckten", zum neuen Feind von Al-Qaida. Die Front war die ganze Welt und das Ziel die Überwindung des – nach dem Sieg der Islamisten gegen die Sowjets in Afghanistan – letzten noch existierenden Systems: des Kapitalismus. Den Kapitalismus zu bezwingen, gelte nur auf islamischem Gebiet, das von den „Kreuzzüglern" besetzt gehalten werde, behaupten die Quellen von Al-Qaida selbst. Alles sei universal und absolut gemeint, sprich ein Ende der Geschichte auf islamistisch, behaupten hingegen die westlichen Quellen. Zumindest für das blutige Ergebnis sind die Unterschiede beider Behauptungen unerheblich. Es folgten ab 1993 weltweite Angriffe auf amerikanische Ziele bis hin zum 11. September 2001.

Während Al-Qaida der breiten arabischen Masse kaum bekannt war, waren es die USA sehr wohl. Das herrschende Bild von Amerika zeigte eine allmächtige Supermacht, die im Nahen Osten alles, das heißt das Öl, die Regierungen und die politischen Prozesse, unter Kontrolle hat. Ein Bild, aus dem sich auch die arabischen Verschwörungstheorien speisten. Denn die Vorstellung, dass ein Osama bin Laden und seine 19 Jungs den „Drachen" ohrfeigen könnten, kam vielen einem Märchen aus „Tausendundeiner Nacht" gleich. „Das können doch nie und nimmer unsere Jungs gewesen sein", so klang die Anfangsstufe dieses Gedankenganges. „Das muss jemand anderes gewesen sein", so die zweite. „Das können nur die Amerikaner selbst gewesen sein", so die dritte. Ähnliche Ansätze fanden sich übrigens auch anderswo auf der Welt, zum Beispiel bei dem französischen Autor Thierry Meyssan in seinem 2002 erschienenen Buch *11. September 2001: Der inszenierte Terrorismus. Auftakt zum Weltenbrand? Kein Flugzeug traf das Pentagon!* Darin geht es um technische Analysen zur Manövrierfähigkeit eines Passagierflugzeuges für einen Anschlag oder zu physikalischen Voraussetzungen eines Einsturzes der Türme nach einem Flugzeugeinschlag.

Die arabischen Verschwörungstheorien basierten allerdings weniger auf technischen Analysen als vielmehr auf konkreten Aussagen von Betroffenen wie der Aussage des Vaters von Mohammed Atta. In einer Sendung des arabischen Nachrichtensenders *Al-Dschasira* zum ersten Jahrestag der Anschläge behauptete er in Kafr asch-Schaich in Nordägypten, sein Sohn sei niemals in Amerika gewesen und alles, was diesen in Verbindung mit dem 11. September bringe, wäre nur ein Fake. Anschließend appellierte er an Staatschef Muhammad Husni Mubarak (1981-2011), seinen Sohn zu finden: „Wo ist mein Sohn?" Dem Onkel des anderen Todespiloten Ziad Jarrah flossen in der gleichen Sendung die Tränen, während er beim Vorzeigen seines Hauses und der Bilder seiner Familie in Tripoli im Nordlibanon immer wieder sagte: „Schaut doch unsere Mädchen an! Und wir sollen eine Fanatiker-Familie sein?" Gemeint war: Aus solch einer Familie, die so schöne und freizügig angezogene Mädchen vorzuweisen hat, kann doch niemals ein Todespilot stammen.

Arabien und der Westen: die Eiszeit

Die Lage der westlichen Massen und Massenmedien war nach dem 11. September zwar anders als die der arabischen, aber nicht wesentlich besser. Das zeigte auch die in den Monaten nach den Anschlägen von New York und Washington zur Mode gewordene Interview-Frage: „Wo waren Sie am 11. September 2001?" Diese Frage verlangte nicht so sehr dem Gefragten eine Antwort ab, vielmehr sollte sie die Political Correctness des Fragenden zum Ausdruck bringen. Sie suggerierte zudem, dass man während solcher historischer und emotionaler Ereignisse doch nicht mit Banalitäten beschäftigt gewesen sein könnte und dass die Uhren in solchen Momenten stehen geblieben sein müssten und allen der Atem stockte. Bei der Frage „Wo waren Sie am 11. September?" hallte ein lautes Echo nach und schwangen psychologische und historische Zusammenhänge mit, zumindest in jenen den USA nahestehenden westlichen Staaten wie zum Beispiel Deutschland. Die gleiche Frage würde in Ländern wie China, Südafrika oder Brasilien erst gar nicht gestellt werden.

Im Irak auch nicht. Ich habe sie jedenfalls Atwar Bahjat nicht gestellt, als ich sie, mittlerweile 27 Jahre alt, zwei Jahre nach den Anschlägen und vier Monate nach der US-Invasion in den Irak im *Al-Dschasira*-Büro in Bagdad als Arbeitskollegin kennenlernte. Wir haben zwar über vieles gesprochen, etwa den Verlust des Vaters, eines Schuldirektors, infolge einer Krankheit ein Jahr nach dem Zweiten Golfkrieg. Atwar war damals 16 und konnte den Verlust ihres Vaters nie richtig verarbeiten. Auch der Umzug mit der Mutter und der jüngeren Schwester nach Bagdad sowie die Uni-Jahre und erste Arbeitserfahrungen in Kulturzeitschriften waren mehrfach das Gesprächsthema, nicht jedoch der 11. September 2001.

Die Parameter in Deutschland waren anders. Es ist kein Wunder, dass ein deutscher Außenminister namens Joschka Fischer (1998-2005) kurz vor dem ersten Jahrestag der Angriffe vom 11. September auf die Frage, wo er denn am 11. September gewesen war, adäquat mit den Worten antwortete: „Der 11. September hat unser aller Leben verändert." Zumindest in Sachen Zeitrechnung sollte er Recht behalten. Vieles wurde seinerzeit erst mit dem Datum 11. September lokalisierbar bzw. bedeutsam. Sätze begannen in Medien und bei Politikern oft mit Silben wie „zwei Tage vor dem 11. September" oder „drei Wochen nach dem 11. September", als hätte man den gregorianischen Kalender auf den Kopf gestellt und die Geburt von Jesus Christus mit zweitausend und ein Jahr vor dem 11. September angegeben.

Doch die Gnade der frühen Geburt vor über zweitausend Jahren konnten nicht alle „Nahost-Gestalten" haben. Anfang Sommer 2002 kontaktierte mich ein etwa 40-jähriger libanesischstämmiger Krankentransporteur und bat mich, als arabischer

Journalist über seinen Fall zu berichten. Er habe seinen Arbeitgeber, ein Krankenhaus, beim Arbeitsgericht in Nürnberg verklagt, weil dieser ihm fristlos gekündigt hatte. Grund: Der Deutsch-Libanese sollte sich in der Pause im Hinterzimmer abfällig über die Opfer des 11. September geäußert haben. Arbeitskollegen hätten daraufhin die Chefetage informiert, woraufhin seine Entlassung folgte. Der Kläger selbst hielt dagegen, er habe lediglich auf die aggressive amerikanische Politik in der Welt als Mitursache für die Anschläge vom 11. September hingewiesen. Interessant war für den Fernsehbericht aber nur eins: die Veränderung der Atmosphäre in Europa nach den Anschlägen. Wie kafkaesk diese geworden war, zeigten die Bilder des Krankentransporteurs, der samt Frau und fünf Kindern ratlos und verloren auf den Gängen des Nürnberger Arbeitsgerichts umherirrte.

***

Die Hysterie im Westen, allen voran in den USA, war allumfassend. Weniger deswegen, weil knapp 3000 unschuldige Menschen bei den Angriffen vom 11. September starben; auch nicht unbedingt deshalb, weil das Zeitalter der medial übertragenen Terrorbilder in Echtzeit begonnen hatte: es war tatsächlich das erste Mal, dass Normalsterbliche Bilder von einem Flugzeug sahen, das in ein Hochhaus flog. Vielmehr war die Hysterie deshalb allumfassend, weil diese Bilder mit einem vorherrschenden Selbstbild des Westens verknüpft waren, das spätestens seit dem Ende des Kalten Krieges und dem Blitzsieg im Zweiten Golfkrieg keinerlei Projektionsfläche mehr für die eigene Verletzbarkeit vorsah. Diese Erfahrung schien schlicht und ergreifend nur außerhalb der eigenen Lebenssphäre zu existieren. Zehn Jahre nach dem 11. September wird sich der amerikanische Präsident George W. Bush in einem Interview an seine ersten Gedanken erinnern, als ihm während einer Schullesung in der Kleinstadt Sarasota in Florida sein Stabschef Andrew Card ins Ohr flüsterte: „America is under attack!" (Amerika wird angegriffen!). Bush sagte: „Meine erste Reaktion war Entrüstung. Wer zur Hölle würde Amerika das antun?"

Niemand und jeder, könnte die Antwort auf diese Frage lauten. Denn mit dem 11. September war das Zeitalter der Auffälligkeit der Unauffälligen angebrochen. Anständige Bürger in anständigen westlichen Rechtsstaaten wurden von anständigen und demokratisch gewählten Politikern aufgefordert, alles, was ihnen an Unauffälligkeiten am Leben der Anders-Aussehenden auffällt, zu melden. Überall wurden nun arabische „Schläfer" gesucht, gesichtet und von Razzien „aufgeweckt". Razzia ist im Übrigen maghrebinisch-arabischen Ursprungs (von Gazwa bzw. Gazia) und bedeutet in der Originalsprache „Beute- und Rachefeldzug" eines Stammes gegen seine Nachbarn. Im Grunde genommen eine sprachliche Prophezeiung dessen, was der westliche Stamm mit den benachbarten Stämmen im Nahen und Mittleren Osten vorhatte. Doch keine Sprach-, sondern Terror-Expertise von selbsternannten Islamexperten war bei Politik und Medien nach dem 11. September gefragt. Am besten in schnell geschnürten Sicherheitspaketen für die Abstimmung im Bundestag und 30-Sekunden-Statements für die Abendnachrichten. Die ersten vier Wörter des Jahres 2001 waren übrigens: 11. September, Anti-Terror-Krieg, Milzbrandattacke und Schläfer. Zusammengesetzt ergeben sich daraus folgende weltpolitische Sinn-Sätze: Schläfer machen Milzbrandattacke und 11. September. Wir machen Schläfern Anti-Terror-Krieg.

Frustriert von dieser Atmosphäre nach den Anschlägen schrieb ich satirisch-zynisch in einer Berliner Tageszeitung zum ersten Jahrestag der Ereignisse: „Ich für meinen Teil jedenfalls werde meine Biographie nun 11.-September-mäßig optimieren: Geboren in der Umayyaden-Moschee mitten im radikalen Damaskus. Vater: ein bärtiger 24-Stunden-Beter, genau wie meine Mutter. Die Zeugung erfolgte auf Anweisung des Emirs. . . . Alter: 32 (wie Mohammed Atta). . . . Letzter Wille: Vier Wochen Urlaub auf Guantánamo, all inclusive."

Aus arabischer Sicht waren nicht nur die entgegengebrachten Verdächtigungen, Anschuldigungen und daraus folgenden Vorverurteilungen frustrierend, sondern auch die krampfhaften Versuche, mehr schlecht als recht eine neue Weltsituation herbei zu konstruieren. Überall in den Medien, Universitäten, sogenannten Think Tanks und auf der politischen Bühne war der „westliche Block" in jener Zeit damit beschäftigt, zu erklären, wie sehr der 11. September 2001 die Welt veränderte. Dabei war, keineswegs nur aus arabischer Sicht, in diesem Zusammenhang eine ganz andere Frage wesentlich entscheidender als die Frage, ob und wie sehr irgendetwas die Welt veränderte: Über wessen Welt reden wir eigentlich gerade?

Die Welt von Rasheed Hameed Waali zum Beispiel neigte sich mit den Anschlägen vom 11. September rasant dem Ende zu. Einige Jahre zuvor, nach dem Zweiten Golfkrieg, aus der Armee entlassen, muss er – inzwischen 41-jährig, wohnhaft in Bagdad, verheiratet und Familienvater – die Bilder der zwei einstürzenden Türme im fernen Westen auf dem Fernsehbildschirm verfolgt haben. Wahrscheinlich hatte der „Truthahn" von 1991 kaum Zeit, um sich allzu sehr emotional oder rational mit den Nachrichten aus Übersee auseinanderzusetzen. Nach zehn Jahren Embargo durch die „Internationale Gemeinschaft", der damit einhergehenden Armut und mittlerweile sechs Kindern im Haushalt blieb ihm nicht viel Zeit zum Nachdenken oder Mitfühlen übrig. Apropos Zeit, Rasheed konnte es damals nicht ahnen: Ihm blieben ab jetzt weniger als drei Jahre zu leben.

***

Dass Hysterie und Angst nicht nur die westliche Seite nach dem 11. September erfassten, die sich wie eh und je egozentrisch fragte: „Warum hassen sie uns?", zeigen auf der anderen Seite die verzweifelten Reaktionen vieler Araber und Muslime nach den Anschlägen. Ob es denn ratsam sei, sich beim Deutschland-Besuch sicherheitshalber eine Kette mit einem Kreuz um den Hals zu hängen, fragten ernsthaft Freunde und Verwandte aus den arabischen Ländern. Schließlich würden Muslime im Westen mittlerweile auf offener Straße gejagt und „erlegt", lautete auf Nachfrage die Begründung aus dem Nahen Osten. Tatsächlich hat der 11. September 2001 die Verschlechterung des Klimas zwischen der Arabischen Welt und dem Westen seit dem Zweiten Golfkrieg zehn Jahre zuvor enorm beschleunigt. Die Vorurteile fühlten sich beiderseits bestätigt und schaukelten sich nunmehr gegenseitig hoch.

Für westliche Vorurteile gegenüber Arabern gab es durchaus sehr schnell messbare Erscheinungsformen. Bereits bevor man sich im Westen auf Al-Qaida als Urheber der Anschläge vom 11. September einigte, kursierten in westlichen Medien in den ersten Stunden nach den Anschlägen – neben den Bildern „jubelnder Palästinenser" – Spekulationen über die üblichen Verdächtigen. Diese beinhalteten nur Arabisches: mal palästinensische Organisationen in Anlehnung an viele spektakuläre Flugzeugentführungen durch linke palästinensische Gruppierungen in den 70er Jahren, mal den irakischen Präsidenten Saddam Hussein, der in Vorbereitung auf zukünftige Kriege immer wieder mit Gott und der Welt in Verbindung gebracht wurde. Als dann die Spekulationen bei Al-Qaida landeten, von der zuvor auch im Westen außerhalb der Sicherheits- und Fachkreise niemand etwas gehört hatte, erlebten die Vorurteile einen Höhepunkt. Zumindest medial wurden sämtliche Islamisten praktisch als Terroristen, alle Nicht-Islamisten als „Schläfer" unter Generalverdacht gestellt. Es gab kein Entkommen für die Mohammeds, Alis, Omars und Co.

Umgekehrt fanden folgende irrationale Annahmen gegenüber dem Westen bei vielen „Halsbandkreuz-Arabern" sehr schnell Gehör: Nicht der Terrorismus, sondern der Islam und die Muslime im Allgemeinen seien von Anfang an das Ziel gewesen. Der ganze 11. September sei lediglich nur ein Vorwand für die so oder so kommende und von langer Hand geplante Aggression des Westens gegen die islamische Welt. Diese Vorurteile entstanden nicht urplötzlich, sondern hatten historische, soziologische und psychologische Hintergründe. Bereits beim ersten Besuch in Damaskus, der Hauptstadt meiner syrischen Heimat, im Sommer 1990 nach dem ersten Studienjahr in Deutschland sah ich mich mit einer eigenartigen Frage konfrontiert. Während des üblichen Gespräches über Erlebnisse bzw. Erfahrungen in „Germany" fragte mich ein ehemaliger Schulkamerad, ob man im Westen nicht versucht hätte, mir meine Religion im Sinne von „abschwören" wegzunehmen. Nur mit Mühe konnte ich ihn beruhigen. Ich versicherte ihm, dass seine Ängste völlig unberechtigt seien, dass in Deutschland es niemand auf unsere Religion abgesehen hätte, dass keiner „scharf" auf unseren Islam sei. Die Befürchtungen des Schulkameraden waren auch deswegen auffällig, weil diese aus dem damals im Westen herrschenden Zeitgeist kaum abzuleiten gewesen wären.

Denn die Religion war zu Beginn der 90er Jahre des vorigen Jahrhunderts in der Tat kein Entscheidungskriterium für Gut und Böse in Deutschland, keine Kategorie für „die da" und „wir hier". Nicht einmal für die Rechtsradikalen, die uns, die ausländischen Studenten, auf offener Straße mit Baseballschlägern und schwarzen Springerstiefeln in jenen bewegten Zeiten deutscher Geschichte nach dem Mauerfall verfolgten und deren Bilder die Runde um die Welt machten. Sie taten es, weil wir Ausländer, nicht weil wir Muslime waren, und wir rannten vor ihnen weg, Kopf an Kopf und gleichberechtigt zusammen mit Mosambikanern, Vietnamesen, Polen oder Afroamerikanern.

Von Bin Laden 40 DM, von Bush die Freiheit

Feucht und kalt sind die Nächte in Berlin Anfang Herbst. Zumindest war es jene Nacht im September, als ich etwas machen musste, wofür es in der deutschen Sprache den Begriff „Freiluftpinkler" gibt. Während sich meine Blase in einer Nebenstraße hinter dem Bahnhof Zoo entleerte, hörte ich hinter mir ein Auto, das immer langsamer fuhr und schließlich zum Stehen kam. „Sie wissen, dass das eine Ordnungswidrigkeit ist!", rief ein Beamter aus dem sich langsam öffnenden Fenster eines Polizei-VW-Busses, während ich mich umdrehte. Er fügte routiniert hinzu: „Ihren Ausweis bitte!"

Es war die Nacht vom Montag, den 10., auf Dienstag, den 11. September 2001. Anders als vom Polizeibeamten angekündigt, kam der Strafzettel nie bei mir an. Vermutlich wurde er auch nie geschrieben. Ich möchte mir jedenfalls nicht das Gesicht des Polizeidirektionschefs vorstellen, als ihm am Nachmittag des 11. September einer seiner Beamten vom arabischen Freiluftpinkler am Bahnhof Zoo in der Nacht zuvor erzählte. Auch nicht den Unterton in der Stimme des Chefs, als er vor dem Fernsehbildschirm in seinem Büro wahrscheinlich so etwas vor sich hin murmelte wie: „Mensch, lass mich in Ruhe! Siehst Du denn die Türme von New York nicht? Vergiss deinen Straßen-Nässer! Geh und such lieber nach Terroristen!" Meine Nettoersparnis durch Scheich Osama bin Laden und den 11. September betrug 40 DM oder umgerechnet circa 20 Euro. So viel hätte die Ordnungswidrigkeit seinerzeit schätzungsweise gekostet.

Das sollte allerdings nicht das letzte Geld sein, das ich indirekt durch Al-Qaida verdienen würde. Es war nur das letzte in DM. Kurz darauf, am 1. Januar 2002, wurden die Euro-Banknoten und -Münzen in zwölf europäischen Ländern mit mehr als 300 Millionen Einwohnern, darunter auch Deutschland, eingeführt. Einen Monat später würde ich einen neuen Job haben, der ohne Al-Qaida und den 11. September unwahrscheinlich gewesen wäre. Denn nach den Anschlägen im Herbst 2001 entdeckte die Weltpresse Deutschland neu. Ein Land, das bis dahin trotz Wiedervereinigung als wirtschaftlicher Riese und zugleich als politischer Zwerg galt. „Hamburger Zelle" hieß das neue Schlüsselwort in den Medien im Zusammenhang mit dem nunmehr politisch bzw. sicherheitspolitisch relevant gewordenen Deutschland. Dies geschah in Anlehnung an die drei arabischen Attentäter und den Verbindungsmann nach Afghanistan, die in der Hansestadt im Norden des Landes gelebt haben. Deutschland war jetzt wieder „Wer", sei es im Sinne von „Land der Täter", oder wie die Berliner *tageszeitung* (*taz*) damals formulierte: „Täter aus deutschen Landen." Auch die Arabische Welt entdeckte Deutschland neu: Im Frühjahr 2002 gründete ich im Auftrag von *Al-Dschasira*, dem bekanntesten arabischen Nachrichtensender aus dem Emirat Katar, das neue Büro in der deutschen Bundeshauptstadt und verdiente dort im Anschluss über zehn Jahre lang mein Brot. Dank des 11. September und der Hamburger Zelle hieß es dann bei den Pro- und Contra-Überlegungen zur Gründung des Büros innerhalb des *Al-Dschasira*-Hauses: „Um Gottes Willen! Deutschland ist ein Muss! Dort fing im Zusammenhang mit dem 11. September doch alles an."

Im Jahr 2003 wird Mazen al-Tmaizi über die Geschichte mit den 40 DM und der Gründung des Berliner Büros von *Al-Dscha-*

sira beim Teetrinken an einem Sommerabend in Bagdad richtig lange lachen. „Wir bei *Al-Arabiya* wussten schon immer, dass Ihr bei *Al-Dschasira* von Al-Qaida finanziert werdet", spottete der damals 24-jährige belustigt. Er spielte dabei auf entsprechende westliche Vorwürfe gegenüber *Al-Dschasira* aufgrund der wiederholten Ausstrahlung von Bin-Laden-Kassetten und auf die Konkurrenz unserer beiden Sender an. „Gib zu! Du hast den Bärtigen in Afghanistan mit eigener Kamera interviewt!", forderte er mich lachend auf. Mazen war gerade in das Team vom Bagdader Büro des damals erst einige Wochen zuvor gegründeten, saudisch finanzierten und als Konkurrenz zu *Al-Dschasira* gedachten Nachrichtensenders *Al-Arabiya* aufgenommen worden. „Na, wer wird denn hier wie Bin Laden saudisch finanziert?", erwiderte ich mit einem Augenzwinkern.

Deutschland war allerdings nach dem 11. September nicht zum Lachen zumute. Die Sicherheitsbehörden und die Öffentlichkeit tappten bezüglich vieler Sachfragen im Dunkeln, zum Beispiel bei der Frage, ob die Hamburger Zelle – weswegen das Land nicht nur für *Al-Dschasira* wichtig wurde – als solche tatsächlich je existiert hatte. Dies war nie endgültig zu klären. Die Anschläge vom 11. September wurden zumindest nach Einschätzung des Bundeskriminalamtes nicht in Hamburg geplant. Ein BKA-Fahnder sagte Ende 2004 im Prozess gegen den marokkanischen Terrorverdächtigen Mounir al-Motassadeq vor dem Hamburger Landgericht Folgendes aus: „Konkrete Ermittlungsergebnisse, dass Anschläge geplant worden sind, haben wir nicht gefunden." Keine Planung, also keine Hamburger Zelle, lautete die Schlussfolgerung von al-Motassadeq selbst. Von seinem Hamburger Gefängnis aus schrieb er – selbst ein vermeintliches Mitglied der Zelle – in einem Brief an die marokkanische salafistische Zeitung *Al-Sabil* im Sommer 2015: „Kein Zeuge hat die Existenz oder Gründung einer terroristischen Zelle in Hamburg bestätigt. Keine Unterlagen konnten klären, wann und wie diese Zelle zustande kam." Unterschrieben war der Brief mit Namen und mit „Gefangener Nummer: 6/07/522. Zelle: 524". Er war zuvor im Jahr 2007 nach langem Hin und Her, nach einem aufgehobenen Urteil und einer Revision, dennoch endgültig wegen Mitgliedschaft in einer terroristischen Vereinigung – in just dieser Hamburger Zelle – und wegen Beihilfe zum Mord zu 15 Jahren Haft verurteilt worden. Das Gericht sah es als erwiesen an, dass al-Motassadeq in die Anschlagspläne eingeweiht war und den Hamburger Attentätern geholfen hatte, ihre Reisen nach Afghanistan und in die USA zu verschleiern.

Sollte sich allerdings das Gericht geirrt haben und die Version von Mounir al-Motassadeq doch zutreffend gewesen sein, hieße das nicht nur, dass die Hamburger Zelle eine Medien- bzw. Geheimdiensterfindung war. Vielmehr hieße es auch, dass die Hysterie vom 11. September seinerzeit sogar die Arbeit der Justiz erfasst hatte. Für das *Al-Dschasira*-Büro in der deutschen Bundeshauptstadt hieße das Ganze darüber hinaus, dass seine Gründung auf einer falschen Annahme namens „Hamburger Zelle" beruht hatte und dass ich meinen damals neuen Job, zynisch ausgedrückt, einem glücklichen Betriebsunfall verdankte.

***

Apropos Betrieb: Auch jenseits meiner 40 DM und der Gründung des *Al-Dschasira*-Büros in Berlin waren Schwankungen finanzieller Natur bezeichnend für die Folgen des 11. September im Westen. Dies galt sowohl im positiven Sinne, sprich Schwankungen nach oben, wie im Fall von Journalisten und Islamexperten bzw. Möchtegern-Journalisten und -Islamexperten, die sich kaum noch vor Arbeitsaufträgen retten konnten. Es galt aber auch im negativen Sinne, sprich Schwankungen nach unten, wie im Fall der Börsen, wo weltweit vor allem Kleinanleger zusehen mussten, wie der Wert ihres Vermögens drastisch verfiel. In Frankfurt fiel der Aktienindex DAX am 11. September um 8,5 Prozent und in New York der Dow Jones trotz sechstägiger Pause nach den Anschlägen bei der Wiedereröffnung um etwa sieben Prozent.

Es gab allerdings keine strategischen geopolitischen Schwankungen. Anders als am Ende des Kalten Krieges hat sich die geopolitische Weltkarte nach dem 11. September nicht wesentlich verändert, auch wenn dies viele in den westlichen Staaten nicht gerne hören, die plötzlich eine völlige Veränderung der Weltlage gesehen haben wollen. De facto brach keine alte Allianz in sich zusammen, keine tatsächlich neue entstand. Keine Altkonflikte fanden nach den Anschlägen eine Lösung, keinerlei Neukonflikte brachen dort aus, wo bis dato Frieden herrschte. Anders als es auf den ersten Blick schien, sagte auch Kanzler Gerhard Schröder (1998-2005) in der Erklärung seiner rot-grünen Regierung am Tag nach den Anschlägen inhaltlich nicht viel Neues: „Wir wissen noch nicht, wer hinter dieser Kriegserklärung an die zivilisierte Völkergemeinschaft steht. ... Ich habe dem amerikanischen Präsidenten das tief empfundene Beileid des gesamten deutschen Volkes ausgesprochen. Ich habe ihm auch die uneingeschränkte – ich betone: die uneingeschränkte – Solidarität Deutschlands zugesichert."

Zur einzigen inhaltlichen Aussage dieser Rede lässt sich sagen: Die deutsch-amerikanischen Beziehungen samt Solidaritätszubehör waren seit Gründung der Bundesrepublik Deutschland im Mai 1949 und während des langen Kalten Krieges sowieso niemals eingeschränkt gewesen. Lediglich sprachlich beinhaltete die Rede des sozialdemokratischen Bundeskanzlers Neuartiges. Die „Kriegserklärung" war darin weniger metaphorisch als vielmehr wortwörtlich gemeint und ebnete später den Weg für einen sich anbahnenden Krieg: einen Möchtegern-Selbstverteidigungskrieg gegen die vermeintlichen Kriegserklärer hinter der Kriegserklärung. Auch diese waren, wie in den nächsten Tagen und Wochen klar wurde, neuartig: kein Staat, kein Land und kein Volk, sondern ein „Regime" namens Taliban in Afghanistan, eine weltweit agierende „Organisation" namens Al-Qaida, ein „Scheich" namens Osama bin Laden und ein „Phänomen" namens Terror, das sowohl der großen weiten Welt als auch *Schläfer[n] mitten unter uns* entspringen kann, wie ein Buchtitel des ZDF-Journalisten Elmar Theveßen 2002 lautete. Später würde man in diesem Zusammenhang vom „asymmetrischen Krieg" sprechen. Auch die Front dieses Krieges war in der Rede äußerst interessant verpackt: Sie verlief zwischen der „zivilisierten Völkergemeinschaft" und denen, die dieser den Krieg erklärt haben sollen, also den Unzivilisierten bzw. den Barbaren. Sie verlief, mit anderen Worten, überall und nirgends.

Diese dramatisierende, emotionalisierende und moralisierende Sprache war der Höhepunkt einer Entwicklung, derer sich die internationale Diplomatie nach Ende des Kalten Krieges bediente. Erste Anzeichen der neuen Sprache deuteten sich im Zusammenhang mit dem Ausbruch von neuen „heißen" Kriegen an. Dazu zählten der im vorigen Kapitel behandelte Zweite Golfkrieg, aber auch der im November 1995 mit dem Friedensvertrag von Dayton für beendet erklärte Jugoslawienkrieg und der erst im Sommer 1999 zu Ende gegangene Kosovokrieg. Bei diesen Kriegen lösten neue Begriffe wie „Barbarei" und „Zivilisation" Altbegriffe wie „Eiserner Vorhang" oder „Freie Welt" aus der Zeit der großen ideologischen Gegensätze ab. Mit ihrer Schlichtheit, Einfältigkeit und Schwarz-Weiß-Malerei waren die Neubegriffe selbst für die Kleinsten der Kleinen im Kindergarten verständlich und somit ideal für die gestressten, vom Weltgeschehen und der Politik im Globalisierungszeitalter überforderten Arbeitnehmer – auch Jobcenter-Gefährdete genannt.

Wie hartnäckig diese Begriffe des neuen, fast ideologiefreien Zeitalters wirkten, wird sich in der Folgezeit immer wieder aufs Neue zeigen. Im Sommer 2016 wird Bundeskanzlerin Angela Merkel (seit 2005) von der Christlich Demokratischen Union nach den Terroranschlägen zweier als Flüchtlinge nach Deutschland gekommenen Täter in Würzburg und Ansbach nicht viel mehr einfallen als: „Es werden zivilisatorische Tabus gebrochen. Die Taten geschehen an Orten, wo jeder von uns sein könnte." Bei dieser Neusprache werden nicht politologische, soziologische oder psychologische Kriterien erwogen, um Terror und Gewalt zu beschreiben und zu analysieren. Stattdessen folgen auf den Terror hilflos klagende Floskeln zum Beispiel über den Bruch „zivilisatorischer Tabus".

***

Die Könige der neuen Sprachregelungen waren allerdings die amerikanischen, allen voran republikanischen Politiker. Es war US-Präsident Ronald Reagan (1981-1989), der die Bezeichnung „Krieg gegen den internationalen Terrorismus" erstmals verwendet hatte. Dies geschah im Oktober 1983, nachdem die kurz zuvor in der libanesischen Hauptstadt Beirut stationierten amerikanischen und französischen Truppen durch Selbstmordanschläge angegriffen worden waren. Bilanz: circa 400 Tote und Verletzte. Der Begriff „Krieg gegen den Terror" war jedoch in seiner heutigen globalen Bedeutung und Verbreitung ein „brillanter" Begriff des 21. Jahrhunderts. Urheber: der amerikanische Präsident George W. Bush. Nur fünf Tage nach dem 11. September sagte er bei einer Rede in Camp David: "This crusade – this war on terrorism – is going to take a while." (Dieser Kreuzzug, dieser Krieg gegen den Terrorismus wird eine Weile dauern).

Beim Zweiten Golfkrieg konzentrierten sich die Araber eher auf die Äußerung von George Bush Senior, die (nuklearen) Fähigkeiten des Irak „in die Steinzeit zurück gebombt" zu haben. Welche weltpolitische Bedeutung – besonders für die Arabische Welt – damals dahintersteckte, das „Vietnam-Syndrom ein für alle Mal" für „verscheucht" zu erklären, entzog sich hingegen fast völlig ihrer Aufmerksamkeit. Ähnlich galt die Aufmerksamkeit der Menschen in der Arabischen Welt zehn Jahre und eine Bush-Dynastie-Generation später bei der oben genannten Formulierung von George Bush Junior weniger dem globalen „Krieg gegen den Terrorismus", als vielmehr einem Detail, das im Begriff des „Kreuzzuges" steckte. Denn dieser erinnerte an die Geschichte eines jahrhundertealten Traumas und weckte erneut Ängste, die damals die Kreuzzüge im kollektiven Gedächtnis der Arabischen Welt hinterlassen haben. Einem „Krieg gegen den Terrorismus" konnte man sich als Araber oder Moslem anschließen, einem „Kreuzzug" absolut nicht.

Im Jahr 2003 kam die deutsche Übersetzung eines Buches des libanesisch-stämmigen französischen Autors Amin Maalouf auf den Markt, das sich bei seiner ersten deutschen Auflage im Jahr 1996 nur für Randleserkreise zu eignen schien und wenig Beachtung fand. Anders jedoch 2003, denn der Titel dieses Buches sprach Bände: *Der Heilige Krieg der Barbaren. Die Kreuzzüge aus der Sicht der Araber.* Ohne an dieser Stelle die Kreuzzüge und ihren Bezug zum Christentum überhöht zu thematisieren, lässt sich hierzu kurz anmerken: Mit dem Satz aus der Bibel „Wenn dich einer auf die rechte Wange schlägt, dann halte ihm auch die andere hin!" (Matthäus 5,39) hatten die Kreuzritter, wie die Geschichtsschreibung belegt, wenig am Hut bzw. am Kampfhelm aus Metall. In mehreren Angriffswellen zwischen dem Ende des 11. und dem Ende des 13. Jahrhunderts verbreiteten sie für 200 Jahre Angst und Schrecken im gesamten Orient.

Trotz der wenig später erfolgten Entschuldigung von George W. Bush für den Gebrauch des historisch negativ konnotierten Begriffs „Kreuzzug" war den Arabern zwischen dem Atlantik und dem Persischen Golf mit jener Rede nur eines im Sinn geblieben: Sie sind direkt betroffen. Diese Befürchtung wurde auch durch die Kongress-Rede von George W. Bush am 20. September 2001 verstärkt, neun Tage nach dem 11. September im Beisein des britischen Ministerpräsidenten Tony Blair (1997-2007), die als offizieller Auftakt des „Krieges gegen den Terror" in die Geschichte eingehen wird: „Dieser Krieg wird nicht so sein wie der Krieg gegen den Irak vor 10 Jahren mit seiner gezielten Befreiung eines Gebietes und seinem schnellen Ende. ... Wir werden die Finanzquellen der Terroristen austrocknen, sie gegeneinander ausspielen, sie von Ort zu Ort jagen, bis es keinen Ort der Zuflucht oder der Ruhe mehr für sie gibt. ... Jede Nation in jeder Region muss nun eine Entscheidung treffen: Entweder ist sie auf unserer Seite oder auf der Seite der Terroristen." Es hörte sich nach einem waschechten Krieg an und es kam tatsächlich ganz schnell einer: zunächst einmal aber gegen ein nicht-arabisches Land.

***

Am 7. Oktober 2001, knapp einen Monat nach den Anschlägen vom 11. September, begann die „Operation Enduring Freedom" (Operation andauernde Freiheit). Das propagierte Ziel – und das nicht nur auf Afghanistan beschränkt – war, Führungs- und Ausbildungseinrichtungen von Terroristen „auszuschalten", Terroristen zu „bekämpfen", gefangen zu nehmen und „vor Gericht zu stellen", wie es in den meisten Quellen steht und in den meisten Fällen doch nicht eingetreten ist. Denn weder hat die Welt heute, anderthalb Jahrzehnte später, weniger Führungs- und Ausbildungseinrichtungen für Terroristen, noch wurden diese vor Gericht gestellt, sondern vielmehr in das berüchtigte Gefängnis von Guantánamo eingesperrt. Interessanterweise sollte die Militäroperation ursprünglich „Infinite Justice" (Unendliche Gerechtigkeit) heißen. Der Name wurde circa zwei Wochen vor dem Angriff geändert, nachdem angeblich muslimische Gruppen dagegen protestiert hatten, weil aus deren Sicht die grenzenlose Gerechtigkeit allein bei Allah, dem Schöpfer, anzusiedeln sei. So erfuhren die Afghanen mit den ersten US-Luftangriffen und den ersten vom Himmel fallenden Bomben im Oktober 2001 zwar keine grenzenlose Gerechtigkeit, dafür aber grenzüberschreitende und andauernde „Freiheit" in Form einer „Demokratisierung von oben".

Auch Deutschland nahm an der ersten großen und in vier Regionen (Afghanistan, am Horn von Afrika, auf den Philippinen und in Afrika südlich der Sahara) durchgeführten militärischen „Operation Enduring Freedom" bis Oktober 2008 (am Horn von Afrika bis 2010) teil. Schließlich verabschiedete der UNO-Sicherheitsrat bereits am 12. September 2001 die Resolution 1368, die nach Auffassung der USA und der verbündeten Regierungen ein militärisches Eingreifen legitimierte. Darin wurde zwar nicht – wie in der Kuwait-Resolution 678 aus dem Jahr 1990 – vom Einsatz aller „notwendigen Mittel" gesprochen, jedoch wurden die Anschläge vom 11. September als „Bedrohung des Weltfriedens und der internationalen Sicherheit" eingestuft; ein erster indirekter, aber wichtiger Schritt in Richtung Krieg. Außerdem betonte die Resolution 1368 durch einen allgemeinen und sicher auch interpretationswürdigen Verweis das „naturgegebene Recht zur individuellen oder kollektiven Selbstverteidigung"; der zweite und wesentliche Schritt in Richtung Krieg. Denn das Recht zur Selbstverteidigung ist ein in Artikel 51 der Charta der Vereinten Nationen festgelegtes Grundrecht, das jedem Mitgliedstaat im Falle eines bewaffneten Angriffes zusteht. Normalerweise wird dieses Recht von kolonisierten und unterdrückten Völkern als Legitimation für deren Kampf gegen die Besatzer und Unterdrücker beansprucht. Auch beim Zweiten Golfkrieg spielte das Recht auf Selbstverteidigung eine Rolle. Resolution 661 vom August 1991 verhängte damals nicht nur

Wirtschaftssanktionen gegen den Irak, sondern erkannte auch das Recht Kuwaits zur Selbstverteidigung nach Artikel 51 an.

Das Kunststück im Zusammenhang mit dem Anti-Terror-Krieg im Jahr 2001 bestand allerdings in der sehr freizügigen und geschickten Uminterpretation dieses Rechtes auf Selbstverteidigung. Eine Uminterpretation dahingehend, dass dieses Recht nun auch auf Terroranschläge ausgedehnt wurde, die sonst eigentlich als kriminelle Akte, nicht als militärische Angriffe von außen, hätten bezeichnet und entsprechend verfolgt werden können. Dieses Vorgehen öffnete später Tor und Tür für Kriege ohne Grenzen, sowohl territorial als auch zeitlich. Denn das militärische Vorgehen bei dem neuartigen Krieg gegen den Terror wurde nun in den westlichen Sicherheits- und Medienkreisen als ein Akt der Ad-hoc-Selbstverteidigung gegen die von Afghanistan aus weltweit agierenden Terrornetzwerke definiert und dargestellt. Doch weder der Artikel 51 der UNO noch die Resolution 1368 haben zu einer zeitlich versetzten Selbstverteidigung auf fremden Boden Tausende von Kilometern entfernt irgendetwas Konkretes formuliert. Nach Ansicht einiger namhafter Völkerrechtler boten diese somit keine Rechtsgrundlage für ein direktes Kriegsmandat, sondern dienten in diesem Fall als formale Rechtsmittel zum Bruch des Völkerrechts durch die USA.

Anfang Oktober 2001 rief die NATO zum ersten Mal in ihrer Geschichte den Bündnisfall aus. Der NATO-Rat hat die Anschläge vom 11. September 2001 als Angriff auf die Vereinigten Staaten unter Artikel 5 des Nordatlantikvertrages abgenickt. Dort heißt es in Bezug auf die Vertragsparteien, dass „ein bewaffneter Angriff gegen eine oder mehrere von ihnen in Europa oder Nordamerika als ein Angriff gegen sie alle angesehen werden wird". Die nachdenklichen und besorgten Einwände zahlreicher Juristen, dass mit diesem Beschluss es sich mitnichten um die Verteidigung, sondern möglicherweise um einen Angriffskrieg der Allianz handele, erloschen später im Feuer des Gefechtes.

Der „Messias" von Tora Bora am Apparat

Im Feuer des Gefechtes und im Laufe verschiedener Mandate bzw. Operationsnamen wurde die deutsche Bundeswehr nach ihrer Stationierung in Afghanistan im Jahr 2002 irgendwann zu einer „Baufirma für Mädchenschulen" umgetauft. Dabei war bereits die erste Taufe kein leichtes Unterfangen. Auf der Suche nach einem passenden und unverdächtigen Namen für eine neue Armee nach den Gräueln des Zweiten Weltkriegs griff der FDP-Abgeordnete Hasso von Manteuffel im Streit um die Wiederbewaffnung der BRD 1955 die frühere Bezeichnung „Bundeswehr" wieder auf und brachte sie in den Bundestag ein. Dieser Name war, neben der Bezeichnung „Volkswehr", zum ersten Mal im Zusammenhang mit dem Aufbau einer deutschen Gesamtarmee im Rahmen der deutschen Revolution von 1848/49 bei der Frankfurter Nationalversammlung gefallen. Als Urheber galt der preußische Offizier Daniel Gottlob Friedrich Teichert. Der Erfinder des schlichten und zugleich sehr fantasievollen Konstrukts mit den „Mädchenschulen" konnte hingegen bis heute nicht ermittelt werden und musste folglich auch nicht zurücktreten. Ein Rücktritt wäre spätestens im Chaos-Jahr 2015 fällig gewesen. Denn es hatte sich herausgestellt, dass Afghanen nach Syrern die zweitgrößte Gruppe bei der Flüchtlingskrise darstellten, die in jenem Jahr das Mittelmeer zwischen der Türkei und Griechenland überquerten – trotz der von der Bundeswehr gebauten Mädchenschulen am Hindukusch.

Anders erging es dem Urheber folgender Zeilen über die Bundeswehr in Afghanistan, die einen Sturm der öffentlichen Entrüstung im deutschen Lande auslösten: „Meine Einschätzung ist aber, dass insgesamt wir auf dem Wege sind, doch auch in der Breite der Gesellschaft zu verstehen, dass ein Land unserer Größe mit dieser Außenhandelsorientierung und damit auch Außenhandelsabhängigkeit auch wissen muss, dass im Zweifel, im Notfall auch militärischer Einsatz notwendig ist, um unsere Interessen zu wahren." Er hieß Köhler, Horst Köhler, und arbeitete seinerzeit als Präsident der Bundesrepublik Deutschland. Seine Worte stammten aus einem im Mai 2010 geführten Interview mit dem *Deutschlandradio*. Neun Tage später, am 31. Mai

2010, kapitulierte er und trat nach knapp sechs Jahren Amtszeit zurück. Ein Jahr nach dem Rücktritt erklärte er im Interview mit der Wochenzeitung DIE ZEIT, er habe die Angriffe gegen ihn im Zusammenhang mit seinen Äußerungen über die sicherheitspolitischen Interessen Deutschlands als ungeheuerlich und „durch nichts gerechtfertigt" empfunden. Recht hat er, denn er hat lediglich die deutsche Öffentlichkeit zum ersten Mal nach dem 11. September 2001 darüber aufgeklärt, warum deutsche Soldaten dort standen, wo sie damals standen – und zum Teil heute noch stehen.

Fest steht jedenfalls, dass die Stationierung dieser und anderer westlicher Soldaten auf der Erdkugel im Rahmen der „Operation Enduring Freedom" eher einem Krieg der Sterne als einem Antiterroreinsatz entsprach. So wurden zum Beispiel die deutsche Marine am Horn von Afrika und die deutschen ABC-Abwehrkräfte (ABC = Abkürzung für Atomare, Biologische und Chemische Waffen) in Kuwait auf der Arabischen Halbinsel stationiert. Al-Qaida standen jedoch weder eine Flotte noch ABC-Massenvernichtungswaffen zur Verfügung und Osama bin Laden muss sich in der Antarktis bei den Pinguinen am Südpol aufgehalten haben. Denn trotz des massiven Einsatzes vieler deutscher und sonstiger internationaler Streitkräfte galt der Chef von Al-Qaida für die nächsten zehn Jahre als nicht auffindbar.

**

Der Zwischenfall mit Horst Köhler zeigte, wie schwierig es manchmal ist – allgemein im Westen und insbesondere in Deutschland mit seinem „Nie wieder Krieg!" –, Sprache, Politik und Krieg stimmig und überzeugend miteinander in Einklang zu bringen. Bundespräsident Köhler sprach übrigens im berüchtigten Interview ausschließlich vom „militärischen Einsatz", nicht vom Krieg. Auch die Bundesverteidigungsminister zwischen 2001 und 2009, Rudolf Scharping (SPD), Peter Struck (SPD) und Franz Josef Jung (CDU), sprachen parteiübergreifend übereinstimmend lediglich von „bewaffnetem Konflikt" im Hinblick auf die Lage in Afghanistan. Bezüglich des deutschen Einsatzes dort im Rahmen der „Internationalen Sicherheitsbei-standstruppe" (ISAF) sprach Ersterer von „Friedensmission", Letzterer vom „Stabilisierungseinsatz". Struck allerdings stellte alle anderen in den Schatten mit seiner Äußerung im Dezember 2002: „Die Sicherheit der Bundesrepublik Deutschland wird auch am Hindukusch verteidigt."

Erst Verteidigungsminister Karl-Theodor zu Guttenberg (2009-2011) räumte angesichts der zunehmenden und nicht mehr wegzuleugnenden Verwicklung in Kampfhandlungen Anfang April 2010 vor Journalisten in Bonn ein, man könne „umgangssprachlich von Krieg" in Afghanistan reden. Der deutsche „Umgang" mit dem Krieg auf „sprachlicher" Ebene drückte exemplarisch und besonders demonstrativ den Wunsch des Westens aus, die Kriegsproblematik semantisch zu umschreiben und den Krieg schön zu reden. Bereits Monate zuvor hatte zu Guttenberg vorbereitend von „kriegsähnlichen Zuständen" in Afghanistan gesprochen und schaffte es damit auf Platz zwei der Liste der Wörter des Jahres 2009. Demnach könnte es sich zwischen 2001 und 2010 am Hindukusch nur um einen „militärischen Einsatz", dann um einen „bewaffneten Konflikt" und dann um einen „kriegsähnlichen Zustand" im Zusammenhang mit einem Mädchenschulen-Bauvorhaben gehandelt haben. Erst danach brach, zumindest sprachlich, irgendwie doch noch ein Krieg aus.

Auch als es der NATO, genauer den USA unter Präsident Barack Obama, um einen Abzug der Soldaten aus Afghanistan ging, hieß dieses Vorhaben Ende 2014 in Deutschland nicht „Abzug der Soldaten", sondern semantisch geglättet: „Bundestagsmandat für Afghanistan auslaufen lassen." Das bedeutete nicht nur, dass es keine Kriegsbeteiligung gegeben hat, sondern dass sich dieser keineswegs unblutige Einsatz von Mensch und Material lediglich auf einen bürokratischen Verwaltungsakt reduzierte, der nun formal ordnungsgemäß abgeschlossen werden sollte. Dabei waren bei genauerer Betrachtung bereits die ersten Bundestagsmandate für die Afghanistan-Einsätze, ob im Rahmen der „Operation Enduring Freedom" vom November oder des ISAF-Einsatzes vom Dezember 2001 samt deren jährlicher

Verlängerung, nichts anderes als ein politisch-militärischer Akt. Es sollte mit der Semantik allerdings noch dicker kommen: Ende 2015, ein Jahr nach dem „Auslaufen-Lassen" des Mandats, hieß es in den deutschen Medien, der Bundestag habe den Abzug deutscher Soldaten aus Afghanistan „vorerst gestoppt". Trotz ausgelaufenem Mandat gab es im Jahr 2015 immer noch deutsche Soldaten am Hindukusch. Denn das Mandat war zwar vor einem Jahr zum Auslaufen freigegeben worden, wurde allerdings gleich durch die Ausbildungs- und Unterstützungsmission „Resolute Support" (Entschlossene Unterstützung) der NATO mit deutscher Beteiligung abgelöst bzw. ersetzt. Kein Wunder, dass sich im Angesicht dieser Schizophrenie im umgangssprachlichen Sinne nicht wenige deutsche Soldaten seit ihrer Rückkehr aus Afghanistan in psychologischer Behandlung befinden.

Von außen betrachtet, keineswegs nur aus arabischer Sicht, legte diese Sprachakrobatik den Verdacht nahe, dass im Westen gelogen und getrickst wird, sei es auch nur sich selbst und der eigenen Öffentlichkeit gegenüber. Dies galt umso mehr, wenn es nicht nur abstrakt um Definitionen, sondern konkret um Menschenleben ging. Exemplarisch hierfür stand der NATO-Luftangriff mit circa 100 afghanischen Zivilopfern bei Kundus Anfang September 2009. Dieser erfolgte auf Anweisung von Bundeswehroberst Georg Klein und galt zwei zuvor von den Taliban entführten Tanklastwagen. Die betroffenen afghanischen Zivilisten waren Dorfbewohner, die sich um die entführten Laster versammelten, um an billigen Treibstoff heranzukommen. Auch wenn gegen Oberst Klein seitens der Bundeswehr Vorermittlungen zu einem Disziplinarverfahren wegen Verdachts auf Verletzung interner Vorschriften und von Seiten der Generalbundesanwaltschaft ein Ermittlungsverfahren wegen Verdachts auf Kriegsverbrechen eingeleitet wurden; auch wenn die deutsche Presse die langwierige Arbeit des Kundus-Untersuchungsausschusses im Bundestag als professionell, verantwortungsvoll, unabhängig und nicht parteipolitisch bezeichnete: Ein bitterer Beigeschmack bleibt nach dem Kundus-Zwischenfall auf jeden Fall zurück.

Es war ja nicht nur die Tatsache, dass viele unschuldige Menschen im Rahmen eines „Anti-Terror-Stabilisierungseinsatzes" gestorben sowie verletzt und terrorisiert worden waren. Viel zynischer war, dass erst nach langem Hin und Her die Bundesrepublik Deutschland an die Familien von 90 Opfern eine sogenannte freiwillige Leistung von jeweils fünftausend US-Dollar als humanitäre Hilfe gezahlt hat, allerdings ausdrücklich ohne jedes Schuldanerkenntnis. Das entspricht dem Wert eines gebrauchten Kleinwagens in Deutschland. Es mag, juristisch und politisch gesehen, alles seine Richtigkeit gehabt haben. Man wurde und wird – und zwar nicht nur als Araber und Muslim – jedoch das Gefühl nicht los, in einer Zweiklassenwelt zu leben, in der der Mensch trotz Menschenrechtscharta nicht gleich Mensch ist. Auch wenn es zugegebenermaßen hart und verstörend klingt: Es wären Menschenleben hierzulande höchstwahrscheinlich nicht mit fünftausend Dollar pro Person abgegolten worden, wenn umgekehrt die afghanische Luftwaffe versehentlich eine Tankstelle in Deutschland angegriffen hätte. Es ist zu bezweifeln, ob sich denn die Menschen mit dem hätten beruhigen lassen, womit man die Menschen in Afghanistan zu beruhigen versuchte: Etwa damit, dass es sich beim Angriff um eine Fehleinschätzung eines afghanischen Oberleutnants gehandelt habe, nachdem zuvor das afghanische Parlament für den Militäreinsatz in Deutschland gestimmt und die UNO diesen irgendwie mandatiert hätte.

***

Der politische Weg Afghanistans vom Anti-Terror-Krieg bis zu jenen Kundus-Toten war nicht weniger unübersichtlich als der militärische. Begonnen hatte alles mit der ersten Afghanistan-Konferenz auf dem Petersberg in Königswinter bei Bonn. Lange Arbeitstage, spärliche Informationen und endlose Sicherheitsmaßnahmen begleiteten und ermüdeten die anwesenden Journalisten ohne Aussicht auf ein baldiges Ende. Die Petersberger Konferenz vom 27. November bis 5. Dezember 2001 verkörperte den Albtraum eines jeden Journalisten. Hinzu kamen die Unübersichtlichkeit und Kompliziertheit der Lage um und in Afghanistan. Zwei Monate nach Beginn der Luftangriffe im Rahmen der „andauernden Freiheit" ging es auf dem Petersberg um viele unterschiedliche Interessen. Der rot-grünen deutschen Regierung war ein Erfolg der Konferenz in Form eines schnellen und politischen Auswegs aus einer sich anbahnenden militärischen Sackgasse in Afghanistan außerordentlich wichtig – uneingeschränkte Solidarität hin oder her. Für die russische Seite wiederum war es die erste ernsthafte Beteiligung an einer internationalen Angelegenheit in der Ära des neuen Präsidenten Wladimir Putin. Eine sehr gute Gelegenheit – so dachte Moskau anscheinend naiv –, die eigene Rolle auf der internationalen Bühne zu betonen und die Botschaft zu signalisieren: Wir gehören dazu und ohne uns geht wenig. Auch Teheran gefiel sich in der Rolle, Teil der Lösung in Afghanistan zu sein, nachdem der Westen den Iran seit der Islamischen Revolution im Jahr 1979 allgemein zu einem Teil des Problems im Nahen und Mittleren Osten, oft sogar zum eigentlichen Problem in dieser Region erklärt hatte.

Die zerstrittenen afghanischen Teilnehmer vertraten nicht weniger unterschiedliche Positionen. Schnell wurde die Idee einer größeren politischen Rolle des damals im Exil lebenden Ex-Königs Zahir Schah (gest. 2007) mit seinen 87 Jahren Lebens- und 40 Jahren Herrschaftserfahrung (1933-1973) verworfen. Man erkannte recht bald, dass sich der Rückgriff auf einen Polit-Museums-Greis schlecht als Neuanfang für Afghanistan vermarkten ließ. Der formell noch amtierende, praktisch aber bereits 1996 von den Taliban abgesetzte Präsident und nun als Nordallianzchef agierende Burhanuddin Rabbani (gest. 2011) war für den Westen zwar wichtig, aber gleichzeitig ein schwieriger Fall. Wichtig, weil seine Nordallianz die Kämpfe gegen die Taliban vor Ort auf dem Boden führte, und schwierig, weil er seinen eigenen Kopf hatte. So ließ er aus der gerade von seinen Truppen eroberten afghanischen Hauptstadt verlauten, die Entscheidungen über die künftige Regierung Afghanistans müssten in Kabul getroffen werden. Eine Position, die in den Ohren westlicher Mächte und Strategen keineswegs angenehm klang. Zu den politischen Komplikationen kamen ethnische hinzu: Die

Paschtunen als größte Bevölkerungsgruppe seien nicht angemessen auf der Konferenz vertreten, meinten paschtunische
Teilnehmer. Ähnlich ungerecht behandelt empfanden sich auch
die Vertreter der Usbeken und Hasara, zweier weiterer afghani-
scher Volksgruppen.

Dabei waren die Ziele der Konferenz an sich ambitioniert und
neuartig genug: die Schaffung der Grundlage einer Interimsverwaltung bzw. provisorischen Regierung, einer noch zu bildenden
verfassungsgebenden Versammlung „Loya Jirga" (auch: Loja
Dschirga) und einer „multinationalen Friedensmacht" in Kabul.
Das waren Begriffe, die sich in die Nachrichtensprache einge-
schlichen hatten, bevor deren inhaltliche Bedeutung von Journalisten, Politikern oder Akademikern erfasst und definiert werden
konnte.

Den internationalen Journalisten schien sowieso alles nicht
nur viel zu kompliziert, sondern end- und hoffnungslos zu sein,
bis Ahmad Fawzi, der Sprecher des UNO-Sonderbeauftragten
für Afghanistan, Lakhdar Brahimi, mit der erlösenden Meldung
kam. Er berichtete vom Anruf eines „mutigen Paschtunen-
Führers aus Tora Bora", der gerade dabei gewesen sein sollte, die
„Terroristen" zu bekämpfen. Dieser sei in den Konferenzsaal
durchgestellt worden und hätte seine dort versammelten Landsleute über Lautsprecher ermutigt, eine gemeinsame Übereinkunft im Sinne des Landes zu erreichen. „Wir sind alle Afghanen", habe er ihnen gesagt. Sein Name war Hamid Karzai (auch
Karsai). Die Welt wartete auf ihn – und der Messias hatte sich
gemeldet. Mit seinem „Alle-Afghanen-Zusatz" hatte er sogar
noch eine „Neuigkeit" verkündet. Später wird der Anruf noch
eine größere Bedeutung erlangen: Einen Tag vor Ende der Afghanistan-Konferenz auf dem Petersberg wurde Hamid Karzai
von den afghanischen Teilnehmern, so zumindest die offizielle
Verlautbarung, in Abwesenheit zum Präsidenten der Übergangsregierung in Afghanistan ernannt. Eine geheime Wahl ohne Au-
ßeneinflüsse dürfte es wahrlich nicht gewesen sein, zumal das
Wahlvolk Tausende von Kilometern entfernt zu Hause saß und
machtlos zuschaute, was und vor allem wen die Fremden von
der internationalen Gemeinschaft für das eigene Land, für einen

selbst stellvertretend wählten. Alles wirkte jedoch dank medialer Begleitmusik ziemlich märchenhaft: der richtige Mann (ein mutiger und paschtunischer „Antiterrorist") zur richtigen Zeit (der Petersberger Konferenz) am richtigen Ort (Tora Bora) mit der richtigen Technik (Satelliten-Telefon) und der richtigen Telefonnummer (von der UNO und der „Internationalen Gemeinschaft"). Nein, die Zeit der Wunder ist, zumindest wenn sie sich der Westen tatkräftig zurückwünscht, noch nicht vorbei.

Hurra, wir sind alle Muslime, inschallah!

Fawzis Geschichte über den geheimnisvollen Anrufer vom Hindukusch kam mir seinerzeit sehr gelegen. Ich war bei der Afghanistan-Konferenz noch für das arabischsprachige Radio der *Deutschen Welle* tätig und hatte irgendeine Neuigkeit gebraucht, um einen Nachrichtenbeitrag zu fertigen, und sei es nur über einen merkwürdigen Anruf von einem Mann, dessen Name und dessen Gesicht bis dahin keiner kannte. Die Frage, wie man auf die Idee kommen kann, während eines Kampfes in Tora Bora zwischendurch kurz mal einen Anruf nach Petersberg zu tätigen, begleitet mich allerdings bis heute. Später wird sich sogar herausstellen, dass Karzai ironischerweise an einem – wie könnte es auch anders sein? – 24. Dezember (1957) geboren war.

Hamid Karzai wird jedenfalls – ein weiteres Wunder – sein Land noch vier Jahre nach dem Rücktritt seines deutschen Amtskollegen Horst Köhler bis 2014 regieren. In die Geschichte eingehen wird Karzai wahrscheinlich als das erste Produkt eines neuen westlichen Pilotprojektes, das für ein dem Westen und dessen Interessen gegenüber freundlich gesinntes Führungspersonal in bestimmten Weltregionen sorgt. Dem Modell „Karzai" werden später andere mit ähnlichen „technischen Daten" folgen. Karzai war allerdings der erste, der trotz Wahlfälschung (UNO-Bericht zu den Präsidentschaftswahlen im Jahr 2009) als Demokrat galt, trotz Korruption und Vetternwirtschaft (der Halbbruder Ahmad war bis zu seiner Ermordung 2011 der größte Drogenproduzent Afghanistans) als „Saubermann" und trotz nachgesagter Verbindung zu einem ausländischen Geheimdienst (CIA) als Patriot. Auch ein attraktives Image ist für das neue

Produkt schnell gefunden. Karzai sei der „bestgekleidete Politiker der Welt", darüber waren sich Designer und Medien auffällig schnell einig – noch vor seinem Sieg bei der ersten Präsidentschaftswahl in Afghanistan im Jahr 2004. „Seine Mischung aus heimatlicher Folklore und westlichen Stilelementen wirkt souverän und stolz", schrieb damals kein geringerer als Modedesigner Wolfgang Joop im Berliner *Tagesspiegel*.

Jedes Produkt hat allerdings ein Zerfallsdatum. Nach einigen Jahren wurden dann verdächtig plötzlich die negativen Seiten des inzwischen etwas angestaubten Produktes erkannt. Die Medien, wie zum Beispiel der *Cicero* im Frühjahr 2009, fragten sich jetzt häufiger: „Wie korrupt ist Hamid Karzai?" Solche Fragen am Ende eines Jahrzehnts, das mit dem Anti-Terror-Krieg und dem berühmt-berüchtigten Anruf von Tora Bora nach Petersberg begann, sind in der Regel nur der mediale Ausdruck für Entsorgungsabsichten auf politischer Ebene. Doch nicht nur Hamid Karzai, in dessen Amtszeit sich der Opium-Anbau um 1600 Prozent erhöhte und der afghanische Anteil der weltweiten Heroin-Produktion 95 Prozent erreichte, war ein Neuprodukt. Auch die internationale Afghanistan-Konferenz an sich war eine Pionierleistung, deren Nachfolger später noch perfektioniert werden sollten. Der Ablauf des Ganzen wird allerdings relativ ähnlich bleiben: zunächst einmal ein als „militärischer Einsatz" getarnter Krieg, der auf einen dramatischen Anlass (Terroranschlag, Massenvernichtungswaffen- oder Massaker-Gefahr) folgt und möglichst von einem UNO-Mandat gedeckt ist; danach eine „Übergangsverwaltung", die Demokratie predigt und den Einsatz ausländischer Truppen legitimiert, und zu guter Letzt eine „Geberkonferenz für den Wiederaufbau" – um nicht von Teilung der Beute zu reden. Der Ablauf erfolgt somit in drei Etappen, die für die Bedürfnisse der Politiker in ihrem Umgang mit der Öffentlichkeit im Westen maßgeschneidert sind. Denn nach dem oben genannten Verlauf verbleiben beim sogenannten mündigen Bürger des 21. Jahrhunderts kaum noch Zweifel an der von seinen politischen Eliten vorgegaukelten Notwendigkeit eines militärischen Handelns.

Welche Stufe des eben beschriebenen Verlaufes bei welcher Öffentlichkeit die größere Rolle spielt, kann von einem westlichen Land zum anderen variieren. So war für die Politiker hierzulande die erfolgreiche Vermarktung der Stationierung mehrerer Hundert deutscher Soldaten in Afghanistan nach der Petersberger Konferenz im Rahmen der „stabilisierenden" ISAF-Truppen sehr viel leichter als die Entsendung von nur knapp hundert kämpfenden Soldaten im Rahmen der „Operation Enduring Freedom". Das war deswegen der Fall, weil die Stationierung der ISAF-Soldaten mittels Resolution 1386 vom 20. Dezember 2001 durch ein UNO-Direktmandat gedeckt war. Die Stationierung wurde dadurch in weiten Teilen der Öffentlichkeit als legitim empfunden. Als weniger legitim wurde hingegen die Entsendung der knapp hundert kämpfenden Soldaten des Kommandos Spezialkräfte (KSK) nach Afghanistan empfunden. Der Grund hierfür war auch legalistisch, und zwar, dass die „Operation Enduring Freedom" nur auf der Grundlage von Resolution 1368 erfolgte, die lediglich von „Selbstverteidigung" sprach und somit nur bedingt und indirekt ein UNO-Mandat darstellte. Doch egal, was man in Deutschland und andernorts im Westen empfand: Der Betroffene, der Afghane selbst, verstand von alledem nur Bahnhof – bzw. Mädchenschule.

***

Der Araber verstand nach dem 11. September 2001 nicht einmal mehr Bahnhof. Denn an jenem Tag wurden praktisch über Nacht mehr als einer Milliarde Menschen auf der Erde – Arabern wie Nicht-Arabern – ihre Staatsbürgerschaft aberkannt. Syrer, Ägypter, Türken, Pakistaner, Iraner, Senegalesen und viele andere mehr mutierten plötzlich in den Augen westlicher Medien, Politiker und Gesellschaften schlicht und einfach zu Nur-Muslimen. Diese gehören zwar vielen verschiedenen Kulturen an und sprechen noch mehr Sprachen, sie würden alle jedoch, wenn es hart auf hart kommt, so die Annahme, dem gleichen Oberbefehlshaber im Himmel gehorchen: Allah. Der Rest des Daseins dieser Menschen – wie Staatsangehörigkeit, soziale Zugehörigkeit und sonstige Identitätsmerkmale, Charakterzüge und persönliche Eigenheiten – wäre demnach nur noch Schläfer-Zubehör bzw. -Tarnung. Angesichts der neuen westlichen Wahrnehmung des Islam und der Muslime kann man hier von einer erneuten Bekehrung der Muslime zum Islam sprechen: diesmal jedoch ohne Propheten, Überzeugungsarbeit oder Eroberungskriege, sondern durch den Blick von außen – ausgerechnet durch den des Westens. Zu Nur-Muslimen wurden die Muslime in jener Zeit von fast allen im Westen degradiert: vom rechtskonservativen Lager im negativen, verdächtigenden Sinne („Ihr Schläfer!") und vom linksliberalen im pseudo-positiven, Rücksicht nehmenden Sinne („Frohe Weihnachten! Ach, Entschuldigung. aber Ihr feiert ja nicht Weihnachten und Neujahr, oder?"). Diese merkwürdige Außenbekehrung der Muslime zum Islam gehörte zu den wichtigsten Folgen des 11. September 2001 und beeinflusste die mediale, gesellschaftliche und politische Atmosphäre im Westen nachhaltig.

Zu den ersten Interviews, die ich als neuer *Al-Dschasira*-Korrespondent in Deutschland im Frühjahr 2002 gegeben habe, gehörte eines, das ein Ex-Kommilitone vom Institut für Publizistik an der Freien Universität Berlin geführt hat. Wie das bei „uns" mit den „Frauen", mit dem „Heiligen Krieg" und mit den „Ungläubigen" so sei, wollte er wissen. Schnell war mir klar: Der deutsche Ex-Kommilitone, mit dem ich zu Uni-Zeiten in den 90ern frank und frei über Gott und die Welt gesprochen hatte, wollte nun, als westlicher Redakteur einer renommierten Zeitung, mit mir, dem muslimischen Korrespondenten, nur noch über Gott und Mohammed reden. Auch heute, mehr als 15 Jahre nach dem 11. September, hält diese Tendenz im Westen an. Es bleibt zwar eine hypothetische Frage, aber wäre für dieses Buch unter Marketinggesichtspunkten der Titel „Krieg und Chaos in Nahost. Eine islamische Sicht" nicht viel ansprechender bzw. dem Zeitgeist entsprechender als „Eine arabische Sicht" gewesen?

Kaum jemand hätte das für möglich gehalten, aber nur zehn Jahre nach dem Zweiten Golfkrieg und nur fünf Jahre nach Samuel P. Huntingtons Buch sah es auf westlicher Seite tatsächlich nach einem Kampf der Kulturen aus. „Ich bin es gewohnt, im

Westen als Terrorist angesehen zu werden", sagte ein palästinensischer Freund in Deutschland kurz nach dem 11. September re-
signierend und fügte zynisch hinzu, „aber wenigstens als palästinensischer Terrorist. Jetzt wollen sie aus mir einen konservativen islamistischen machen. Wie soll das gehen?" Er war Christ
und dazu politisch eher links. Zum vermeintlichen „Kampf der
Kulturen" gehören jedoch immer mindestens zwei. Einige Jahre
später wird sich der gleiche Freund nicht mehr nur über den
Westen, sondern auch über seine Landsleute beklagen. Wie bereits erwähnt, platzte der 11. September mitten in die palästinensische Zweite Intifada, die, Ende 2000 ausgebrochen, noch
bis Anfang 2005 andauerte. Es folgten weitere israelisch-arabische Auseinandersetzungen bzw. Kriege: So brach der Liba-
non-Krieg 2006, der erste Gaza-Krieg 2008, der zweite 2012 und
der dritte 2014 aus. Über diese gesamte Zeitspanne hinweg fanden Antikriegsdemonstrationen statt, auch von Arabern und Palästinensern in Deutschland. „Statt Palästinenser-Tuch tragen
die Mädchen mittlerweile vermehrt Kopftuch. Statt Freiheit für
Palästina schreien die Männer: Allahu Akbar (Gott ist groß)!",
stellte just jener palästinensische Freund irgendwann einmal im
Laufe des ersten Jahrzehnts nach der Jahrtausendwende verzwei-
felt fest. Tatsächlich gehörte auch eine Selbstbekehrung vieler
Muslime zu den Folgen des 11. September 2001, auch aufgrund
der Außenbekehrung durch den Westen. Entscheidend war jedenfalls, dass anfangs des neuen Jahrtausends viele Muslime
nicht nur in den Augen des Westens, sondern auch oft in den eigenen zu Nur-Muslimen wurden, die ihre Wut, Verzweiflung,
aber auch Hoffnung und Begeisterung in „Gott-ist-groß"-Rufen
ausdrückten.

Gott kann jedoch nicht erst in den Jahren nach dem 11. September so groß geworden sein. Der Islam als ideologisch-politi-
scher Zufluchtsort reifte erst langsam in den Schriften islamistischer Theoretiker im 20. Jahrhundert heran. Zu diesen gehörten
Araber wie der Ägypter Sayyid Qutb (gest. 1966) von der 1928
gegründeten Muslimbruderschaft, die als erste Ausdrucksform
des politischen Islam (Islam = Religion + Staatsordnung) gilt.
Dazu gehörten aber auch Nicht-Araber wie der indisch-pakista-

nische Sayyid Abu Al-Ala Mawdudi (gest. 1979), der 1941 „Al-Jamaa Al-Islamiya" (Islamische Gemeinschaft) in Pakistan gründete. Beide gelten als ideologische Wegbereiter für Generationen von Islamisten in der Islamischen Welt, von Afghanistan und Pakistan im Mittleren Osten bis nach Marokko an der Atlantikküste und darüber hinaus.

Zur Gründung einer Art real-existierender und praktisch-agierender „Islamistischen Internationale" kam es aber erst mit freundlicher Unterstützung des Westens am Hindukusch nach dem sowjetischen Einmarsch in Afghanistan Ende 1979. Vor allem in pro-westlichen arabischen Ländern wie Jordanien wurde in den 80er Jahren des letzten Jahrhunderts unter Federführung und tatkräftiger Mitarbeit der CIA in den Schulen öffentlich für den Dschihad gegen die Sowjets in Afghanistan geworben. In Ägypten wurden in jener Zeit sogar die Gehälter der Lehrer, die ihren Arbeitsplatz für den Kampf in Afghanistan verlassen haben, jahrelang vom Staat weitergezahlt. Die Rolle der sehr konservativen und auch pro-westlichen arabischen Golfstaaten, allen voran Saudi-Arabien, bei der Rekrutierung und Finanzierung der islamistischen Kämpfer, damals wie heute, kann man nicht genug „würdigen". Hier von einer „Islamistischen Internationale" zu sprechen, ist real, nicht metaphorisch gemeint: Außer der Religion hatten die arabischen Mudschaheddin mit den afghanischen Kämpfern nichts gemein. Nur, in den westlichen Medien von damals herrschte ein anderes Bild. Die Mudschaheddin in Afghanistan samt ihren religiös-motivierten arabischen Gesinnungsbrüdern, die gegen die Sowjets einen erbitterten Kampf führten, hießen zum Beispiel in der bundesdeutschen Presse seinerzeit „Freiheitskämpfer". Zum Vergleich: Die damals national-motivierten Palästinenser, die für das Ende der israelischen Besatzung und das Recht auf einen eigenen Staat kämpften, hießen in der gleichen Presse „Terroristen".

Die „Arabischen Afghanen", also die Araber, die es nach Afghanistan in den Dschihad zog, hat es nach dem Abzug der Sowjets aus Afghanistan im Frühjahr 1989 überallhin verschlagen. Nur eine kleine Gruppe blieb in Afghanistan. Viele kehrten in den 90er Jahren mit exzellenten Kampferfahrungen und Dschihad-Kontakten in ihre Heimatländer zurück. Dort beeinflussten sie in der Zeit zwischen dem Zweiten Golfkrieg 1991 und dem 11. September 2001 die ideologische Atmosphäre und die Sicherheitslage nachhaltig. So fand in der ägyptischen Hauptstadt Kairo im Februar 1993 der erste Angriff dschihadistischer Gruppen auf ein touristisches Ziel, ein Kaffeehaus, statt. Andere folgten in den Jahren darauf mit dutzenden Toten und Verletzten sowie, für ein Land mit starker Tourismus-Ausrichtung, verheerenden wirtschaftlichen Schäden. Andere „Arabische Afghanen" zog es allerdings gleich weiter an die damaligen – so empfanden und beschrieben sie diese selbst – „Dschihad-Kriegsschauplätze" der 90er Jahre des 20. Jahrhunderts, etwa auf den Balkan oder nach Tschetschenien. Einige wanderten einfach nach Europa aus, bildeten – wie im vorigen Kapitel erwähnt – eine Parallelszene zu den klassischen Islamisten und widmeten sich in den Hinterhöfen der Verbreitung der Ideologie und der Rekrutierung von Anhängern wie Mohammed Atta, Ziad Jarrah und Marwan al-Shehhi und vieler anderer.

***

Kurzum: Nach dem 11. September gewannen auf den arabischen Straßen die Islamisten endgültig die Oberhand, wenngleich über Schleichwege. Ihr gewaltiger Einfluss fußte nun weniger auf den eigenen Erfolgen im sozialen und wohltätigen Bereich wie in der Vergangenheit, als vielmehr auf den Misserfolgen aller anderen Protagonisten. Mit dem Zusammenbruch des Ostblocks läutete dem Arabischen Sozialismus und mit dem Ausbruch des Zweiten Golfkrieges dem Arabischen Nationalismus die Totenglocke. Beide Ideologien hatten ihre Höhepunkte in den 50er und 60er Jahren des 20. Jahrhunderts hinter sich gelassen. Der 11. September 2001, ergänzt durch den Irak-Krieg anderthalb Jahre später, symbolisierte nun die Fehlgeburt des noch nicht entwickelten politischen Arabischen Liberalismus. Spätestens in diesen Monaten turbulenter Entwicklungen brach, zehn Jahre nach dem östlichen, auch das westliche Weltmodell samt Liberalismus in den arabischen Augen zusammen. Die exorbitante Betonung des hohen moralischen Stellenwerts der Menschenrechte durch den Westen einerseits bei weltweit beobachteten Verstößen desselben gegen diese Rechte nach dem 11. September andererseits erzeugten zusammen eine Reaktion des Misstrauens. So kam bei Diskussionen mit Menschen aus der Nahost-Region über den Westen und die Menschenrechte oft ein verbittertes Lächeln retour: „Ach ja, so wie in Guantánamo, nicht wahr?" – in Anspielung auf das bekannteste Gefängnis im Zusammenhang mit dem Anti-Terror-Krieg. Dieser war ein Krieg ohne Kriegsgefangene, weil Präsident George W. Bush im Februar 2002 den Taliban und anderen Kämpfern in Afghanistan den Kombattantenstatus und somit die Anwendung des Kriegsvölkerrechts verweigerte. Mit dem Anti-Terror-Krieg und dem Irak-Krieg verlor das in der Nahost-Region ohnehin nicht tief verwurzelte liberale westliche Modell endgültig seine Anziehungs- und Überzeugungskraft.

Die Wurzeln des Arabischen Liberalismus gehen auf die Denker der arabischen Reformbewegung im 19. Jahrhundert und am Anfang des 20. Jahrhunderts zurück. Dazu gehörten unter anderem der Syrer Adib Ishaq (gest. 1885), vor allem aber die Ägypter Rifa'a at-Tahtawi (gest. 1873) und Muhammad Abduh (gest. 1905). Diese studierten teilweise in Europa, vor allem in Frankreich, und ließen sich von den Grundsätzen der liberalen Gedanken inspirieren, wie zum Beispiel der hohen Wertschätzung individueller Freiheit, Selbstverantwortung und Selbstverwirklichung mit Hilfe von Meinungs-, Glaubens- und Gewissensfreiheit. Die jungen Studenten waren ohnehin auf der Suche nach Modernisierungsansätzen für die Erneuerung und Befreiung ihrer als rückständig empfundenen Herkunftsgesellschaften voller Analphabetismus, Feudalstrukturen und Religionsmacht. In vielen Quellen wird sogar hierbei vom Zeitalter der sogenannten „Nahda", der „arabischen Renaissance" gesprochen, die ungefähr die Zeit zwischen der Ägyptischen Expedition (1798-1801) der Franzosen unter Napoleon Bonaparte und dem Ausbruch des ersten Weltkrieges 1914 umfasste. Nur, richtig Fuß fassen konnte diese Renaissance mit ihren logischen Konsequenzen Freiheit, Rechtsstaatlichkeit, Marktwirtschaft, Demokratie und Säkularismus in der Nahost-Region nie. Erklärungsansätze aus arabischer Sicht für das Scheitern des Liberalismus gibt es genug: Für die einen, vor allem islamistisch und konservativ angehauchten, ist es ein weiterer Beleg für die vermeintliche Abgehobenheit und Chancenlosigkeit einer von der „kulturell verwestlichten" Elite an der gesellschaftlichen Basis bzw. Realität vorbei importierten Ideologie. Für andere, vor allem links und nationalistisch orientierte, ein Beleg für die Konsequenz fehlender wirtschaftlicher Rahmenbedingungen wie Industrialisierung und der damit einhergehenden Umstrukturierung der sozialen Schichten sowie fehlender politischer Voraussetzungen wie Unabhängigkeit und Nationalstaat. Aus westlicher Sicht wiederum, allen voran orientalistisch ausgerichteter Kreise, wird die Theorie vertreten, dass dem Scheitern des Arabischen Liberalismus historisch tief verwurzelte kulturell-religiöse Faktoren zugrunde liegen, die eine Reformierbarkeit des Islam grundsätzlich infrage stellen.

Tatsache ist jedenfalls, dass die eher elitären und städtisch-liberalen Parteien im Nahen Osten und in Nordafrika oft gar nicht erst entstanden. Wenn dies aber doch geschah, dann manövrierten sie sich sehr schnell ins politische Abseits und verschwanden teilweise vollständig von der politischen Landkarte. Das konnte man in den 50er und 60er Jahren des 20. Jahrhunderts vor dem Hintergrund gewaltsamer Veränderungen wie Militärputschen, sozialen Revolutionen oder Unabhängigkeitskriegen häufig beobachten. Tatsache ist auch, dass zur Jahrtausendwende vom Arabischen Liberalismus lediglich ein gelegentlich nach Westen gerichteter, bewundernder Blick intellektueller Kreise übriggeblieben war. Tatsache ist nicht zuletzt, dass dieser Blick mit dem 11. September und seinen Folgen fast gänzlich erloschen ist und dass nach dem Schwächeln nationalistischer und linker Strömungen nun auch die liberalen an der Reihe waren. In der Arabischen Welt waltete nun praktisch alleine der politische Islam bzw. Islamismus.

Die für mich – weil nicht linke oder nationalistische, sondern islamistische – neue anti-westliche Stimmung erfuhr ich hautnah bereits bei meinem ersten Besuch in der Zentrale des Nachrichtensenders *Al-Dschasira* in der katarischen Hauptstadt Doha im Mai 2002. Nach einem Gespräch voller nicht mehr zu überbrückender Meinungsverschiedenheiten über die Lage in der Arabischen Welt schwiegen zwei Journalisten in einem direkt am Golf liegenden Restaurant miteinander. Der eine war ich, der syrische Laizist, der andere mein *Al-Dschasira*-Kollege, der katarische Islamist: wir hatten uns nichts mehr zu sagen. Damals hatte *Al-Dschasira* noch Platz für alle politischen Strömungen – später sollten auch dort die Islamisten die Oberhand gewinnen. Beim Aufstehen sagte der Kollege entschuldigend, er müsse gehen, weil er mit einer amerikanischen „Schwester" im Netz verabredet sei. Nicht ohne Stolz fügte er hinzu, dieser US-Westküstenbewohnerin habe er von Katar aus über das Internet zum Islam verholfen. In den Jahren unmittelbar nach dem 11. September kam dem Islam nicht nur eine tiefgreifende Identifikationsfunktion zu. Vielmehr gewann er neuerdings über die Identitätsfrage hinaus – und zwar nicht nur bei der Minderheit von „Brüdern" und „Schwestern" namens Islamisten, sondern auch bei ganz gewöhnlichen Muslimen – an Bedeutung als Antwort auf bzw. Waffe gegen den Westen.

Bei der eher patriotisch-nationalistisch eingestellten Atwar Bahjat zeigte sich der Protest gegen die westliche Politik nach dem Angriff auf ihre irakische Heimat im Zweiten Golfkrieg 1991 in Form einer inneren Ablehnung gegenüber der englischen Sprache. Obwohl Englisch in den irakischen Schulen unterrichtet wurde und obwohl die Beherrschung dieser Sprache für die journalistische Arbeit im Irak unter US-Besatzung eine Notwendigkeit war: Atwar konnte kein einziges englisches Wort über die Lippen bringen. Wenige Monate nach dem Irak-Krieg reichte ihr das als unbewusster Protest vermutlich nicht mehr aus. Ende 2003 entschied sich Atwar plötzlich für das Kopftuch. Sie war mit ihrer Entscheidung nicht die einzige in einer sich zwischen dem Atlantik und dem Persischen Golf erstreckenden Arabischen Welt.

Anfang 2006 war Deutschland Ehrengast auf der Kairoer Buchmesse. Bei einer deutsch-arabischen Podiumsdiskussion, an der auch ich teilnahm, äußerte sich ein deutscher Nahostexperte kritisch über das Kopftuch als Merkmal der Frauenunterdrückung. Die Stimmung im Publikum kippte regelrecht, wurde aggressiv und die ganze Veranstaltung drohte beinahe zu scheitern. Eine junge Frau Anfang zwanzig brüllte den Experten neben mir an: „Was geht dich mein Kopftuch an? Ich ziehe mich an, wie ich will, nicht wie Ihr wollt!" „Ihr" steht hier für den gesamten Westen. Mit ihrer Gestik und Mimik wirkte sie weniger wie eine Islamistin, nicht einmal wie eine tief religiöse Trägerin einer Kopfbedeckung. Für mich war die junge Ägypterin im Publikum eine von Millionen Frauen und Männern im Nahen Osten, die dem Westen nach all den Kriegen und Demütigungen gerne die Stirn bieten wollten, dies aber kaum konnten. Ganz nach dem Motto: Ihr habt zwar Eurofighter, wir aber haben unseren Islam und den tragen wir sichtbar auf dem Kopf.

Nicht ohne meinen Wie-Auch-Immer-Dialog

Auch an indirekter Unterstützung aus dem Westen für das neue Bewusstsein der Muslime fehlte es nicht: „Wenn uns die Geschichte etwas lehrt, dann dies: Wir dürfen eine solche Aggression nicht hinnehmen. Sonst zerstört sie unsere Freiheit", sagte einmal George Bush. „Wir lassen uns nicht von ihrer angeblichen Frömmigkeit täuschen. Wir hatten schon vorher mit solchen Leuten zu tun. Sie sind die Erben aller mörderischen Ideologien des 20. Jahrhunderts", sagte auch ein George Bush. Nur: das erste Zitat stammt von George Bush Senior aus dem Jahr 1990 nach dem irakischen Einmarsch in Kuwait, das zweite von George Bush Junior aus dem Jahr 2001 nach den Angriffen vom 11. September. Der Araber und der Muslim würden demnach eine Zerstörungsgefahr für die Freiheit darstellen, die vergleichbar mit Faschismus, Nationalsozialismus und Totalitarismus wäre. So hörten sich die ersten Jahre des „Amerikanischen Jahrhunderts" in arabischen Ohren an. Bis heute finden sich immer wieder „kluge" Politiker und Journalisten im Westen, die nach jedem Terroranschlag aufs Neue vom Angriff auf „unsere Freiheit" sprechen und somit indirekt eine umfassende Konfrontation heraufbeschwören. Denn diejenigen, die unsere „wunderbare" und „humane" Freiheit angreifen, müssen zwangsweise Barbaren sein. Und diejenigen, deren wichtigstes Hab und Gut, sprich die Freiheit, angegriffen wird, müssen – wenn auch angeblich sehr ungern – zum Schutz der eigenen Zivilisation auch mal entsprechend barbarisch reagieren dürfen, gelegentlich unter Zuhilfenahme von UNO-Resolutionen.

Dabei hatte vieles, was dem Westen heute Kopfschmerzen bereitet – zum Beispiel die Terrorismus- oder Flüchtlingsproblematik – eigentlich sehr wohl mit sogenannten freiheitlichen Entwicklungen in der Arabischen Welt und andernorts zu tun. Die planlose Öffnung der Wirtschaften und die schnelle Liberalisierung der Märkte in der Nahost-Region änderten dort radikal die gesellschaftlichen Strukturen. Dies geschah mancherorts wie in Ägypten relativ freiwillig bereits ab Ende der 70er Jahre; anderenorts, wie zum Beispiel in Syrien, eher unfreiwillig im Laufe der 90er Jahre infolge der Auflösung des Ostblocks als Wirtschaftspartner und Ideengeber. Ob freiwillig oder unfreiwillig, das Ergebnis war dennoch überall das Gleiche: Die Mittelschicht des jeweiligen Landes wurde in die Armut getrieben und das soziale Gefälle zwischen Arm und Reich vergrößerte sich in gefährlichem Maße.

Während im Irak die Mittelschicht durch jahrelange internationale Sanktionen verarmte, geschah dies bei der ägyptischen Mittelschicht durch einen von der eigenen Regierung unter Präsident Anwar as-Sadat (1970-1981) angeordneten wilden Kapitalismus. Ein radikaler Kapitalismus, dessen Marktgesetze sich ungebremst durchsetzten und sich aller sozialwirtschaftlichen Bremsmechanismen rücksichtslos auf Kosten der Bevölkerung entledigten. Dieser „Kapitalismus von oben" war seitens der ägyptischen Führung genauso wie der Friedensschluss mit Israel durch das Camp-David-Abkommen 1978 als ein Annäherungsversuch Kairos an den Westen beabsichtigt. Nach zwei Jahrzehnten Arabischem Sozialismus und Nähe zum Ostblock wurden nun Staatsunternehmen übereilt privatisiert, Zölle radikal gesenkt, ausländische Investitionen unkontrolliert zugelassen und der Haushalt den Kriterien des Internationalen Währungsfonds (IWF) angepasst. Ägypten wurde unter Präsident as-Sadat innerhalb weniger Jahre zum Zentrum eines arabischen wirtschaftlichen Neoliberalismus. In dieser Zeit wurde dann vor allem im Sozialbereich gekürzt, während gleichzeitig in innere Sicherheit,

Militär und die Subvention von Wirtschaftsunternehmen investiert wurde. In dieser neuen Atmosphäre bildete sich die sogenannte Infitah-Oberschicht (Öffnungs-Oberschicht) aus Businessman-Gestalten und mit ihnen kooperierenden hohen Verwaltungs- und Staatsbeamten heraus, während Millionen von Menschen in die Armut getrieben wurden.

Die Veränderungen bei den Mittelschichten des Nahen Ostens aufgrund dieser sogenannten freiheitlichen Entwicklungen waren allerdings nicht nur quantitativer, sondern auch qualitativer Natur. Auf explodierende Erdölpreise und den darauffolgenden Wirtschaftsboom – vorwiegend in der Golfregion ab der Mitte der 70er Jahre des letzten Jahrhunderts – folgte eine innerarabische Arbeitsmigration, wenn auch nur auf Zeit. Nach und nach wanderten Millionen von Arabern in die Golfstaaten Saudi-Arabien, Kuwait, Katar, Bahrain und die Vereinigten Arabischen Emirate auf der Suche nach einem besseren Einkommen. Sie brachten bei der Rückkehr in ihre alten Heimatländer nicht nur viele US-Dollars und eine westliche Konsummentalität, sondern paradoxerweise auch oftmals den salafistischen wahhabitischen Islam mit. Diese orthodoxe Form des Islam war sonst kaum andernorts in der Arabischen Welt vorzufinden.

Der Wahhabismus gilt als eine puristisch-traditionalistische Richtung des sunnitischen Islam, die im 18. Jahrhundert auf der Arabischen Halbinsel von Muhammad ibn Abd al-Wahhab (gest. 1791) gegründet wurde. Bereits im 18. Jahrhundert verbündete sich der Stamm der Saud mit den Wahhabiten und unterwarf mit deren Hilfe ab dem 19. Jahrhundert gewaltsam weite Gebiete zwischen dem Persischen Golf und dem Roten Meer. Die Wahhabiten zwangen bereits damals den Stämmen eine vermeintliche Islam-Urform auf. Bei der Ausrufung des neuen Einheitsstaates Saudi-Arabien 1932 durch König Abd al-Aziz Ibn Saud (1932-1953) wurde der Wahhabismus von der Saudi-Dynastie als Staatsdoktrin übernommen. Der Wahhabismus lehnt auch heute noch den Sufismus, den schiitischen Islam und alle Aussagen des islamischen Rechts, der Scharia, ab, die sich nicht eindeutig und unmittelbar aus dem Koran und den Überlieferungen des Propheten ableiten lassen.

Die Golfregion bot dennoch vielen Arabern Geld und soziale Aufstiegschancen, wodurch sie bei ihrer Rückkehr eine Art neue Minimittelschicht bildeten. Diese war allerdings im Großen und Ganzen nicht mehr eine der Welt gegenüber aufgeschlossene Bildungsmittelschicht, wie sie früher existierte, sondern vorwiegend eine verschlossene, religiös-konservative Einkommensmittelschicht, wobei zugegebenermaßen der Aufenthalt am Golf nur ein Teil der Erklärung sein kann. Es mag nach einem Sieg des Kapitalismus, nach einem Fukuyamaschen Ende der Geschichte ausgesehen haben, dass Iraker und Syrer ab den 70er Jahren des 20. Jahrhunderts zunehmend am Golf arbeiteten und konsumierten. Denn gerade diese beiden Länder waren zuvor in den 50er Jahren von westlicher Seite als Kandidaten zum Wechsel ins Lager des „kommunistischen Feindes" verdächtigt worden. Spätestens mit dem 11. September 2001 und den darauffolgenden Entwicklungen bis hin zum sogenannten „Islamischen Staat" (IS) ab Mitte 2014 dürfte sich dieser ideologische Sieg des Westens jedoch relativiert haben.

✳✳✳

Ob Fehler, Versäumnisse oder Fehlentwicklungen; für alles, was in der Sphäre zwischen der Islamischen Welt und dem Westen nicht funktionierte, gab es nach dem 11. September 2001, vom Anti-Terror-Krieg einmal abgesehen, ein Rezept: Dialog. Viele Missverständnisse und Probleme wären sehr wahrscheinlich auch durch einen aufrichtigen und ernsthaften Dialog zu klären gewesen. „Dialog der Kulturen" statt „Kampf der Kulturen" hieß die Devise jener Zeit – ein schöner Slogan. So viel Dialog wie nach jenen Anschlägen wurde vermutlich auch niemals in der Menschheitsgeschichte geführt. Der allerdings recht magere Ertrag des Ganzen ist wahrscheinlich auf drei Punkte zurückzuführen: Erstens hat man anfänglich – vermutlich aus blindem Aktionismus – mit den falschen Partnern, zweitens mit ihnen über die falschen Themen einen Dialog geführt. Drittens erzielte man auch noch falsche Ergebnisse, als man endlich mit den Richtigen über das Richtige debattierte. Alle drei Punkte lassen sich an einem einzigen Beispiel mit dem syrisch-libanesischen Dichter Adonis illustrieren.

Beim Besuch meines alten Arbeitgebers, des arabischsprachigen Radios der *Deutschen Welle* Ende 2002 in Köln, begegnete ich einem älteren arabischen Ex-Kollegen im Funkhaus am Raderberggürtel, der kopfschüttelnd und nervös durch die Gänge wanderte. „Dialog mit der Islamischen Welt führen, schön und gut. Aber Adonis einladen? Nee!", murmelte der – von mir aufgrund seiner langen und vielfältigen Berufserfahrungen so verehrte – „Meister" vor sich hin. Er konnte sein Unbehagen und seinen Unmut über die Einladung des bekanntesten syrisch-libanesischen Dichters Ali Ahmad Said Esber mit dem Künstlernamen „Adonis" zu einem Dialog nach Deutschland nicht verbergen. „Wie kann man den Deutschen klarmachen, dass Adonis der falsche Partner für einen religiös-kulturellen Dialog mit der Islamischen Welt ist?", fragte er sich, mich und die Wände des Ganges. Recht hatte der Meister. Denn Adonis kennt sich mit dem Säkularismus, der Aufklärung und Moderne besser aus als diejenigen, die ihn einluden, um mit ihm über just diese Themen einen Dialog zu führen. Adonis wisse besser darüber Bescheid „als die meisten Europäer", wie der Meister es aufgeregt formulierte.

Adonis ist nicht nur ein profunder Kenner des Säkularismus, der Aufklärung und Moderne, sondern bekennt sich auch radikal zu deren Inhalten und Konsequenzen. Davon zeugen nicht nur die Gedichte und Texte des 1930 bei Latakia an der syrischen Mittelmeerküste geborenen und seit Ende der 50er Jahre des letzten Jahrhunderts im libanesischen und später französischen Exil lebenden Literaten. Bereits sein Künstlername ist Programm: Denn „Adonis" ist ursprünglich ein phönizischer Vegetationsgott, einer der vielen Götter der semitischen Stämme der Phönizier, die ab dem dritten Jahrtausend vor Christus die westliche Mittelmeerküste bewohnten. Wer sich im Nahen Osten fast ketzerisch einen altsyrischen Gottesnamen aus der Zeit der Mehrgöttlichkeiten als Künstlernamen zulegt, eignet sich bestimmt kaum als Vertreter einer islamischen Sicht in einem Dialog, der von einer kontroversen Gegenüberstellung Westen-

Islam ausgeht. Über das Bekenntnis zur Moderne und den zumindest für konservative Islamisten provokativen Künstlernamen aus der Zeit des Polytheismus hinaus ist Adonis für seine kritische Haltung nicht nur dem Islam, sondern dem gesamten Monotheismus gegenüber bekannt. Früher hätten sich die Götter gestritten und die Menschen hätten belustigt zugeschaut, pflegte er immer wieder bei Interviews zu erzählen, bevor er ergänzte, heute würden sich die Menschen streiten und der einzige Gott schaue belustigt zu.

„Worüber wollen denn die Herrschaften mit Adonis den Dialog führen? Darüber, dass Staat und Religion getrennt gehören?", wunderte sich der Meister. „Den Imam von nebenan, nicht Adonis, sollten die Deutschen einladen!", forderte er. Zu Recht, denn anders als bei vielen Imamen von nebenan herrschen zwischen Adonis als laizistischem Intellektuellen und dem Westen keine Meinungsverschiedenheiten in Sachen Kultur und Religion. Ein Dialog würde demzufolge zu einem Gespräch mit sich selbst, zu einem Monolog, verkommen.

Nach dem 11. September holte sich der sicherheitspolitisch hysterisch agierende Westen nicht nur falsche Dialogpartner an den Tisch. Mit der falschen religiös-kulturellen Thematik brachte er sich auch um die Möglichkeit, den überfälligen, bitter notwendigen und allen Beteiligten dienenden Dialog über die richtigen politischen, wirtschaftlichen sowie militärischen Themen zu führen. Ein solcher Schritt in Richtung richtige Themenkomplexe hätte sogar aus einem Adonis einen geeigneten Dialogpartner gemacht. Denn auch bei ihm und bei sehr vielen anderen im Nahen Osten und in Nordafrika hat sich auf dieser Ebene nicht weniger gegenüber dem Westen angestaut als bei der bereits erwähnten jungen Frau mit dem Kopftuch auf der Kairoer Buchmesse. Ideologisch dem Westen sehr nah, können arabische Intellektuelle ihm politisch dennoch äußerst kritisch gegenüberstehen. Das Problem ist nur, dass der Westen nach dem 11. September keine Dialoge über solche richtigen politischen, wirtschaftlichen und militärischen Themenkomplexe mit anderen führte. Wenn dies aber einmal doch geschah, dann eher um von der anderen Seite eine Bestätigung seiner Positionen zu verlangen wie die selbstsüchtige Königin im Schneewittchen-Märchen: „Spieglein, Spieglein an der Wand, wer sind die Gütigsten im Menschenland?"

Die Antwort von Adonis auf eine ähnlich formulierte Frage des Westens wäre vermutlich: „Du jedenfalls nicht!" Diese Vermutung stützen seine kritischen Äußerungen im Interview mit der deutschen Wochenzeitung *DIE ZEIT* Ende 2014. Amerika, sagte er darin, unterstütze die religiösen Kriege in den arabischen Ländern seit Langem. Und Europa? Dieses „unterstützt Staaten, die nicht einmal eine Verfassung haben, wie Katar und Saudi-Arabien. ... Es verbeugt sich vor ihnen." Zusammenfassend schlussfolgerte er, stehe der Westen „in dem tiefen Konflikt zwischen denen, die den Glauben zur Privatsache erklären wollen, und denen, die einen religiösen Staat bilden wollen", auf der Seite der Religiösen im Nahen Osten. Im Jahr darauf wird Adonis die von ihm beschriebene westliche Parteilichkeit zugunsten der Religiösen am eigenen Leib spüren.

Nicht im Traum hätte Adonis sich vorstellen können, dass ein im Jahr 2006 endlich begonnener richtiger Dialog in Deutschland knapp ein Jahrzehnt später zu falschen Ergebnissen führen würde. Dieser Dialog war deswegen richtig, weil er zwischen den richtigen Partnern – dem Staat einerseits und den Islamverbänden in Deutschland andererseits – stattfand und in dieser Konstellation richtige, innenpolitisch angelegte Themen verfolgte. Zu den Zielen der Dialoginitiative namens Islamkonferenz gehörten aus der Sicht des deutschen Staates eine „bessere religions- und gesellschaftspolitische Integration der muslimischen Bevölkerung", wie es der damalige Bundesinnenminister Wolfgang Schäuble (1989-1991 und 2005-2009) formulierte. Die Islamverbände hofften ihrerseits auf die Anerkennung des Islam als Religionsgemeinschaft und die Aufwertung ihrer eigenen Rolle als Vertreter zumindest von Teilen der hiesigen Muslime.

Zu falschen Ergebnissen des Dialoges kam es im Herbst 2015 auf allen Seiten. Der Zentralrat der Muslime in Deutschland (ZMD), ein Teilnehmer der Islamkonferenz, fühlte sich mittlerweile offensichtlich anerkannt, stark und kompetent genug, um auch in Sachen Politik und Kultur ein gewichtiges Wörtchen

mitzureden. Die deutsche Presse nahm diese alarmierende Entwicklung wie selbstverständlich hin und übernahm somit die
falsche Selbstwahrnehmung des Zentralrats der Muslime als Is-
lam-Allround-Behörde. Sein Vorsitzender, Aiman Mazyek (seit
2010), kritisierte öffentlich die damals angekündigte Vergabe
des Erich-Maria-Remarque-Friedenspreises an Adonis und forderte die Rücknahme der Auszeichnung. Dem Einsatz für Frieden und Gerechtigkeit werde der Dichter im Hinblick auf Syrien
in keiner Weise gerecht, meinte Mazyek in einem Interview mit
der *Osnabrücker Zeitung* kurz vor dem Termin der Verleihung. Ein
Friedensaktivist hätte sich klarer positionieren und für ein Ende
der Gewalt in Syrien einsetzen müssen. Oder wie es Vertreter syrischer Oppositionsgruppen noch klarer formulierten: Der Dichter habe angeblich eine undistanzierte Haltung zum „Regime" in
Damaskus und die Gewalt der syrischen Regierung nie ausdrücklich verurteilt.

Dabei lebte Adonis seit 1956 im Exil, wurde 1995 sogar aus
dem syrischen Schriftstellerverband ausgeschlossen und hatte
durchaus eine sehr kritische Haltung nicht nur zu Religion und
Kultur, sondern auch zur Politik in der Arabischen Welt. Seine
Kritik – und das ist der eigentliche Haken – umfasste allerdings
auch die Revolutionen des Arabischen Frühlings im Allgemeinen
sowie die Opposition und Demonstrationen in seiner Heimat
Syrien im Besonderen. Letztere hätten nicht vom Westen allzu bereitwillig unterstellte Freiheit des Individuums zum Ziel
haben können, weil sie „von der Moschee aus losgegangen waren", sprich religiös motiviert gewesen wären, sagte Adonis 2011
in einem Interview. Die Preisverleihung wurde, auch aufgrund
der Kritik einiger arabischer und westlicher Kulturschaffender
und Intellektueller wie zum Beispiel des syrischen Philosophen
Sadik al-Azm (gest. 2016) oder des deutschen Schriftstellers Na-
vid Kermani auf Anfang 2016 verschoben und wäre beinahe ge-
platzt. Dass sich der Kulturbetrieb mit solch einem Thema be-
fasste, war verständlich. Beim Zentralrat der Muslime in
Deutschland drängte sich allerdings die Frage nach dem Bezug
zum Thema Adonis auf. Dieser ergab sich jedoch nirgends. Es sei
denn, man würde Syrien inzwischen als nur-muslimisches Ge-

biet, Adonis als Nur-Muslim und den Zentralrat der Muslime in Deutschland als für alles Muslimische zuständig betrachten.

***

Aus heutiger Sicht war das, was Adonis 2014 im *ZEIT*-Interview über die Zusammenarbeit zwischen dem Westen und den Islamisten sagte und 2016 sogar in seinem Buch *Gewalt und Islam* veröffentlichte, keine Spekulation. Wir wissen heute, dass nach dem 11. September in einer ersten Reaktion zwar überall Terroristen und Schläfer vermutet wurden und dass diese dann in der nächsten Reaktion mit Krieg und Dialog aus dem Körper der muslimischen Gemeinden ausgetrieben werden sollten. Vor allem aber wissen wir mittlerweile, dass in einer dritten Reaktionsstufe sogenannte radikale Islamisten mit Hilfe der sogenannten gemäßigten Islamisten in Schach hätten gehalten werden sollen.

Die komplizierten Themen nach dem 11. September ließen sich jedoch aus der Erfahrungswelt der 90er Jahre des 20. Jahrhunderts kaum einordnen oder gar vorhersagen. Zu jener Zeit schien die Welt – trotz Zweitem Golfkrieg – viel einfacher zu sein. Im Winter gab es damals Schnee und im Sommer war es heiß. Wer Probleme mit einem Nahost-Typen als sich anbahnendem Schwiegersohn hatte, schenkte seiner Tochter zu Weihnachten *Nicht ohne meine Tochter*. Das war damals DAS Buch: auf Englisch seit 1987, auf Deutsch seit 1988 und als Film seit 1991. Darin erzählte die Amerikanerin Betty Mahmoody zwar nichts über einen generellen Zusammenprall der Kulturen, jedoch über einen Zusammenprall in ihrer Ehe und die Flucht mit ihrer Tochter vor ihrem Mann, einem persischen Arzt (kein Araber, aber Muslim), nach anderthalb Jahren Aufenthalt im Iran. Zuvor war die Familie, die in den USA glücklich lebte, in den Iran eingereist, um für zwei Wochen die Verwandten des Mannes zu besuchen. Dieser verkündete dann plötzlich, dass er und die Familie fortan im Land seiner Vorfahren leben würden, verlangte von Betty Gehorsam nach vermeintlicher islamischer Tradition und setzte sogar Gewalt ein. Im Westen erfolgte daraufhin ein medialer Sturm der Entrüstung samt Podiumsdiskussionen darüber, ob das Sorgerecht für die Tochter der amerikanischen Mutter oder dem iranischen Vater zustehen würde. Es blieb aber bei solchen verhältnismäßig gesitteten Debatten. Der Sturm legte sich dann schnell wieder – und damit war es auch bereits vorbei mit der plakativen Islamfeindlichkeit. Auch die akademische Welt war einfacher und vor allem kleiner. Dort galten Gernot Rotter (gest. 2010) als der ehrliche und seriöse Islamwissenschaftler und Gerhard Konzelmann (gest. 2008) als der populistische Nahost-Korrespondent und selbst ernannte Islam-Experte. Ersterer hatte über letzteren im Jahr 1992 das damalige Standardwerk *Allahs Plagiator: Die publizistischen Raubzüge des „Nahostexperten" Gerhard Konzelmann* geschrieben.

Nach dem 11. September 2001 ging es demgegenüber erstens um viel mehr als nur um die Frage des Sorgerechtes für Töchter und Söhne aus religiös-gemischten Ehen. Zweitens herrschte ein chaotisches Durcheinander von Experten, Meinungen, Kompetenzen und Zuständigkeiten in Sachen Islam und Terrorismus. Kurzum: Zumindest die Medienwelt war nach dem 11. September wesentlich komplizierter und unübersichtlicher geworden. Das zeigten auch die Schwerpunkte der Berichterstattung deutscher und internationaler Medien in der Zeit zwischen dem 11. September und dem Irak-Krieg eineinhalb Jahre später. Von wichtigen Inlandsthemen wie der Hochwasserkatastrophe in Dresden, den vielen IG-Metall-Demonstrationen gegen die Arbeitsmarkt-Reformen von Peter Hartz (Hartz I bis IV) und den traditionellen Krawallen zum 1. Mai in Berlin und anderen Themen einmal abgesehen, drehte sich fast alles um Islam und Nahost. Im April 2002 begann der erste Terroristenprozess in Deutschland gegen fünf mutmaßliche Al-Qaida-Terroristen aus Algerien, die einen Anschlag auf den Weihnachtsmarkt in Straßburg geplant haben sollen. Im Mai kam US-Präsident George W. Bush, Ende Juli der französische Präsident Jacques Chirac (1995-2007) nach Berlin. Themen waren: Der Anti-Terror-Krieg und der bevorstehende Irak-Krieg. Anfang August sagte Kanzler Gerhard Schröder bei einer Wahlveranstaltung in Hannover: „Unter meiner Führung wird sich Deutschland an einer Intervention im Irak nicht beteiligen." Ende September 2002 gewannen SPD und Grüne zum zweiten Mal die Bundestagswahl, die aufgrund der akuten Irak-Frage zum ersten Mal in der Geschichte der Bundesrepublik die Bezeichnung „internationales Ereignis" verdiente.

Herr Schröder war übrigens die zweitwichtigste Person für meine – und wahrscheinlich nicht nur für meine – Karriere nach Herrn Bin Laden. Herrn Schröder verdanke ich zwar nicht 40 DM und die Entstehung des *Al-Dschasira*-Büros in Deutschland. Ihm verdanke ich jedoch die jahrelange weitere Existenz des Büros nach dem Verblassen der Ereignisse vom 11. September durch den Irak-Krieg und seine Nachbeben. Denn Gerhard Schröder war derjenige, der mit seinem klaren „Nein" zum Irak-Krieg Deutschland politisch für das Ausland sichtbar und dadurch meinen Arbeitsplatz als Korrespondent in Berlin für das Mutterhaus am Golf unverzichtbar gemacht hat: der Nein-Sager aus deutschen Landen.

Zwar spielte die US-Basis Ramstein nahe Frankfurt eine entscheidende militärische Rolle während des Irak-Krieges als Logistik-Drehscheibe für die Truppen am Golf. Und der Bundesnachrichtendienst (BND) war – wie später klar wurde – vor und während der militärischen Handlungen sehr intensiv als Nachrichtenhelfershelfer in diesen Krieg verwickelt. Dennoch: Die deutsche – und die französische – lauthals öffentlich geäußerte Ablehnung des Irak-Kriegs unterbrach eine seit dem Zweiten Golfkrieg 1991 und insbesondere nach dem 11. September 2001 zunehmend feindseligere Atmosphäre zwischen dem Westen und der Arabisch-Islamischen Welt. Denn aus arabischer Sicht erschien der Westen plötzlich nicht mehr als eine massive, zusammenhängende und feindliche Bedrohungsfront, die in der Nahost-Region einheitlich agiert. Das deutsch-französische „Nein" war eine zwar kleine, kurze und eher symbolische Unterbrechung. Es war dennoch eine hoffnungsvolle Atempause in einer atemlosen Zeit.

Der Irak-Krieg:
„Schrecken und Furcht"
ohne Ende

Millionen Deutsche hockten am Abend des 6. Juli 2016 vor der „Glotze" und hielten den Atem an. Zutreffender ist es rückblickend kaum zu beschreiben. Die Fernsehgeräte zeigten an jenem Mittwoch das in Frankreich stattfindende EM-Fußballhalbfinale Portugal gegen Wales. Der Sieger würde dann der Gegner der deutschen Nationalmannschaft im Finale am Sonntag, den 10. Juli, sein; so sicher war man sich hierzulande, dass die deutschen Spieler im Halbfinale am Tag nach dem Portugal-Wales-Spiel die Franzosen schlagen und das Endspiel erreichen würden. Umso verstörender war es, dass an jenem Mittwochabend um 21:45 Uhr mit dem 0:0 zur Halbzeit immer noch nicht klar war, wer der Gegner Deutschlands im Finale sein würde. Während viele Bürger der Republik die 15-minütige Pause für Toilettenbesuche nutzten oder etwas zu essen und zu trinken aus der Küche holten, liefen in der *ARD* die verkürzten „Tagesthemen". Nach dem ersten Beitrag über den massiven und offenen Machtkampf an der AfD-Spitze moderierte Thomas Roth den zweiten folgendermaßen an: „War der britische Einmarsch in den Irak 2003 die richtige Entscheidung? War dieser Krieg an der Seite der USA gegen Diktator Saddam Hussein die einzige Lösung? Ihre Antwort auf diese Fragen legte heute eine Untersuchungskommission in London vor und das Fazit ist: Die Invasion soll übereilt gestartet und schlecht geplant gewesen sein. Und zudem habe man ignoriert, dass mit Instabilität und Terrorismus zu rechnen war." Es folgte ein Bericht, in dem die Ergebnisse einer siebenjährigen Arbeit der Kommission in 1,5 Minuten komprimiert zusammengefasst wurden. „Die Entscheidung der britischen Regierung fiel, bevor alle friedlichen Mittel zur Entwaffnung des Irak ausgeschöpft waren. Der Krieg war nicht das letzte Mittel", sagte der Leiter der Kommission, John Chilcot, in einem Statement im Beitrag.

Wie die Geschichte zu Ende ging, ist weitgehend bekannt: Am Donnerstag, den 7. Juli 2016, verlor Deutschland gegen Frankreich 0:2 und eine gespenstische Ruhe senkte sich anschließend über das Land, das zwei Jahre zuvor die Weltmeisterschaft in Brasilien gewonnen hatte. Europameister wurde übrigens Portugal mit Cristiano Ronaldo – wie ärgerlich – und die neuen Erkenntnisse über den Irak-Krieg verschwanden im Schatten der zwei Halbzeiten eines EM-Spiels. Es erinnerte alles bitterlich an einen nach dem Irak-Krieg 2003 verbreiteten Witz: In einer Pressekonferenz verkündet der ehemalige amerikanische Präsident George W. Bush: „Heute hat die US-Armee zehn Millionen Iraker und einen Fußballspieler umgebracht." Ein Journalist meldet sich mit erhobener Hand und fragt, wer der Fußballspieler denn sei. George W. Bush dreht sich zu seinem Vize Dick Cheney (2001-2009) um und flüstert ihm zu: „Na, was habe ich dir gesagt? Nach den zehn Millionen Irakern fragt keiner!" In der Anmoderation und dem Beitrag der *ARD* gab es tatsächlich keine einzige Stimme und kein einziges Bild aus dem Irak. Auch der Hinweis am Ende des Beitrages galt nicht den Irakern: „Die Angehörigen erwägen jetzt, ob sie Ermittlungen gegen Blair und andere Verantwortliche einleiten." Gemeint waren der frühere Premierminister von Großbritannien, Tony Blair, und die Angehörigen der gefallenen britischen Soldaten, nicht die der getöteten Iraker. Der Krieg als innenpolitische Angelegenheit – das „Ableben der Anderen" als Nicht-Thema.

Der Tod von Atwar Bahjat war 2016 zehn Jahre alt: Sie wurde in der Nähe ihrer Geburtsstadt Samarra im Februar 2006 umgebracht. Der von Mazen al-Tmaizi zwölf Jahre alt: Bagdad, September 2004. Nur einige Monate älter war der von Rasheed Hameed Waali: Kerbela, Mai 2004. Tony Blair war 63 Jahre alt, als er sich noch am Tag des Berichtes der Chilcot-Untersuchungskommission zu Wort meldete. Er bedauere den Krieg, aber er habe die Entscheidung guten Gewissens auf Basis der damals vorhandenen Informationen getroffen. Er glaube, „es war besser, diese Entscheidung zu treffen". Am Tag danach meldete sich, inzwischen 70 Jahre alt, George W. Bush über einen Sprecher. Er glaube nach wie vor, dass es für die Welt besser sei, dass Saddam Hussein nicht mehr an der Macht sei. Ähnlich überzeugt von der Berechtigung des Krieges äußerte sich auch der damals 76-jährige frühere Premierminister Australiens, John Winston Howard (1995-2007).

Der Irak-Krieg war für die politischen Eliten im Westen, auch 13 Jahre danach, vor allem das, was er bereits 2003 war: eine PR-Angelegenheit, eine Frage der passenden Worte, der überzeugenden Argumente und des richtigen Zeitpunktes einer Äußerung. Das wundert niemanden in Anbetracht der Tatsache, dass gerade im Zusammenhang mit dem Irak-Krieg die Masse nie hinter diesen Eliten stand und sich lieber vorwiegend rechtlich-moralischen Fragen zuwandte. Deswegen wurde in Europa leidenschaftlich gegen den – so hieß es – „ungerechten" Irak-Krieg demonstriert, in Deutschland sogar unter Teilnahme von grünen Mitgliedern der damaligen Bundesregierung. Ganz anders als die westlichen Eliten und Massen zusammen blickte man hingegen in der Arabischen Welt auf diesen Krieg.

Die vielen Millionen arabischer Demonstranten zwischen dem Atlantik und dem Persischen Golf, die sich in den Jahren 2002 und 2003 die Lunge aus dem Leib schrien, kümmerten sich nicht um die Frage eines gerechten oder ungerechten Krieges. Weniger deswegen, weil die Lehre vom „gerechten Krieg" eine in der abendländischen Rechtsgeschichte entwickelte Auffassung ist, die sich damit befasst, wann ein Krieg ethisch und rechtlich legitim ist. Auch weniger deswegen, weil das gültige moderne Völkerrecht keine gerechten Angriffskriege kennt. Vielmehr sahen die arabischen Massen den neuen Krieg in einem größeren historischen, nicht unbedingt rechtlichen Zusammenhang.

Für den arabischen Blick auf den Westen gelten im Allgemeinem zwei modern-historische, immer noch offene „Wunden" als sehr entscheidend: die folgenreiche Kolonialzeit und der langanhaltende israelisch-arabische Konflikt. Im Jahr 2003 war letzterer bereits 55 Jahre alt, in denen sich der Westen vor allem als Schutzmacht Israels hervorgetan hat. Ein Fünftel dieses Zeitraumes füllte ein sich seit 1991 hinschleppender, für die arabische Seite frustrierender Friedensprozess mit dem bis heute nicht erreichten Ziel einer Zweistaatenlösung. Mit der Kolonialzeit wiederum ist nicht nur eine Fremdherrschafts- bzw. Besatzungsperiode bis in die zweite Hälfte des 20. Jahrhunderts, sondern die tiefgreifende Neugestaltung des modernen Nahen Ostens gemeint. Auf arabischer Seite spricht man von einer Neuaufteilung der Region durch die Kolonialmächte Großbritannien und Frankreich entlang deren Interessenlinien, aber vorbei an denen der Völker dieser Region. Anstatt die Araber wie versprochen mit der Unabhängigkeit für ihren Aufstand gegen das osmanische Reich im ersten Weltkrieg zu belohnen, handelten der englische Diplomat Mark Sykes und der Franzose François Georges-Picot 1916 das berüchtigte Sykes-Picot-Abkommen aus, das bis heute die Grenzziehung der Nahost-Staaten dominiert. Die zwei „Wundbereiche" Kolonialzeit und Nahostkonflikt aus der ersten Hälfte des 20. Jahrhunderts mögen in westlichen Augen wie Schnee von gestern, im Falle des Sykes-Picot-Abkommens sogar von vorvorgestern erscheinen – nicht jedoch in arabischen Augen. Für diese sah die Lage 2003 folgendermaßen aus: Der Westen teilte unsere Region ohne unsere Zustimmung zunächst einmal nach Lust und Laune auf, stellte sich später beim Nahostkonflikt an die Seite Israels und greift uns nun mit dem Irak-Krieg noch direkt an.

Zum größeren historischen Zusammenhang, der den arabischen Blick auf den im Jahr 2003 aktuellen Irak-Krieg bestimmte, gesellte sich noch ein psychologisch-emotionaler Aspekt. Denn die Intervention im Irak wurde von vielen Arabern als die Fortsetzung einer vom Westen in jüngster Zeit kontinuierlich ausgetragenen Schlacht gegen „Unsereinen" empfunden. Diese begann demnach mit dem „Wüstensturm" im Zweiten Golfkrieg 1991, änderte kurz mit dem „Anti-Terror-Krieg" 2001 ihren Namen und wird nun unter der PR-Marke „Operation Iraqi Freedom" (Operation Irakische Freiheit) weitergeführt. Die Gemüter in der Arabischen und Islamischen Welt kochten in Anbetracht des bevorstehenden Krieges über. Es wird jedoch nicht beim Überkochen bleiben. Die kurze Kriegsdauer aufgrund der überraschend schnellen Niederlage des Irak sollte wenig später die Gemüter der nun abermals Gedemütigten regelrecht zur Explosion bringen. Der Irak-Krieg begann in der Nacht vom 19. zum 20. März 2003. Am 9. April fiel Bagdad. Ein Schock.

„Ja, der Fall von Bagdad verletzt uns Araber tief in der Seele, ja, er schmerzt uns, ja, er beleidigt uns", äußerte ich damals immer wieder in diversen Interviews mit deutschen Medien über die arabische Wahrnehmung hinsichtlich der letzten Entwicklungen in der Nahost-Region. Mein Zweifel, dass unsereiner verstanden wird, war groß. Als er zu groß wurde, floh ich: nach Bagdad.

Der Fall von Bagdad – ein Fall für sich

Wüste oder – bestenfalls und gnädig formuliert – Steppe: das ist die circa 900 Kilometer lange Strecke zwischen der jordanischen Hauptstadt Amman und Bagdad. Zumindest war sie es unter der extrem heißen August-Sonne, als ich mich im Sommer 2003 in einem jordanischen Sammel-Taxi unterwegs zur irakischen Hauptstadt befand. Das war auch damals schon der gängige Weg für Journalisten, Spione, Dschihadisten, Abenteurer und kleine Geschäftemacher in den Irak, dessen Flughäfen vier Monate nach der „Befreiung" den Zivilbetrieb noch immer nicht aufgenommen hatten. Die anderen Taxi-Insassen schwiegen mit erstarrtem Blick. Jeder trug sein Geheimnis in sich. Weit und breit nur Leere: gute Momente zum Nachdenken.

Auch wenn im Arabischen und im Deutschen genau das gleiche Wort verwendet wird: Auf Arabisch hört sich „Suqutu Baghdaad" (Fall von Bagdad) wie ein Weltuntergang an. Man spricht auf Arabisch nicht so leicht vom „Fall" einer Stadt, denn das Wort trägt etwas Dramatisches und Endgültiges in sich. Das erklärt auch die wenigen Fall-Fälle in der arabischen Geschichtsschreibung trotz vieler von fremden Angreifern eingenommener Städte. Der letzte Fall einer historisch bedeutenden arabischen Metropole, der ähnlich empfunden und beweint wurde wie der von Bagdad, ereignete sich vor über 500 Jahren. Das war der „Fall von Granada" im heutigen Spanien in die Hände der Truppen der katholischen Könige Isabella I. und Ferdinand V. im Jahr 1492. Es war das Ende der Herrschaft der Muslime auf der iberischen Halbinsel und das Ende einer knapp 800 Jahre andauernden kulturellen, künstlerischen und wissenschaftlichen Blütezeit im Westen des Islamischen Reiches, von der auch Europa in vielerlei Hinsicht profitierte. Seit dieser Niederlage geht es nach arabischem Selbstverständnis nur noch bergab.

Einen so dramatischen „Fall von Bagdad" gab es zuvor nur einmal, mehr als 200 Jahre vor Granada: Im Jahr 1258 wurde Bagdad von den Mongolen unter der Führung von Hülegü – einem Enkel des berüchtigten Dschingis Khan – erobert, der die totale Zerstörung der Hauptstadt der Dynastie des abbasidischen Kalifats (750-1258) befahl und somit das abrupte Ende der Blütezeit des arabischen Islam im Orient herbeiführte. Alles „Sand" von gestern könnte man meinen, um nicht von Schnee mitten in der Wüste unterwegs zwischen Jordanien und Irak zu sprechen. Denn diese historischen Vergleiche mögen, von außen betrachtet, weit hergeholt wirken. Sie drängen sich jedoch gezwungenermaßen bei einer Kultur auf, in der bereits die Schüler der Mittelstufe mehr als 1400 Jahre alte vorislamische Trauer- oder Liebesgedichte problemlos lesen und interpretieren können. Solche historischen Dimensionen bereichern eine Kultur und lasten auf ihr zugleich. Sie erklären aber vor allem, warum man beim Irak-Krieg von den „Mongolen der Neuzeit" im Zusammenhang mit den Amerikanern sprach. Damals, so die Legende, wurden so viele Bücher der berühmten Bagdader Bibliotheken von den Mongolen in den Tigris geworfen, dass sich dessen Wasser durch die sich lösende Tinte schwarz gefärbt haben soll. Circa 750 Jahre später bot sich in Bagdad nach der amerikanischen Eroberung ein ähnliches Bild: zerstörte Kulturgüter, verbrannte Bibliotheken und geplünderte Museen.

Mehr als einen halben Tag dauerte die Reise von Amman zum Bagdader Chaos 2003 in der ständigen Gefahr, nach der Überquerung der irakischen Grenze von bewaffneten Banden überfallen zu werden. Deswegen fuhren die Autos in kleinen Konvois aus vier bis sechs Wagen. Anders als beim Zweiten Golfkrieg verschwand diesmal fast jede Form von Staatlichkeit im Irak. Nur ein gelangweilter Grenzpolizist saß am jordanisch-irakischen Grenzübergang Turaibil und stempelte lustlos die unterschiedlichsten Pässe ohne jegliche Kontrolle, ein machtloser Grenzschützer eines zu jenem Zeitpunkt faktisch nicht mehr existenten Staates. Dieses totale Fehlen der Staatlichkeit infolge des Krieges war allerdings nicht der einzige, wenn auch der wichtigste Unterschied im Vergleich zwischen dem Irak-Krieg 2003 und dem Zweiten Golfkrieg 1991.

***

Politisch-legalistisch betrachtet erhielten die USA diesmal beim Irak-Krieg aufgrund der ablehnenden Haltung der ständigen Mitglieder des Sicherheitsrates Russland und Frankreich trotz aller Bemühungen kein UNO-Mandat. Sie griffen deswegen kurzer Hand auf Teile der Resolution 678 von 1990 (Einsatz von „allen notwendigen Mitteln") und Resolution 687 von 1991 (Entwaffnungs-Bedingungen für den Irak zur Einstellung des Golfkriegs) zurück. Aus diesen Bruchstücken und der Resolution 1441 vom November 2002 konstruierten sie dann einen legalistisch sehr umstrittenen „Logik-Salat" zur Kriegsrechtfertigung. Dieser blieb jedoch insgesamt wenig überzeugend, auch wenn eine der Zutaten, und zwar Resolution 1441, mit „ernsten Konsequenzen" im Falle von Verstößen gegen Abrüstungsvereinbarungen drohte. Die politisch-legalistische Frage spaltete schließlich für kurze Zeit das westliche Lager. Zum einen erzeugte sie massive Differenzen zwischen den USA und Europa, denn nie traten die mentalen Unterschiede zwischen den beiden Atlantikufern in der Frage von Krieg und Frieden so deutlich zu Tage wie am Vorabend des Irak-Krieges. Zum anderen wurden die europäischen Länder verbal-zynisch in „Old Europe" und „New Europe" aufgeteilt, wie Anfang 2003 US-Verteidigungsminister Donald Rumsfeld die Kriegsgegner Deutschland und Frankreich einerseits und die am Krieg beteiligten Europäer andererseits klassifizierte. Und zum Dritten bildete die politisch-legalistische Frage in manchen Ländern die Frontlinie zwischen Pro-Kriegs-Regierungen auf der einen und Anti-Kriegs-Völkern auf der anderen Seite, wie die Großdemonstrationen und Meinungsumfragen zum Beispiel in Großbritannien oder Italien bewiesen.

Theoretisch-ideologisch betrachtet wurde die öffentliche Debatte im Westen in den Jahren 2002/2003 im Vergleich zu 1990/1991 jetzt um eine weitere Variante zur Legitimation einer Kriegsführung bereichert. Beim Irak-Krieg galt es, „unsere Freiheit und Demokratie" nicht mehr nur zu verteidigen, vielmehr sollten diese nun auch anderorts überall auf der Welt „zum Wohle aller" eingeführt werden. Die an einer anderen Stelle bereits erwähnte neokonservative Denkfabrik „Project for the New American Century" (PNAC) und andere „liberale Fanatiker" verbreiteten nach dem 11. September die „Schnapsthese": Demokratie ist die Lösung! Demnach wären Terrorismus, Fanatismus, Armut und Ähnliches im Nahen Osten – vermutlich auch Unkraut, Umweltverschmutzung, Haarausfall und Hämorrhoiden – mit dem Allheilmittel „Demokratie" zu behandeln. Das Grundkonzept dieser Demokratie-Ideologen war einfach: Wenn Menschen wählen dürfen, jagen sie sich nicht mehr in die Luft. Das klingt auf den ersten westlichen Blick logisch; wenn nur dieselben Ideologen die Motive der Selbstmordattentäter vom 11. September nicht mit dem Hass der Terroristen auf „unsere Freiheit und Demokratie" erklärt hätten. Die PNAC-Mitglieder hatten bereits Mitte der 90er Jahre des vorigen Jahrhunderts den Sturz des irakischen Präsidenten Saddam Hussein als einen ersten strategischen Schritt zur Neuordnung des Nahen Ostens gefordert. Nun bekleideten sie unter Präsident George W. Bush hohe Regierungsämter und aus den Halluzinationen der Think Tanks wurde plötzlich Staatspolitik.

Strategisch-philosophisch betrachtet fand der Irak-Krieg unter veränderten Rahmenbedingungen statt. So erklärte Präsident Bush im Herbst 2002 bei der Vorstellung der neuen Sicherheitsdoktrin unter dem Titel „The National Security Strategy of the United States" (Die Nationale Sicherheitsstrategie der Vereinigten Staaten) im Kongress die alten und mehrstufigen Sicherheitsstrategien aus der Ära des Kalten Krieges wie Eindämmung, Abschreckung und begrenzte Antworten auf Angriffe für beendet. Vielmehr setzte die neue Strategie nun auf Präventivschläge als vorbeugende Maßnahmen zur Vermeidung von Gefahren. Auf den Punkt gebracht heißt das: weg von „Antwortkriegen" wie dem Zweiten Golfkrieg 1991, weg von „Vergeltungskriegen" wie dem Anti-Terror-Krieg 2001, die eine gegnerische Aggression voraussetzen, hin zu neuartigen „Präventivkriegen", die ihren vermeintlichen Anlass voraussehen und dem Gegner zuvorkommen. „Chirurgische Kriegführung" war gestern, es lebe die „Präventivmedizin"!

Alle drei Aspekte, der politisch-legalistische, der theoretisch-ideologische und der strategisch-philosophische, zeigten sich sehr deutlich in der berüchtigten vierminütigen Fernsehrede von George W. Bush zum Auftakt des Irak-Krieges: „Liebe Landsleute, zu dieser Stunde befinden sich amerikanische und verbündete Streitkräfte in der Anfangsphase der militärischen Operationen zur Entwaffnung des Irak, um seine Bevölkerung zu befreien und die Welt vor einer ernsten Gefahr zu schützen." In dem Begriff der „Entwaffnung" des Irak steckte der politisch-legalistische Versuch einer Bezugnahme auf die oben genannten UNO-Resolutionen, im „Befreien" der Bevölkerung die theoretisch-ideologische Grundlage der neuen Kriege und im „Schützen" der Welt vor Gefahren das vorbeugende strategisch-philosophische Element. Mit dieser Rede wurden westliche Angriffskriege offiziell und vom selbsternannten Weltpolizisten höchstpersönlich zum legitimen, gerechten, sinnvollen und gar notwendigen Mittel internationaler Politik geweiht.

***

Für unseren jordanischen Fahrer im Sammeltaxi auf dem Weg von Amman nach Bagdad wären solche Erörterungen viel zu theoretisch und weitab von seiner realen Lebenslage gewesen. Der 50-Jährige hatte nach drei Jahrzehnten Berufserfahrung als Taxifahrer zwischen Amman und Bagdad für niemanden mehr ein Ohr, dafür aber selbst viel zu erzählen. Über kurz oder lang avanciert ein Fahrer gewissermaßen zum Experten, wenn er in der „Blütezeit" des Irak bis zum Ausbruch des Zweiten Golfkrieges 1991, von der „Embargo-Zeit" bis zum Ausbruch des Irak-Krieges im März 2003 und jetzt wieder in der „Chaos-Zeit" seit dem Fall von Bagdad im April alle möglichen Menschen hin und her fährt und sich mit ihnen unterhält.

Der Tod der zwei Söhne des irakischen Präsidenten Saddam Hussein war noch relativ frisch im Gedächtnis und weckte weiterhin zusätzliche anti-westliche Emotionen. Udai (39) und Kusai Hussein (37) waren im Juli 2003 von den US-Truppen in der nordirakischen Stadt Mossul aufgespürt und bei einem mehrstündigen Feuergefecht getötet worden samt Mustafa, dem 14-jährigen Sohn von Kusai und Enkelkind von Saddam Hussein. Westliche Politiker und Medien haben – vor allem in den USA und Großbritannien – den Tod von Udai, dem Vorsitzenden des Irakischen Olympischen Komitees, und Kusai, dem Chef der Republikanischen Garde, regelrecht gefeiert. Der britische Premierminister Tony Blair befand: „Dies ist ein großer Tag für den neuen Irak." Die renommierte amerikanische Zeitung *New York Times* nannte die Ermordung der Brüder die „ermutigendste Nachricht aus dem Irak seit Wochen". Für unseren durchaus kritischen Fahrer war zweifelsfrei klar: „Die Jungs waren nicht ohne!", hielt er fest im Hinblick auf die über Jahre innerhalb und außerhalb des Irak kursierenden Gerüchte über Machtmissbrauchs-, Vergewaltigungs- und Foltervorwürfe gegen Udai und Kusai. „Aber du willst auch nicht, dass ein Fremder kommt und deine unerzogenen Kinder bestraft", fügte er nachdenklich hinzu.

„Schreuder" sei aber, anders als Blair und Bush, ein korrekter Mann, sagte der Fahrer zu mir, dem arabischen Fahrgast aus Deutschland. „Schreuder" war Bundeskanzler Gerhard Schröder, wie ihn viele Medien und Journalisten in der Arabischen Welt aussprachen. Irgendjemand muss ihnen erklärt haben, dass das deutsche „Ö" durch „OE" ersetzbar ist. Sie haben dies dann buchstäblich übernommen und nebenbei, wie es sich zu einem Araber gehört, aus „O" ein „U" gemacht. Ob er nun Schröder, Schroeder oder Schreuder hieß, ob es ehrlich gemeint oder wahltaktisch gedacht war: Ex-Kanzler Schröder weiß vermutlich bis heute nicht, wie vielen Millionen Herzen auch und gerade im arabischen Raum er mit seinem „Nein" im August 2002 aus der Seele sprach. Elf Monate nach dem 11. September ausgestoßen, entsprach dieses „Nein" der gerade damals ungeheuerlich großen Sehnsucht nach Frieden in der Welt. Es war eine Sehnsucht, die offensichtlich Friedensdemonstranten in Deutschland genauso wie die Taxifahrer im Nahen Osten teilten. Darunter auch unser Fahrer und Gelegenheitsexperte, der nicht nur beruflich, sondern auch privat eine Art Doppelleben führte und zwei Ehefrauen – eine jordanische in Amman und eine irakische in Bagdad – hatte.

Frauen seien im Übrigen der Ursprung allen Übels, auch des Zweiten Golfkrieges, fabulierte unser Fahrer kurz vor Bagdad. Alles, was zu den Ursachen des irakischen Überfalls auf Kuwait im Sommer 1990 – wie Öl- und Grenzkonflikte – geschrieben wurde, sei Quatsch gewesen. Der Ausbruch dieses Krieges sei einzig und allein, betonte der Ehemann von zwei Frauen, auf eine VHS-Videokassette mit brisanten Sex-Szenen zurückzuführen. Diese hätte man Präsident Saddam Hussein absichtlich zukommen lassen, um ihn in seiner Ehre zu treffen. Denn auf der Kassette seien ein Mann mit einem kuwaitischen und eine Frau mit einem irakischen Akzent bei Sex-Handlungen zu sehen und zu hören gewesen. Tatsächlich ist in den Nahost-Kulturen nicht egal, wer mit wessen Frauen was macht. Schließlich basieren dort die meisten Schimpfwörter auf sexueller Grundlage. Aber ein ganzer Krieg deswegen? Immerhin waren der irakische Überfall auf Kuwait und der Zweite Golfkrieg im Anschluss keine kleine Schlägerei von nebenan. Bei so vielen Taxitouren unter großer Hitze durch karges, trockenes Land und Wüste, das war mein erster Gedanke nach des Fahrers Erzählung, sammeln sich wahrscheinlich über die Jahre nicht nur Experten-Erfahrungen, sondern auch Sonnenstiche an. Denn die Geschichte klang „voll Porno", um es in heute gängiger Jugendsprache zu formulieren. Außerdem traf mich das Ganze persönlich: Wenn die Geschichte tatsächlich zutreffend sein sollte, würde es für mich heißen, dass dem Wechsel meines Studienfaches von Informatik zur Publizistik 1990/1991 praktisch die Pornoaufnahme eines unbekannten Filmemachers mit zwei Nackten, jedoch keine Weltpolitikbestandsaufnahme eines jungen syrischen Studenten zugrunde lag – keine leicht verdauliche Vorstellung in Bezug auf die eigene Karriere.

Gott sei Dank stimmte die fantasievolle Sex-Geschichte zumindest in der Version unseres Fahrers nicht. Ganz aus der Luft gegriffen war diese, wie es sich nur wenige Monate später zu meinem großen Erstaunen herausstellen sollte, dennoch auch nicht. Beim Prozessauftakt gegen Saddam Hussein und sieben weitere Mitangeklagte in Bagdad im Oktober 2005 verlas die Staatsanwaltschaft die Anklagepunkte, darunter auch den Angriffskrieg gegen Kuwait. Der Ex-Staatschef protestierte lautstark: „Saddam Hussein wird deswegen der Prozess gemacht? Dabei haben sie [gemeint: die Kuwaitis] gesagt, sie würden die irakischen Frauen für nur zehn Dinar auf die Straße zwingen. Der Iraker hat nur die Ehre des Irak verteidigt." Der Hintergrund dieser Ausführung war mit Sicherheit natürlich nicht jene vermeintliche Pornoaufnahme, jedoch eine angebliche Drohung eines Mitgliedes der kuwaitischen Herrscherfamilie vor der irakischen Invasion im Sommer 1990. Dieses soll gedroht haben, den Ölproduzenten Irak durch Manipulation der Ölpreise auf dem Weltmarkt finanziell so stark unter Druck zu setzen, dass weite Teile seiner Gesellschaft verarmen würden und sich seine Frauen infolgedessen für wenig Geld prostituieren müssten. Inwieweit diese Geschichte aber tatsächlich eine Rolle bei der Kriegsentscheidung spielte, wurde zumindest beim öffentlichen Teil des Prozesses jenseits des erwähnten Protestes von Saddam Hussein nicht eingehender erörtert und ist im Nachhinein kaum zu rekonstruieren.

Gelbe Stadt, blaue Kuppeln, rotes Blut

Der Verlauf des Krieges bis zum Fall von Bagdad ist relativ schnell erzählt, denn man weiß bis heute wenig darüber, außer dass alles, dank der Taktik „Shock and Awe" (Schrecken und Furcht), in Blitzgeschwindigkeit vonstattenging. Diese neue Taktik bezeichnet eine militärische Vorgehensweise, deren Ziel es ist, durch die Schockwirkung von schnellen militärischen Maßnahmen den Gegner völlig zu verunsichern bzw. zu lähmen. Wie das dann im Konkreten wirkt, zeigt das Beispiel zweier irakischer *Al-Dschasira*-Kollegen. Diese waren am 9. April mit dem Auto unterwegs zum Bagdader Büro des Senders, als vor ihnen auf der breiten Schnellstraße, so werden sie es später erzählen, plötzlich ein Panzer auftauchte. „Komm, überhole ihn! Wir sind spät dran", sagte der eine unbekümmert zum anderen. Man war an Bewegungen von schweren irakischen Militärfahrzeugen in Bagdad zu Kriegszeiten gewöhnt. Kaum überholt, wunderte sich der Fahrer: „Sag mal! Dieser Panzer ist viel größer als üblich, oder?" Der Beifahrer drehte sich um, blickte durch die Heckscheibe und schrie: „Verdammt! Amerikaner, das sind ja Amerikaner!" Die zwei Kollegen waren umso schockierter, weil sie noch am Tag zuvor erlebt hatten, wie der damalige irakische Informationsminister Muhammad Saeed al-Sahhaf (2001-2003) auf offener Straße mitten in Bagdad vor Vertreter internationaler Medien trat und behauptete, alles sei unter Kontrolle.

Trotz neuer medialer Entwicklungen im Jahr 2003, die es zwölf Jahre zuvor beim Zweiten Golfkrieg noch nicht gab, war das Bild dieses neuen durch-medialisiertesten Krieges aller Zeiten weder klarer noch informativer, höchstens farbiger als früher. Die Geschichte des Irak-Krieges ist auch eine Mediengeschichte. Vor Ort neu in Erscheinung traten vor allem die arabischen nichtstaatlichen Fernsehsender *Al-Dschasira* und *Al-Arabiya*, die eine Monopolstellung westlicher Sender wie *CNN* im Jahr 1991 verhinderten. Auf technischer Ebene gab es nun das Internet als Informationsquelle und Satellitentelefone als Kommunikationsmittel (Handynetze und Handys gab es im Irak erst einige Monate nach dem Fall von Bagdad). Hinzu kamen die kleineren, einfacheren und tragbareren TV-Digitalkameras, welche das journalistische Arbeiten vereinfachten, sowie bessere Live-Übertragungsmöglichkeiten. All das trug dennoch nicht zur Qualitätssteigerung der Nachrichteninhalte bei.

Natürlich war alleine die bloße Existenz von eigenen, nichtstaatlichen, unabhängigen, arabischen Sendern wie *Al-Dschasira* und *Al-Arabiya* Grund genug für viele Araber, um Stolz, Genugtuung und Selbstbestätigung zu empfinden. Das war auch nachvollziehbar in Anbetracht des Hungers der arabischen Massen nach einer anderen Perspektive als der rein westlichen – nach einer eigenen Realität. Bei näherer Betrachtung entpuppten sich die neuen arabischen TV-Sender jedoch als Vertreter eines pseudo-professionellen und pseudo-moralischen Möchtegern-Qualitätsjournalismus. Dieser erschöpfte sich oft darin, die Korrespondenten vor Live-Kameras zu stellen und filmend darauf zu hoffen, dass im Hintergrund die US-Raketen mit bedrohlichem Feuerball auf die Häuser von Bagdad einschlagen würden. In einem legendären Fall beschäftigte sich dieser Journalismus sogar ernsthaft mit der Geschichte eines „mutigen" irakischen Bauern, der angeblich mit seinem einfachen Gewehr einen amerikanischen Apache-Hubschrauber so mir-nichts-dir-nichts vom Himmel heruntergeholt haben wollte. Den Verantwortlichen der arabischen Medien diente bei dieser Salbung der geschundenen arabischen Seele vor allem ein Argument: Man wolle die Opfer zeigen und sich mit ihnen solidarisieren.

Doch auch auf Seiten der westlichen Medien sah es in großen Teilen während des Irak-Krieges in Sachen Pseudo-Moralität und Pseudo-Professionalität nicht viel besser aus. Viele amerikanische und britische Medien waren beinahe ausschließlich mit „unseren Jungs" in einer solch bemutternden Weise beschäftigt, als ob eine moralische Aufgabe des Journalismus darin bestünde, eine kriegführende Truppe aufbauend zu unterstützen, nur weil sie aus „unseren Jungs" bestand. Zu einer Art pseudo-professioneller Berichterstattung kam es vor allem bei den Medien im „Alten Europa", allen voran in Deutschland. Diese Berichterstattung beschäftigte sich so vordergründig mit Nebenaspekten wie der Frage der Glaubwürdigkeit von „eingebetteten Journalisten", als gäbe es das Thema zum ersten Mal in der Mediengeschichte. Dabei wusste jeder Berichterstatter allerspätestens seit dem Zweiten Golfkrieg, wie gering der Wahrheitsgehalt von Bildern und Informationen der eingebetteten Journalisten unter totaler Aufsicht einzuschätzen ist. Andererseits benötigt jedes Medienhaus in Kriegszeiten dringend diese Bilder und Informationen, um seine Blätter sowie Bildschirme zu füllen und die Neugier der Konsumenten zu befriedigen.

Ein unlösbares Dilemma? Im Prinzip keineswegs. Denn um ein Beispiel für einen professionellen Umgang mit solchen Bildern und Informationen zu finden, hätte ein einziger Blick in das ZDF-Archiv zum Zweiten Golfkrieg 1991 genügt. Dort ist die bereits an anderer Stelle des Buches erwähnte „heute-journal"-Sendung mit Moderator Sigmund Gottlieb aufbewahrt, in der er sich treffend von zensierten Inhalten distanzierte. Stattdessen blies man die Debatte um „eingebettete Journalisten" so auf, dass dieser Begriff es auf Platz fünf der Liste der Wörter des Jahres 2003 schaffte – Platz eins errang „das alte Europa".

Alles in allem zeigte der Irak-Krieg 2003 erneut, diesmal sowohl bei arabischen als auch bei westlichen Mainstream-Medien, dass es zynischerweise im Feuer des Gefechtes kaum möglich ist, das Thema Krieg professionell, sachlich und kritisch zu behandeln. Die nachrichtliche Tagesaktualität eignet sich höchstens zur emotionalen Mobilisierung in die eine wie in die andere Richtung. Ein klareres Bild des Krieges bedarf demgegenüber intensiver Recherchen und tiefgreifender Dokumentationen, die nur mit zeitlichem Abstand entstehen können. Erst diese journalistischen Formen hätten die tatsächliche, zusammenhängende Kriegslinie vom Zweiten Golfkrieg 1991 über den Anti-Terror-Krieg 2001 bis zum Irak-Krieg 2003 aufdecken können.

So verabschiedete der US-Kongress bereits im Herbst 1998 den „Iraq Liberation Act" (Verordnung zur Befreiung des Irak) zur Unterstützung der „demokratischen Opposition" im Irak. Im Dezember 1998 ließ Präsident Bill Clinton mutmaßliche Anlagen für Massenvernichtungswaffen im Irak bombardieren. Mit Präsident George Bush Junior spitzte sich die Irak-Frage lediglich weiter zu, vor allem nach dem 11. September 2001. Das war im Grunde genommen die Gelegenheit zur Intervention. Legendär ist die Szene unmittelbar nach den Angriffen, die US-Sicherheitsberater Richard Clarke in seinem Buch aus dem Jahr 2004 *Against All Enemies* (Gegen alle Feinde) beschrieb. Clarke teilte dem amerikanischen Präsidenten damals mit, dass die Geheimdienste bei dem 11. September von der Urheberschaft Al-Qaidas überzeugt seien. George W. Bush habe daraufhin lediglich geantwortet: „Ich weiß, ich weiß, doch finde heraus, ob Saddam darin verwickelt war. Ich will jeden Schnipsel."

In einer Rede zur Lage der Nation am 29. Januar 2002 sprach George W. Bush zum ersten Mal von der „Axis of Evil" (Achse des Bösen) und meinte damit Nordkorea, Iran und den Irak. Diese würden Terroristen unterstützen und nach Massenvernichtungswaffen streben. Die Aussage des amerikanischen Präsidenten implizierte die Behauptung, dass der Irak weiterhin Massenvernichtungswaffen besäße oder diese zumindest anstrebe. Eine weitere Behauptung war, dass Bagdad mit Sicherheit Verbindungen zu Terroristen und somit möglicherweise auch zu Al-Qaida hätte. Zusammen ergeben zwei falsche Behauptungen normalerweise nur Falsches, doch in der Zeit nach dem 11. September und vor dem Irak-Krieg ergaben sie eine georgisch-bushische „Wahrheit". Diese lautete, der Irak könnte Al-Qaida mit Massenvernichtungswaffen versorgen und dieser Gruppe zu einem ungeheuerlichen Terroranschlag verhelfen. Eine Woche nach den Worten von Präsident Bush über die „Achse des Bösen" hielt US-Außenminister Colin Powell (2001-2005) seine berüchtigte Rede vor dem UNO-Sicherheitsrat in New York, in der er unter anderem Satellitenfotos von Lastwagen mit angeblichen irakischen mobilen Biowaffen-Labors zeigte. Zweieinhalb Jahre später wird Powell geläutert und beschämt vor der Weltöffentlichkeit diese Rede in einem Interview mit dem US-Sender *ABC News* als „Schandfleck" in seiner Karriere bezeichnen. Vorerst aber ging der deutsche Außenminister Joschka Fischer bei einer Rede auf der fast zeitgleich stattfindenden Münchner Sicherheitskonferenz auf die amerikanischen Behauptungen ein. Sein Satz in Richtung des anwesenden US-Verteidigungsministers Donald Rumsfeld wird später auch zu den Legenden jener Zeit gezählt: „Excuse me, I am not convinced!" (Entschuldigen Sie bitte, ich bin nicht überzeugt!). Dies wurde auch 2011 der Titel des Buches von Joschka Fischer: *I am not convinced: Der Irak-Krieg und die rot-grünen Jahre.*

***

Gelb ist die Stadt. Wie kann eine Stadt so gelb sein? Das war mein erster Gedanke bei der Ankunft an jenem Nachmittag Ende August 2003 in der irakischen Hauptstadt Bagdad. Mir kamen nicht nur die Straßen gelb vor, was bei Temperaturen von über 40 Grad und dem Fehlen von jeglichem Grün, von wenigen Palmen einmal abgesehen, nicht sonderlich verwunderlich war. Vielmehr waren es auch der Himmel und die Gesichter der Menschen unter diesem. Die starke Präsenz der US-Army trug ihrerseits zur weiteren Vergelblichung des Stadtbildes bei, vor allem durch die amerikanischen Riesenpanzer namens Abrams. Sie gehörten damals und gehören heute noch zu den besten der Welt und sind circa zehn Meter lang und vier Meter breit. Das ergibt zusammen 40 Quadratmeter, sprich in etwa die Fläche einer Berliner Single-Wohnung. Durch eine Panzerhöhe von drei Metern muss man hier allerdings von einer Altbau-Wohnung ausgehen. Hinzu kommt, dass diese mobile „Altbau-Wohnung" ungefähr 65 Tonnen wiegt und sich mit 1500 PS auf Bagdader Straßen bewegte. Wenn man sich dann auf dem Dach dieser „Wohnung" den uniformierten Oberkörper eines schlechtgelaunten „Nachbarn" mit Helm auf dem Kopf und übertrieben breiter schwarzfarbiger Sonnenbrille vorstellt, dann bekommt man ungefähr ein Bild davon, was sich in Bagdad im Sommer 2003 abgespielt hat.

Zu den ersten Menschen, die ich nach meiner Ankunft in der gelben Stadt vereinzelt wahrnehmen konnte, gehörte ein dünner, alter und gelber Mann, der mit seiner traditionellen Tracht und Kopfbedeckung auf der schmalen Mittelinsel einer gut befahrenen gelben Hauptstraße hockte und unter gelbem Himmel eine gelbe, an der Straßenkreuzung stationierte „Single-Altbauwohnung" anstarrte. Man traf ihn dort tagelang, wann immer man vom Morgen bis zum Sonnenuntergang an der Kreuzung vorbeifuhr, ehe er und der Panzer eines Tages nicht mehr dort zu sehen waren.

Wie schön, dass wenigstens die Kuppeln der vielen Bagdader Moscheen vorwiegend blau waren. Es gibt Ansätze in der islamischen Architektur, die das Blaue in einer Kuppel mit dem Gelben ringsherum in Verbindung bringen. Irgendwie muss ja eine Moschee, ein Haus Gottes, aus solch öder Umgebung in dieser erst im 8. Jahrhundert von den Abbasiden gegründeten Neuhauptstadt des islamischen Kalifats hervorstechen. Andere Ansätze führen die Neigung zum Blauen auf die Hochkulturzeit im Zweistromland lange vor der Entstehung des Islam zurück. Blaue Steine hatten bereits damals eine heilige Bedeutung, die sich auch in späteren Kulturen und Religionen durchsetzte, mal in Form von blauen Kuppeln, mal in Form von Unheil abwendenden Blauaugen, die bis heute überall im Nahen Osten anzutreffen sind. Über deren Wirkung lässt sich in Anbetracht der turbulenten Lage in der Region im Allgemeinen und im Irak im Besonderen trefflich streiten. Doch weder wüstengelb noch himmelblau: Blutrot war die eigentliche Farbe von Bagdad im Jahr 2003, denn das Zeitalter des gesichtslosen Todes war angebrochen. Der Tod war nicht mehr erkennbar, der Feind nicht mehr definierbar, das Ziel nicht mehr fassbar, das Opfer namenlos und nicht identifizierbar. Sterben konnte man überall: bei einer Schießerei, einer Explosion, dem Einschlag einer Rakete oder einem Selbstmordanschlag zusammen mit dutzenden anderer. Das extreme Gegenteil vom Gewaltmonopol des Staates ist zumindest im Nahen Osten die Gewaltautonomie bzw. das tödliche Chaos.

Am 19. August 2003 verfolgte ich noch auf dem Bildschirm im *Al-Dschasira*-Büro in der Bundeshauptstadt Berlin die Nachrichten über die Ermordung des 55-jährigen Sondergesandten des Generalsekretärs der Vereinten Nationen im Irak, Sérgio Vieira de Mello, und 21 weiterer Personen bei einem Bombenanschlag auf das Hauptquartier der UNO-Mission in Bagdad. Eine Woche später berichtete ich in meinem ersten Beitrag vor Ort aus der irakischen Hauptstadt über die Übergabe der sterblichen Überreste der irakischen Opfer dieses Anschlages an die Angehörigen. Ich war, wie bereits erwähnt, aus Berlin geflohen. Das erste Bild des Beitrages war ein schlichter Sarg, der erste Ton das laute Weinen eines Menschen, der sich klagend über den Sarg beugte. Zu meiner großen Überraschung werde ich mich später im irakischen Alltag genauso wie die anderen Kollegen an solche Aufnahmen gewöhnen. Genau zehn Tage nach der Ermordung von de Mello in Bagdad wurde in der südirakischen Stadt Nadschaf der geistliche Schiitenführer Muhammad Baqir al-Hakim nach dem Freitagsgebet mit mehr als 100 weiteren Personen durch einen Selbstmordanschlag umgebracht; ein unbeschreibliches Bild ehemals lebendiger Menschen, jetzt unkenntlich in blutige Fleischstücke zerfetzt.

Das Land war außer Kontrolle und die Gewalt nicht zu stoppen, auch nicht von den circa 250.000 Besatzungssoldaten der „Koalition der Willigen", die aus über 30 Staaten unter Führung der USA bestand und den Irak einige Monate zuvor angegriffen und besetzt hatte. Nebenbei bemerkt war einer dieser „Willigen" wieder einmal Afghanistan. Es war sicherlich wenig schmeichelhaft für Bagdad, dass ein instabiles, sich 1991 unter der Führung des Kommunisten Mohammed Nadschibullah und 2003 unter der des „Urdemokraten" Hamid Karzai befindliches Afghanistan den Irak zwei Mal in wenigen Jahren angriff. Der Grad der Gewalteskalation im Zweistromland konnte jedoch wenig auf diese oder jene Ironie der Geschichte zurückgeführt werden. Vielmehr wurde diese Gewalt durch das zumindest augenscheinlich ungeschickte Verhalten der USA in der Nahost-Region im Zusammenhang mit dem Irak-Krieg begünstigt. Denn das Vorgehen der USA weckte im Jahr 2003 – anders als 1991 – sowohl Ängste bei den US-Gegnern als auch Besorgnisse bei den US-Freunden. Die Gegner der USA im Nahen Osten, ob arabische wie Syrien oder nicht-arabische wie der Iran, sahen im neuen Irak-Krieg eine weitere US-Aggression in der Region. Sie befürchteten – nicht ganz zu Unrecht – diese könnte sie als nächstes ins Visier nehmen. Damaskus und Teheran hatten folglich kein Interesse an einem Erfolg der USA im Irak.

Die arabischen Freunde der USA in der Region, allen voran die Golfstaaten, befürchteten wiederum als Ergebnis des Krieges eine Stärkung der Schiiten im Land und somit in der Gesamtregion. Der nicht-arabische Freund Türkei hatte seinerseits Befürchtungen bezüglich des künftigen Status der Kurden im Nordirak und dessen Auswirkungen auf separatistische Tendenzen der Kurden in der Südosttürkei. Darüber hinaus waren sowohl Gegner als auch Freunde der USA darüber erstaunt, dass anders als 1991 Washington den auch 2003 noch nicht gelösten Nahost-Kernkonflikt fast völlig ausgeklammert hatte. Aus einer Rede von George W. Bush Mitte 2002 waren lediglich einige allgemeine Grundsätze zur Lösung dieses Konflikts zu entnehmen, die ein Jahr später in eine internationale sogenannte Roadmap (Fahrplan) für die palästinensisch-israelischen Verhandlungen einfließen sollten. Dazu gehörte zum Beispiel die Schaffung eines nicht weiter definierten Palästinenserstaates innerhalb kurzer Zeit. Offensichtlich wollten sich die USA strategisch diesmal auf gesamt-regionale Entwürfe mit Demokratisierungsbezug wie

„Greater Middle East" (Großraum Mittlerer Osten) bzw. „New Middle East" (Neuer Naher Osten) und weniger auf Einzelkonflikte konzentrieren.

***

Die Nichtberücksichtigung der regionalen Umstände und Sensibilitäten seitens der USA begünstigte zwar die Gewalteskalation im Irak, bot allerdings keine ausreichende Erklärung für diese. Für eine solche Erklärung bedarf es eines genaueren Blickes auf die US-Vorgehensweise im und mit dem Irak. Vorweg: Mit Blumen hat niemand im Irak die Amerikaner empfangen, auch wenn vermutlich viele Iraker der Herrschaft von Saddam Hussein und der Baath-Partei keine Träne nachweinen mochten. Das „Bild des Krieges" zur „heroischen Befreiung" des irakischen Volkes schufen sich die Amerikaner deswegen auch selbst: durch das Niederreißen der 5 Meter hohen Saddam-Hussein-Bronzestatue auf dem Firdous-Platz in Bagdad vor den Augen „jubelnder Iraker". Es war ein „Armeeteam für psychologische Operationen, das das Ereignis so hinkriegte, als wäre es eine spontane Aktion von Irakern", stellte die *Los Angeles Times* ein Jahr nach dem Fall von Bagdad fest. Dass die fremden Soldaten im Irak nicht nur gefühlt Besatzungsmacht und keine Befreier waren, bestätigte die vom UNO-Sicherheitsrat verabschiedete Resolution 1483 vom 22. Mai 2003, in der die Rolle der UNO einerseits und die Rolle der „Besatzungsmächte" andererseits nach Ende des Krieges geregelt wurden.

Das Ende des Krieges war drei Wochen zuvor von Präsident George W. Bush in einer medienwirksam inszenierten Rede unter dem Schlagwort „Mission Accomplished" (Mission erfüllt) an Bord des Flugzeugträgers USS Abraham Lincoln Anfang Mai proklamiert worden. Ein sehr symbolträchtiger Ort, denn die USS Abraham Lincoln hatte bereits an den Operationen „Desert Shield", „Desert Storm", „Enduring Freedom" und „Iraqi Freedom" teilgenommen. Symbolträchtig war auch der Inhalt der Rede: Der Sturz von Saddam Hussein sei ein Sieg in einem „Krieg gegen den Terror, der am 11. September 2001 begann", so Bush. Dieser gehe nun weiter. Ein Sieg in einem Krieg, so sollte es hier aus arabischer Sicht genauer heißen, der bereits am 17. Januar 1991 unter Beteiligung des Flugzeugträgers USS Abraham Lincoln begann und nun mit diesem unvermindert und ohne Aussicht auf zeitliche Begrenzung fortgeführt werden würde. Schließlich mangelte es den USA nicht an treuen Partnern. „I will be with you, whatever" (Ich werde an deiner Seite sein, komme, was wolle), zitierte die Chilcot-Untersuchungskommission in ihrem Bericht 2016 eine pathetische Botschaft Tony Blairs an George W. Bush Ende Juli 2002.

Die Worte von Präsident Bush bestärkten die arabische Vermutung, dass es sich 2003 um eine Besatzung des Irak im Rahmen eines langwierigen Krieges gegen die Arabisch-Islamische Welt gehandelt hatte. Die Worte von Premier Blair, die von der britischen Presse mit beißendem Spott als „Liebesbriefe" bezeichnet wurden, belegten im Nachhinein, dass es der Krieg einer geschlossenen und zu allem entschlossenen westlich geführten Koalition gewesen war. Die demonstrativ demütigende Arroganz der Besatzer verschärfte die Situation zusätzlich. Diese Sieger-Arroganz zeigte sich unmittelbar nach dem Fall von Bagdad, zum Beispiel als die US-Army die Staatsspitze des irakischen Gegners auf eine Liste der „Most Wanted" in Form von Spielkarten setzte. Saddam selbst war dabei das Pik-As. Seine Söhne Udai und Kusai das Herz-As beziehungsweise das Kreuz-As.

In dieser Atmosphäre von Absurdität und Arroganz entwickelte sich im Irak einige Monate nach dem Fall von Bagdad eine Art bewaffneter Widerstand. Dieser war weder verwunderlich noch fehlte es ihm in Anbetracht des vorliegenden Besatzungsstatus an Legitimität. Er wies auch über weite Strecken typische Merkmale und Ziele von bewaffneten Befreiungsbewegungen auf wie die Forderung nach Beendigung des Besatzungszustandes sowie die Wiederherstellung der Souveränität, Integrität und Unabhängigkeit eines Staates. Doch es gab auch andere bewaffnete Gruppen, die in ihrer Ideologie und Praxis sehr schwer als Widerstandsbewegungen im klassischen Sinne einzuordnen waren. Die jahrelange Globalisierung des Krieges in Form internationaler Koalitionen mit und ohne UNO-Mandate, die mediale Visualisierung der militärischen Auseinandersetzungen durch neue Kommunikationstechniken und die sprachliche Banalisierung der kriegerischen Gewalt – all das auf westlicher Seite beschwor nach dem Irak-Krieg seine Ebenbild-Kontra-Gruppen auf nahöstlicher Seite herauf: globalisiert-islamistisch, mit bewusster bzw. selbstbewusster Medienpräsenz und sprachlich banalisierend genug, um aus der Errichtung der „Herrschaft Gottes auf Erden" oder der „Vernichtung der Ungläubigen" eine Pseudo-Ideologie zu schmieden. Das Ergebnis: grenzen- und rücksichtslose Gewalt in Form von Sprengstoff- und Selbstmordanschlägen auch gegen nicht-militärische Ziele.

Die Ermordung von Sérgio Vieira de Mello und Muhammad Baqir al-Hakim war nur der Anfang. Ende Oktober 2003 folgte ein Selbstmordanschlag eines mit Sprengstoff beladenen Krankenwagens auf den Sitz des Internationalen Komitees vom Roten Kreuz (IKRK) in Bagdad. Danach hat man aufgehört zu zählen. Nach Schätzungen der Vereinigung Internationale Ärzte für die Verhütung des Atomkrieges (IPPNW) hatte der „Krieg gegen den Terror", zu dem sie den Irak-Krieg zählte, 1,3 Millionen Menschenleben bis 2014 gekostet. In einer 2015 veröffentlichten Studie gab die Organisation die Opferzahlen wie folgt an: über 200.000 in Afghanistan, knapp 100.000 in Pakistan und der Rest, circa eine Million, im Irak. Kein Wunder, denn allein bis 2014 gab es im Irak laut verschiedener Quellen circa 1500 Selbstmordanschläge, knapp die Hälfte gegen zivile Ziele wie Moscheen, Märkte, Hotels und Restaurants, von den sonstigen Angriffen und bewaffneten Zusammenstößen einmal ganz abgesehen.

Gewalt und Gewaltfolgen sind aber nicht nur Statistik. Nach einem Anschlagsversuch Mitte September 2003 erschossen und verletzten in Panik geratene amerikanische Soldaten versehentlich über zehn irakische Polizisten auf der Schnellstraße nahe Falludscha, die ihnen zu Hilfe eilen wollten. Am „Unfallort" kurze Zeit später angekommen, ließ mich – aller Abgestumpftheit zum Trotz – der Anblick von einem hellen Stück menschlichen Hirns auf dem dunklen Straßenasphalt erstarren. Auch mein Kameramann war so geschockt, dass er zunächst keine Bilder machte. Das Denken setzte aus, wir waren wie gelähmt und die sonst so reaktive journalistische Routine, alles automatisch zu filmen, ließ uns hier völlig im Stich. Plötzlich bewegte sich in unseren Tunnelblick, aus dem Off kommend, die Spitze eines dünnen Stockes in Richtung Hirnstück und wendete es mit einer kleinen Bewegung auf die blutigere Seite. „Was machst Du da?", fragte ich, mich umdrehend, den kleinen Jungen am anderen Ende des Stockes. „Ach, ich dachte, ich wende es mal, damit Sie das besser aufnehmen könnten, Meister", erwiderte er erschreckend gleichgültig und lief zu seinen am Straßenrand wartenden Freunden, während er mit dem Stock in der Luft herumfuchtelte. Er war höchstens zwölf Jahre alt.

Tod hinter, Tod vor laufender Kamera

„Was wäre für Sie Terror, was legitimer Widerstand?", fragte mich ohne Vorwarnung der libanesisch-stämmige Amerikaner und Sprecher des US-Außenministeriums im Irak, Nabil Khoury, nach dem Ende einer Pressekonferenz in der gut beschützten „Green Zone". Sein Blick an jenem Tag im ersten Bagdader Winter nach der US-Invasion war vorwurfsvoll. Schließlich stand *Al-Dschasira* seinerzeit in den Augen amerikanischer Politiker, Medien und Öffentlichkeit unter Verdacht, die Gewalt im besetzten Irak mit seiner emotionalen Berichterstattung zu fördern. Für die amerikanischen „Verwalter" des Irak stand *Al-Dschasira* aufgrund seiner Reichweite stellvertretend für alle arabischen Medien. Tatsächlich verwendeten viele Journalisten bei *Al-Dschasira* und anderen arabischen Sendern den Begriff „Widerstandsaktion" so unaufmerksam, unbekümmert und undifferenziert wie ihre westlichen Kollegen den Begriff „Terroranschlag". „Die Sache ist für mich jedenfalls einfach, Herr Khoury", erwiderte ich trotzig, „Aktionen, die Militärziele treffen, sind Widerstand; Zivilisten zu töten ist hingegen Terrorismus". „Beispiel bitte!", forderte er deutlich genervt. „Na, gestern etwa wurde das Al-Rashid-Hotel, in dem die US-Army ihren Generalstab hat, mit Raketen beschossen. Das ist Widerstand." „Mr. Sulimaaaan!", unterbrach er mich missbilligend, „ich war bei dem Angriff im Hotel. Die Explosionen waren so nah an meinem Zimmer, dass ich aus dem Bett gefallen bin", sagte er und verwies auf seine Freunde und

Kollegen vom US-Außenministerium, die bei diesem Angriff verletzt worden waren.

Auch wenn ich bis heute im Allgemeinen dieselbe Meinung über Terror und Widerstand vertrete, das heißt die beiden Begriffe spontan als Journalist nach deren Ziel und Zweck unterscheide, einfach war und ist diese Unterscheidung bei postmodernen Kriegen niemals. So gehörte der sehr sympathische Mitarbeiter des US-Außenministeriums Nabil Khoury einerseits einer zivilen, nicht militärischen Institution an, ist jedoch in seiner Funktion im Irak zugleich ein Teil der Besatzungsmacht. Noch komplizierter wird es mit einem für amerikanische Soldaten arbeitenden irakischen Übersetzer. Ist er als irakischer Zivilist durch seine direkte Arbeit mit dem US-Militär ein legitimes Ziel einer Widerstandsaktion? Betrifft das auch denjenigen Übersetzer, der für ein amerikanisches TV-Team, aber nicht für das Militär arbeitet? Waren wir, *Al-Dschasira*, nicht auch von der einen oder anderen bewaffneten Gruppe als Ziel anzusehen, weil wir in einem besetzten Land unter dem Schutz der Besatzer und mit deren Erlaubnis journalistisch tätig waren? Einfache, oberflächliche und sich selbst entlastende Antworten bringen an dieser Stelle nicht viel.

Trotz jener „Mission-Accomplished"-Rede jenes George W. Bush auf jenem USS-Abraham-Lincoln-Flugzeugträger über ein vermeintliches Kriegsende im Irak standen die Medien zunehmend vor immer neuen Problemen. Dabei war die Frage nach der Definition von Terror und Widerstand nicht einmal die schwierigste. Vor allem mit fortschreitender Visualisierung des Krieges dank neuer Techniken und Datenträger ergaben sich gerade für Bild-Medien neue Herausforderungen, die sich bis heute nur in Frageform behandeln lassen: Was darf ich zeigen, was nicht? Während des Irak-Krieges und in den Folgejahren liefen noch alle Bilder – von Redakteuren gesichtet, sortiert und geschnitten – über das klassische Medium Fernsehen. Das amerikanische Videoportal *YouTube* und ähnliche Internetportale, die inzwischen die Verbreitung von Filmen im Netz fast unkontrolliert ermöglichen, spielten damals noch keine Rolle. Denn *YouTube* wurde im Februar 2005 gegründet und hat sich erst in den

Jahren nach der Übernahme durch *Google* im November 2006 verbreitet. Folglich mussten in den Jahren zuvor Widerstandsgruppen und Terrororganisationen zwecks Verbreitung ihrer Bilder ziemlich direkt mit klassischen TV-Sendern kommunizieren, was Letzteren immerhin die Gelegenheit zur Auswahl und Gewichtung bot, aber auch viel Kopfschmerzen bereitete.

An einem Morgen Mitte April 2004 wurde eine CD am Empfang des Büros von *Al-Dschasira* in Bagdad abgegeben. Wenig später stellte sich heraus, dass darauf die Bilder der Hinrichtung einer von vier italienischen Geiseln zu sehen war, die einige Tage zuvor entführt worden waren. Selbstverständlich durfte man den Vorgang der Erschießung selbst nicht zeigen. Doch kann man es journalistisch-ethisch vertreten, Bilder von Geiseln vor oder nach ihrer Ermordung zu veröffentlichen unter Berufung auf das Bedürfnis der Öffentlichkeit nach umfassender Berichterstattung? Eine nicht unwesentliche Frage in Anbetracht der rasant eilenden technischen Entwicklungen im Bildbereich in den Folgejahren. Auf CDs folgten wenig später DVDs, auf kleine Digitalkameras folgten noch kleinere Handys mit integrierter Video-Kamera und schließlich Smartphones.

Die Suche nach den richtigen Antworten im Nachkriegsirak begann kurz nach der Geburt des Phänomens „nackter Gewalt vor laufender Kamera". Viele westliche Medien entschieden sich bei Videos von Geiseln dazu, aus einer Videosequenz ein Standbild zu machen. Zu diesem wurde dann die dazugehörige Meldung von der Entführung oder vom Tod der Geisel verlesen nach dem Motto: weniger Bewegung im Bild bedeutet weniger Emotionen. *Al-Dschasira* und andere arabische Medien dagegen zeigten zwar bewegte Videosequenzen zum Beispiel von einer Geisel, die einen emotionalen Appell an die eigene Regierung richtet. Sie unterdrückten aber den Ton und ließen den Inhalt der Botschaft zusammengefasst vom Nachrichtensprecher emotionslos vortragen nach dem Motto: kein Ton, keine Emotionen. Beide Methoden waren bei genauerer Analyse auch nur Pseudo-Lösungen. Diese ermöglichten es den Medien lediglich, die eigene Bildabhängigkeit und Sensationssucht auszuleben, ohne Gewissensbisse zu erleiden oder Kritik von außen befürchten zu müssen.

Von der Frage nach dem Zweck und der Ethik der Ausstrahlung einmal abgesehen, stellten die Bilder von der Ermordung der italienischen Geisel die *Al-Dschasira*-Mitarbeiter im Irak und in Katar vor die noch wichtigere Frage nach dem weiteren Vorgehen. Zunächst einmal war klar: Man muss selbstverständlich zuerst die italienische Botschaft informieren. Doch wenn die Botschaft und durch diese auch die Angehörigen bereits informiert waren, dürfte man dann auf Verlangen die Original-CD in voller Länge der italienischen Seite aushändigen? Wäre das nicht das Ende des notwendigen professionellen Abstands des Journalisten und de facto eine indirekte Zusammenarbeit mit Sicherheitsbehörden bzw. einer Besatzungsmacht? Italienische Soldaten gehörten nun einmal zu der „Koalition der Willigen" im Irak. *Al-Dschasira* hat sich gegen die Aushändigung der CD und für die Ausstrahlung der Forderungen der Kidnapper entschieden, weil diese einen Nachrichtenwert hatten. Bedeutete diese Entscheidung aber nicht auch eine Art indirekter Zusammenarbeit mit den Kidnappern gewissermaßen als deren Sprachrohr? Die gleichen Fragen stellten sich damals zu Recht ebenfalls die italienischen und anderen internationalen Medien. Die Forderungen der Kidnapper auf jener CD enthielten übrigens nichts Geringeres als den Abzug der italienischen Truppen aus dem Irak, eine Entschuldigung des damaligen italienischen Ministerpräsidenten Silvio Berlusconi (1994–1995, 2001–2006 und 2008–2011) für seine vermeintlichen Beleidigungen des Islam und die Freilassung aller von den Besatzungsmächten inhaftierten Geistlichen.

Die Zeit unmittelbar nach dem Irak-Krieg 2003 war folglich aus journalistischer Sicht nicht weniger kompliziert und unübersichtlich als die während des Krieges. Zu den neuen medialen Herausforderungen im Nachkriegsirak gehörten auch sehr konkrete und existenzielle Fragen, darunter die nach dem angemessenen Umgang der Reporter vor Ort mit dem allgegenwärtigen Risiko namens Tod.

Auf die Bitte eines lokalen Assistenten im *Al-Dschasira*-Büro in Bagdad, eine Widerstandsgruppe beim Angriff auf einen Militärkonvoi der US-Armee im Irak begleiten zu dürfen und diesen zu filmen, fiel mir vor lauter Wut und Hilfslosigkeit nur noch Gott als Antwort ein: „Stell dir vor, drei bei dem Schusswechsel getötete Gestalten erreichen Gott im Himmel am Tag des Angriffes!", fuhr ich den Mitarbeiter an. Er sah mir verblüfft in die Augen, während ich verärgert ergänzte: „Der eine ist ein amerikanischer Soldat. Er kommt wahrscheinlich in die Hölle, weil er ein fremdes Land besetzte. Der andere ist ein Freiheitskämpfer. Dieser kommt vermutlich ins Paradies, weil er sein Land befreien wollte." Der Kollege nickte zustimmend. „Doch was soll Gott vom verdammten Toten mit der Kamera in der Hand halten? Wohin mit diesem?" Es war klar, dass eine ganze Menge Fragen eher auf uns als auf Gott zurollten. Etwa die über den angemessenen Umgang mit den jungen, patriotischen und unerfahrenen lokalen Mitarbeitern, die berufliche Anforderungen von persönlichen Einstellungen nicht trennen konnten und wollten. Den lokalen Assistenten überzeugte meine zynische Argumentation als Teamleiter freilich nicht, er musste sie jedoch hinnehmen und auf bessere Chefs hoffen, die nicht gleich mit dem Tod eines Teammitgliedes rechneten oder, im Fall der Fälle, tote Assistenten und Freiheitskämpfer gleichermaßen als Paradieskandidaten betrachteten.

✳✳✳

Tatsächlich rollten nicht nur neue mediale Fragen, sondern auch eine Todeslawine unbemerkt auf uns zu. Der Tod des „Retters" war der erste, ein harter Schock, ein Weckruf für alle: Krieg ist kein Spiel, auch wenn es, solange man ihn heil übersteht oder nur aus der Ferne erlebt, danach aussieht. „Retter" hieß Rasheed Hameed Waali mit Spitznamen deswegen, weil er des Öfteren als Fahrer und Assistent den einen oder anderen Kollegen aus einer brenzligen Situation gerettet hatte. Er war auch derjenige, der im April 2004 das *Al-Dschasira*-Team in die von der US-Army belagerte und bombardierte Stadt Falludscha über kleine Schleichwege gebracht und später wieder herausgeholt hat. Falludscha befand sich zum ersten Jahrestag des Irak-Krieges erneut in einem brutalen Krieg mit den amerikanischen Truppen. Diese versuchten damals, die Stadt zu erstürmen, nachdem dort einige Tage zuvor vier Mitarbeiter der 1997 gegründeten und seit 2003 im Irak aktiven amerikanischen Sicherheitsfirma Blackwater umgebracht wurden, die sich dorthin verirrt haben sollen. Ihr Tod wurde von den Bewohnern regelrecht gefeiert. Die Feier wurde mit Digitalkameras festgehalten, die Bilder fanden schnell ihren Weg zu den Massenmedien und der Krieg fand schnell seinen Weg zu der Stadt mit über 300.000 Einwohnern. Falludscha galt damals genauso wie einige andere Orte des Zentraliraks als „No-Go-Area" für die Besatzungstruppen. In der Stadt Ramadi, circa 110 Kilometer westlich von Bagdad, stand in jener Zeit auf einer Wand mitten in der Stadt mit Graffiti und viel Ironie geschrieben: „Ausgangssperre für amerikanische Soldaten ab 20 Uhr!"

In die Geschichte wird der Irak-Krieg allerdings nicht als der Krieg mit der Ausgangssperre für Besatzungssoldaten eingehen, sondern als der erste Krieg, der auf beiden Seiten in den Chaos-Jahren nach seinem offiziellen Ende mehr Opfer zählte als während des Kriegs selbst. Die postmodernen Kriege kannten in der neuen Weltunordnung seit 1991 zumindest in ihrer Ausprägung im Nahen und Mittleren Osten keinen einheitlich definierbaren Anfang und kein endgültiges Ende. Begann der Zweite Golfkrieg mit der Eroberung Kuwaits durch irakische Truppen im Sommer 1990 oder eher mit den Luftangriffen der „Internationalen Koalition" auf irakische Ziele im Rahmen der „Operation Wüstensturm" Anfang 1991? Endete dieser mit dem Abzug der irakischen Truppen aus Kuwait im Februar 1991 oder zog er sich in unterschiedlichen Varianten doch weiter bis zum Fall von Bagdad im April 2003? Oder sogar noch darüber hinaus bis heute? Die meisten Opfer des postmodernen Krieges sind Nachkriegsopfer, einmal indirekt durch die Folgen von Sanktionen und Embargos wie in den Jahren nach dem Zweiten Golfkrieg 1991 und einmal direkt durch Chaos und Gewaltausbrüche wie in den Jahren nach dem Irak-Krieg 2003.

Rasheed hat beides erlebt, das Embargo und das Chaos, letzteres aber nicht überlebt. Als Soldat erlebte und überlebte er den Zweiten Golfkrieg und dessen „Wüstensturm", als Zivilist und Familienvater mit sechs Kindern die harten Folgejahre der Sanktionen und als Fahrer mit Kriegserfahrungen für das *Al-Dschasira*-Büro in Bagdad auch den Irak-Krieg. Als journalistischer Assistent überlebte er sogar eine dreitägige „Gefangenschaft" in einem US-Gefängnis im Irak. Nach einer Auseinandersetzung mit amerikanischen Soldaten im Herbst 2003 wurde er verhaftet und in das berüchtigte Gefängnis Abu-Ghuraib gebracht. Im Mai 2004 gelangte der Folterskandal von Abu-Ghuraib an die Öffentlichkeit, durch den bekannt und mit Bildern belegt wurde, dass amerikanische Wächter irakische Gefangene sadistisch gefoltert hatten. Dazu sagte Rasheed nur, er wäre nicht gefoltert worden, für ihn sei es aber Folter genug gewesen, den durch Guantánamo bekannt gewordenen orangenen Gefängnis-Overall anziehen zu müssen. „Bei uns im Süden ist das eine Mädchenfarbe", bemerkte er damals voller Scham. Denn stolze Männer bäuerlicher Herkunft aus dem Süden Iraks, die noch dazu in Spezialeinheiten der Armee gedient haben, ziehen sich doch nicht freiwillig knallige Mädchenfarben an. Auch diese Farbe hat Rasheed überlebt. Sie beleidigte ihn im Übrigen mehr als all die Vorgänge, die damals die gesamte westliche Welt schockierten: Die „Befreier" bzw. „Demokratie-Bringer" aus den USA folterten nicht nur ebenso brutal wie ehemals die nicht-demokratischen Gefängniswächter des alten Regimes, sie schossen dabei auch noch „lustige" Bilder für die Familien und Kameraden zu Hause. Nur, damit das im Verlaufe des Buches und der Geschichte nicht vergessen wird: Diese Gefängnisse waren auch die Brutstätte des späteren sogenannten „Islamischen Staates" (IS).

Ein Iraker mit Rasheeds Biographie konnte wahrscheinlich kaum noch schockiert werden. Wenn ein ganzes Leben so verläuft wie das seine, dann verliert das Wort Trauma, das im Allgemeinen als eine tiefgreifende seelische Verletzung bezeichnet wird, seine Bedeutung. Außerdem hatte Rasheed sowieso keine Zeit mehr für eine Beschäftigung mit seiner inneren Welt samt seelischer Verletzungen. Am 20. Mai 2004 war Rasheed mit einem *Al-Dschasira*-Team in der südirakischen Stadt Karbala. Dort gab es Gefechte zwischen amerikanischen Einheiten und der schiitischen Miliz „Al-Mahdi-Armee". Als Rasheed versuchte, vom Dach des kleinen Hotels, in dem das Team untergebracht war, die amerikanischen Panzer mit einer kleinen Kamera aufzunehmen, ging es buchstäblich ins Auge. Anders als beim „Truthahn-Schießen" im Jahr 1991 war Rasheed Hameed Waali diesmal mit 44 Jahren offensichtlich nicht mehr beweglich genug, um den Kugeln auszuweichen, um zu überleben – zum ersten und letzten Mal.

***

Mazen al-Tmaizi vom arabischen Fernsehsender *Al-Arabiya* erging es nicht besser. Bereits der weitere Verlauf des im dritten Kapitel dieses Buches erwähnten ruhig und lustig beginnenden Tee-Abends deutete auf Risiken hin. Nach dem befreienden Gelächter über die Geschichte mit den 40 DM von Osama bin Laden und über andere Banalitäten landete unser Gespräch auf der Terrasse vom *Al-Dschasira*-Büro in Bagdad irgendwann bei ernsthafteren Themen. Dazu gehörte auch die Leichtsinnigkeit unserer beiden miteinander konkurrierenden arabischen Nachrichtensender, die nicht selten die Gefährdung der Sicherheit der eigenen Journalisten in Kauf nahmen, wenn es um Sensation und Exklusivität ging. Es wurde dunkel und wir waren in der Diskussion an dem Punkt angekommen, dass die Korrespondenten vor Ort Widerstand leisten müssten, wenn ihnen ein Auftrag der Redaktion zu gefährlich erscheinen sollte. Die zwei kleinen Teetassen waren noch nicht ausgetrunken und die kleine Denkpause während unseres Gespräches noch nicht zu Ende, als plötzlich eine heftige Explosion in der Nähe den ganzen Ort erschütterte. Wir wussten nicht, wie uns geschah. Festhalten lässt sich im Nachhinein nur das Bild zweier arabischer Journalisten, die auf der Straße mit vielen anderen Menschen, darunter Schaulustige, Polizisten, Retter, besorgte Bewohner, schreiende Mütter und eben andere Journalisten, um die Wette in Richtung Explosionszentrum rannten.

Nicht einmal unsere Kameramänner waren dabei, als Mazen und ich uns auf den Weg begeben hatten, sodass wir auch keine Bilder machen konnten. Es hatte sich bei uns offensichtlich einige Monate nach der „Befreiung" des Irak eine Art „Pawlowscher-Hund"-Journalismus verselbständigt: Die Explosion wäre demnach der „Reiz", dieser bedeutete als „Reaktion" wie auf Knopfdruck: nichts wie hin und am besten als Erster am Ziel sein ohne Wenn und Aber. Ein Fall „klassischer Konditionierung", wie Verhaltensforscher hierzu wahrscheinlich sagen würden. Dort allerdings, wo der „Pawlowsche Hund" im Spiel ist, ist normalerweise auch der innere Schweinehund nicht weit weg. Bei Journalisten bedeutet dieser oft das übersteigerte Bedürfnis nach Lob und Bestätigung, mal durch die Chefs, mal durch die Kollegen, mal durch die Konkurrenz und oftmals auch durch die Leser, Hörer oder Zuschauer.

Mitte Juni 2004 kehrte ich nach Berlin zurück, nicht wissend, dass ich Bagdad erst anlässlich der Atomgespräche zwischen den 5+1-Mächten und dem Iran im Mai 2012 wiedersehen würde. In der deutschen Bundeshauptstadt angekommen, hatte ich wochenlang Mühe, den Wert von Nachrichten in und aus dem Herzen Europas zu erkennen, geschweige denn diese zu bearbeiten und zu analysieren. Die innere journalistische Uhr glich einem Jetlag: sie war immer noch auf Bagdad eingestellt wie auch die zwischenmenschliche. Am 12. September 2004 riss mich ein Anruf mit irakischer Vorwahl aus der Berliner Lethargie: "Mazen ist tot!" Er wurde mitten auf der belebten Haifa-Straße in Bagdad vor laufender Kamera vom Splitter einer Rakete tödlich getroffen, die aus einem umherkreisenden amerikanischen Hubschrauber abgefeuert worden war. Ein US-Militärfahrzeug war zuvor vom irakischen Widerstand mit einer Panzerfaust angegriffen und in Brand gesetzt worden. Mazen al-Tmaizi war in den frühen Morgenstunden an jenem Tag als erster vor Ort und stand vor der *Al-Arabiya*-Kamera, um seinen Aufsager mit dem brennenden US-Panzerfahrzeug und den feiernden Irakern im Hintergrund zu machen.

Mazen sollte nicht das letzte Opfer unter Journalisten gewesen sein, denn die Gewalt ging weiter, ungeachtet ständiger Statusveränderungen im Zweistromland. Seit Juni 2004 war der Irak offiziell nicht mehr besetzt. Er stand formell unter der Verwaltung einer von – oder zumindest unter – den Besatzern aufgestellten „Übergangsregierung", ein anderes Wort für provisorische Regierung bzw. Interimsverwaltung. Ja, die Afghanistan-Konferenz vom Petersberg in Königswinter bei Bonn lässt grüßen. Diese „Regierung" war der dritte politische Schritt in Sachen Neugestaltung des Irak. Unmittelbar nach dem Fall von Bagdad wurde der Irak unter eine US-Zivilverwaltung gestellt. Diese war der erste Schritt. Mit der Resolution 1483 vom Mai 2003 wurde die politische Autorität dieser Verwaltung der Besatzer, auch „provisorische Koalitionsbehörde" genannt, von der UNO zur Kenntnis genommen. Der zweite Schritt war die Bildung des „Irakischen Regierungsrates" im Juli 2003 als vorübergehendes politisches Gremium. Offiziell waren die Aufgaben dieses Gremiums, die Politik zu gestalten, das Budget festzulegen, Minister ein- und abzusetzen und eine neue Verfassung zu erarbeiten. Schließlich löste die bereits erwähnte „Übergangsregierung" den „Irakischen Regierungsrat" im Sommer 2004 ab.

Den Trauerzug von Mazen verfolgte ich von Deutschland aus auf *Al-Arabiya*: Getötet im besetzten Irak, beigesetzt in der besetzten Westbank – ein 25 Jahre kurzes palästinensisches Leben.

Pressefreiheit, Marktwirtschaft und Demokratie

Es wurde nie genau untersucht, warum der amerikanische Hubschrauber die Rakete abgeschossen hatte, die Mazen al-Tmaizi an jenem Morgen tötete. Erst im April 2010 veröffentlichte die Internetplattform *Wikileaks* brisantes Filmmaterial im Zusammenhang mit einem anderen Zwischenfall vom 12. Juli 2007, der jenem von Mazen knapp drei Jahre zuvor ähnelte. Es zeigt, wie zwei US-Kampfhubschrauber im Irak eine Gruppe von Zivilisten, darunter zwei Fotoreporter der Nachrichtenagentur *Reuters*, angreifen und töten. Es waren Aufnahmen der Bordkameras der zwei Maschinen, die das Ziel sehr deutlich zeigten und auch die Dialoge der Hubschrauber-Crew exakt wiedergaben. Als er registrierte, dass unter den Verletzten auch Kinder waren, lautete der Kommentar eines der Piloten: „Ist ja ihre eigene Schuld, wenn sie ihre Kinder mit in die Schlacht nehmen." Doch jenseits zynischer Bemerkungen uniformierter junger Menschen, die vom Himmel aus über Tod und Leben walteten, stand 2010 so viel fest: Die US-Militärs haben 2007 eine Nachrichtensperre verhängt, das Filmmaterial zurückgehalten und versucht zu vertuschen, dass es wahrscheinlich zu einer tragischen Verwechslung, einem sogenannten „Kollateralschaden", gekommen war. Stattdessen behauptete das US-Militär auf Nachfrage der Nachrichtenagentur *Reuters* und anderer Medien damals: Die Hubschrauber seien vom Boden aus angegriffen worden und hätten sich verteidigen müssen.

Ob der Fall Mazen al-Tmaizis tatsächlich ähnlich verlief, bleibt offen. Mazen wurde jedenfalls auf dem *Al-Arabiya*-Bildschirm bei seinem Trauerzug und seiner Beerdigung als Märtyrer bezeichnet, genauso wie Rasheed Hameed Waali einige Monate zuvor auf dem *Al-Dschasira*-Bildschirm. Das hört sich auf Arabisch himmlisch gut an, entlastet die Sender ungemein von deren Mitverantwortung und rührt an die Gefühle der Zuschauer. Westliche Sender betonen in solchen Fällen hingegen versicherungstechnisch klug, dass der betroffene Journalist in der Regel kein Festangestellter, sondern ein freier oder gar lokaler Mitarbeiter vor Ort gewesen sei, der für mehrere Auftraggeber gearbeitet hätte. Das bringt irdische Vorteile und bedeutet, dass keine moralischen, finanziellen oder sonstigen Verpflichtungen dieser Sender wem auch immer gegenüber bestünden. Bereits nach dem Anti-Terror-, jedoch spätestens nach dem Irak-Krieg rückte eine längst fällige Debatte über die arbeitsrechtlichen Beziehungen innerhalb des Journalismus vermehrt in den Vordergrund. Betroffen waren vor allem die Beziehungen zwischen Arbeitgebern bzw. Medienhäusern einerseits und Arbeitnehmern bzw. Korrespondenten, Assistenten und Technikern andererseits. Dabei wurde zum Beispiel die Kritik an den Medienhäusern immer lauter, die trotz wenig zu erwartendem Erkenntniszugewinn das Leben von Journalisten bzw. lokalen Assistenten und Mitarbeitern vor Ort aufs Spiel setzten. Im Irak verbreitete sich damals unter Korrespondenten die witzige Geschichte von den nach jeder Explosion anzutreffenden drei Typen von Augenzeugen: Die

einen wollen immer eine von einem amerikanischen Kampfflug-
zeug abgeschossene Rakete, die anderen einen Selbstmordattentäter und die dritten eine Autobombe gesehen haben. Bekäme
der Korrespondent schnell alle drei Aussagetypen vor seine Fern-
sehkamera, wäre sein Beitrag formal ausgewogen, inhaltlich jedoch völlig sinnlos. Und dafür sollte es sich lohnen, sein Leben
aufs Spiel zu setzen?

Doch nicht nur die internen, sondern auch die externen Beziehungen des Journalismus, wie zum Beispiel die Beziehung
zwischen der Pressefreiheit einerseits und der Politik, Sicherheitslage und Wirtschaft andererseits, gerieten nach dem Irak-
Krieg immer stärker in den Fokus der Aufmerksamkeit. So gehörte zwar laut der Kriegsauftaktrede von George W. Bush die
„Befreiung" der Iraker zu den Zielen des Irak-Krieges. Von einer
angeblichen „Befreiung" haben jedoch zumindest der Journalismus und die Journalisten vor Ort nicht viel abbekommen. Der
als autoritär angeprangerte irakische Staat existierte zwar nach
dem Irak-Krieg nicht mehr; die staatliche Kontrolle und die
stumpfe Propaganda à la Muhammad Said al-Sahhaf somit auch
nicht. Der damalige irakische Informationsminister behauptete
noch am 8. April 2003, einen Tag vor dem Fall von Bagdad, die
„paar Amerikaner" am Rande der Hauptstadt seien isoliert und
in ihren Panzern „gefangen". Eine echte Pressefreiheit war aber
im Zweistromland in der neuen Ära nach der „Befreiung" weit
und breit nicht zu erkennen. So verhinderte zum Beispiel der
Verzicht auf ein Informationsministerium bei der Bildung der
irakischen Übergangsregierung im Sommer 2004 zugunsten eines formell unabhängigen Medienrates keineswegs Medienver-
bote im neuen Irak. Es gab sie wieder, wenngleich auch mit anderen, den neuen Verhältnissen angepassten Begründungen. Im
August 2004 beschloss der Medienrat unter Übergangs-
Premierminister Iyad Allawi (2004-2005) die Schließung des *Al-
Dschasira*-Büros in Bagdad; daher mein jahrelanges Fernbleiben
vom Irak in der Folgezeit. Der Sender habe „durch die Ausstrahlung von Videos radikaler Gruppen Verbrecher ermutigt", hieß
es in einer Erklärung der Übergangsregierung damals. Die Wi-
derstand-Terrorismus-Debatte lässt grüßen.

Aber auch in anderer Hinsicht war der Begriff „Pressefreiheit" im Nachkriegsirak nur mit viel Vorsicht und noch mehr Zynismus zu genießen. Anfang 2004 erreichten uns im *Al-Dschasira*-Büro in Bagdad Aufnahmen von schwarz gekleideten und vermummten Kämpfern aus der Kleinstadt Baquba nördlich von Bagdad. Diese Aufführung war als Filmsequenz für eine 15-30 Sekunden lange Meldung nicht schlecht, aber auch nicht sonderlich interessant im chaotischen Nachkriegsirak: weiße Pickups in einer Kolonne, darauf Kämpfer mit schwarzen Flaggen und Maschinengewehren. Die Wagen mit Allradantrieb fuhren hupend umher, Passanten jubelten und Fahnen wurden gehisst. Rückblickend wirken die gleichen Bilder heute viel brisanter als damals, denn mittlerweile wissen wir, dass es sich um das erste Baby-Bild einer Organisation handelte, die später unter dem Namen „Islamischer Staat" (IS) die ganze Welt beschäftigen würde. Damals war gerade mal erkennbar, dass es sich um irgendeine der vielen Gruppen mit dschihadistischen Motiven handelte, die gegen die Amerikaner im Irak kämpften. Hätte man vielleicht in jenem Nachkriegsirak die „PR-Abteilung" dieser Terrorgruppe kontaktieren sollen und können, um einen Interviewtermin mit dem „Emir" zu vereinbaren und ihm im Namen der Pressefreiheit kritische Fragen zu stellen? Derjenige, der es mit der beschriebenen Vorgehensweise gewagt hätte, wäre wahrscheinlich kein Interviewer, sondern ein Selbstmordinterviewer gewesen. Aus sicherer Entfernung wurde erst nach und nach deutlich, dass die neue Gruppe „al-Tawhid wal-Jihad", später auch „Al-Qaida im Irak", unter der Führung des im Juni 2006 von den Amerikanern getöteten Jordaniers Abu Musab al-Zarqawi stand. Es war die Gruppe, die nicht nur für viele Angriffe auf US-Truppen, sondern auch für die Anschläge gegen Sérgio Vieira de Mello und Muhammad Baqir al-Hakim sowie gegen Angehörige anderer Konfessionen und Religionen wie Schiiten, Jesiden oder Christen verantwortlich war.

Besatzungsmächte, die Raketen von Hubschraubern auch mal „versehentlich" auf Journalisten abfeuerten; Übergangsregierungen, zu deren ersten Amtshandlungen Presseverbote und die Schließung von Medienbüros gehörten; bewaffnete Gruppen, die sich und andere in die Luft jagten: unter diesen chaotischen und lebensgefährlichen Umständen bekommt ein Begriff wie „Pressefreiheit" im „befreiten" Irak einen bitteren Beigeschmack.

***

Nicht nur die neu eingeführte Pressefreiheit im Nachkriegsirak verdiente diesen Namen nicht, das betraf ebenso die gleichzeitig mit eingeführte Marktwirtschaft. Ein irakischer Experte bekam zum Beispiel bei einem Live-Auftritt in einem arabischen oder ausländischen Sender von Bagdad aus zwischen 100 und 150 Dollar. Oft war der Experte ein Universitätsprofessor für Wirtschaft oder Politik. Dabei betrug damals das Monatsgehalt eines Professors nach all den Kriegen und Jahren der Sanktionen umgerechnet nur noch 20-50 Dollar. Folglich ließ sich mit einem Interview von zehn Minuten mindestens das dreifache Monatsgehalt verdienen. Bei zehn Interviews im Monat, entsprach der Verdienst dem 30-fachen Monatsgehalt. Verständlicherweise achteten dann viele Interviewpartner darauf, was das fragende Medium gerne hören wollte, um wieder als Gäste eingeladen zu werden. Zumindest in der beschriebenen chaotischen Nachkriegssituation relativiert sich die oft gepriesene Aussage, weniger Staat und mehr freie Marktwirtschaft seien ausreichende Voraussetzungen für Presse- und Meinungsfreiheit.

Doch die USA verfolgten weiterhin die offenkundig ideologisch motivierten „freiheitlichen" Vorstellungen der Neoliberalen auch für einen am Boden liegenden Nachkriegsirak. Nur wenige Monate nach dem Fall von Bagdad erließ der von US-Präsident Bush vier Monate zuvor eingesetzte amerikanische „Zivilverwalter für den Irak", Paul Bremer (2003-2004), im September 2003 unter anderem eine Reihe wirtschaftlicher Verordnungen. Diese sahen vor allem schnelle Privatisierungen staatseigener Betriebe vor, öffneten massiven Beteiligungen an bzw. Übernahmen von irakischen Betrieben durch ausländische Firmen Tür und Tor und schafften nebenbei die Zölle an der Landesgrenze ab. In jener Zeit gab es übrigens plötzlich kaum noch alte „Karren" in Deutschland. Alles, was irgendwie vier Räder und einen Motor hatte und in die Hände arabischer Gebrauchtautohändler fiel, wurde nach Bagdad verschifft: erstens gab es keinen Zoll, zweitens keine Umweltzonen, lediglich eine politische „Grüne Zone", und drittens eine große Nachfrage nach Autos nicht zuletzt für bewaffnete Gruppen und deren Anschläge.

Die weitreichenden zerstörerischen Folgen der Wirtschaftspolitik aus Privatisierung und Grenzöffnung von Paul Bremer aus dem Jahr 2003 und von den verschiedenen irakischen Regierungen ab 2004 dokumentieren zwei Beispiele. Im Jahr 2004 erhielt Paul Bremer nach „getaner Arbeit" im Irak „The Presidential Medal of Freedom" (Freiheitsmedaille) von US-Präsident George W. Bush – die höchste zivile Auszeichnung in den USA. Keine zwei Jahre später wird das irakische Arbeitsministerium in einer mit dem Internationalen Währungsfonds (IWF) und dem UNO-Entwicklungsprogramm (UNDP) durchgeführten Studie entdecken, dass rund zwei Millionen irakische Familien, sprich ein Viertel der Bevölkerung, unter der Armutsgrenze leben, die durch internationale Kriterien festgelegt ist und damals 1 Dollar pro Tag und Kopf betrug. Mithin sammelte sich mehr Armut an als jemals zuvor im Irak, Freiheitsmedaillen hin oder her. Im gleichen Jahr 2006 wird auch Paul Bremer seine Erfahrungen im und mit dem Irak in einem Buch mit dem in Anbetracht der oben genannten Entwicklungen zynischen Titel niederschreiben: *My Year in Iraq: The Struggle to Build a Future of Hope* (Mein Jahr im Irak: Der Kampf für den Aufbau einer Zukunft voller Hoffnung).

Wie es mit der „Marktwirtschaft" im Irak auch mittelfristig weiterging, zeigt das zweite Beispiel zehn Jahre später. Im Sommer 2016 warf der damalige irakische Finanzminister Hoshyar Zebari (2014-2016) einem Führungsmitglied der mitregierenden „Koalition für den Rechtsstaat" namens Hamad al-Musawi vor, über sechs Milliarden US-Dollar außer Landes gebracht zu haben. Der Minister erhob diesen Vorwurf der Geldschieberei allerdings nur deswegen, weil er selbst seinerseits mit Vorwürfen wegen Veruntreuung und Amtsmissbrauch in Millionenhöhe konfrontiert war, die zu seiner Entlassung durch das Parlament im Herbst 2016 führten. Es waren weniger die hier schwer zu überprüfenden Behauptungen der einen oder anderen Seite, die diesen Fall interessant machten, als vielmehr die Größenordnung von Milliardensummen, über die wie selbstverständlich gesprochen wurde. Bereits 2004, ein Jahr nach der „Befreiung", erlangte der Irak Platz 130 (von 146 Ländern) auf dem Korruptionsindex der Nichtregierungsorganisation Transparency International. Im Jahr darauf, 2005, war es Platz 141 (von 158) und im Jahr 2016 Platz 166 (von 176). Zum Vergleich: Deutschland besetzte im gleichen Zeitraum die Plätze 15, 16 und 10.

Es ist ziemlich schwierig, sich vorzustellen, wie – wenn die Geschichte stimmte – über sechs Milliarden US-Dollar im Jahr 2016 spurlos verschwinden konnten. Es ist hingegen nicht schwer zu erahnen, was die Iraker selbst, nicht nur ihre Wirtschaft, auch lange nach dem offiziellen Kriegsende durchmachen mussten und was aus ihnen wurde. Sie waren im ersten Halbjahr 2016 mit circa 70.000 die drittgrößte Gruppe Asylsuchender in Deutschland nach den Syrern mit circa 200.000 und den Afghanen mit circa 80.000 Anträgen. Der Irak steht darüber hinaus aus einem anderen Grund für ein totales wirtschaftliches Versagen der „Befreiungsmacht", des von ihr eingesetzten Zivilverwalters sowie der Übergangs- und sonstigen Regierungen hinsichtlich Inkompetenz, Ressourcenverschwendung und Raubzügen: Der Irak ist eigentlich, anders als Syrien oder Afghanistan, ein sehr reiches Land, das über die fünftgrößten Erdölreserven der Welt verfügt.

***

Man wird vermutlich niemals im Nachhinein erfahren können, wie viele Iraker tatsächlich für einen gewaltsamen „Regime Change" im Jahr 2003 gestimmt hätten. Es gab nur Meinungsforschungsergebnisse in den Ländern der Angreifer, nicht aber im Land der Angegriffenen. In einer zwei Monate vor dem Irak-Krieg von der Tageszeitung *Daily Mirror* veröffentlichten Erhebung des Meinungsforschungsinstituts ICM sprachen sich über 80 Prozent der Briten gegen einen Krieg ohne UNO-Mandat aus. Über 40 Prozent der Befragten waren gegen einen Krieg auch mit einem Mandat des UNO-Sicherheitsrats. Auch wenn nicht viele Araber die Umfragen in den westlichen Printmedien verfolgen konnten, die Fernsehbilder arabischer Nachrichtensender hatten die Antikriegsstimmung auch in kriegführenden westlichen Ländern eingefangen und via Satellit weitergegeben. Die Bilder der großen Friedensdemonstrationen wie in Rom und London einen Monat vor dem Krieg warfen in der Arabischen Welt die Frage auf: Wieso will eine große Mehrheit in einem demokratischen Land keinen Krieg und trotzdem wird er unter Missachtung dieser Stimmung von der Regierung beschlossen und geführt? Die Vorkriegszeit war keine Sternstunde für die Demokratie im Westen, weil diese den Krieg nicht verhinderte. Die Politik der „Internationalen Koalition" in der Nachkriegszeit wiederum war keine Sternstunde für die Demokratie in der Arabischen Welt und im Irak selbst, weil der Krieg, der die Demokratie angeblich einführen sollte, diese eher in weite Ferne rücken ließ.

Auf sozioökonomischer Ebene stand der Irak-Krieg 2003 in einer Reihe mit anderen Kriegen und Entwicklungen, die seit 1991 zur Schwächung der Mittelschicht, der Trägerin der Demokratie, beitrugen. Konkret nahm das Ganze tragische und absurde Züge an. Eine irakische Freundin, die in den 90er Jahren des vorigen Jahrhunderts nach Deutschland geflüchtet war, errechnete einmal, was aus ihrem Geld zwischen 1990 und 2016 im Irak geworden war. Sie und ihr Mann waren vor dem Zweiten Golfkrieg verhältnismäßig wohlhabend und sparten auf ihrem Konto ungefähr 200.000 irakische Dinar zusammen. Das entsprach unmittelbar vor dem Zweiten Golfkrieg einem Wert von circa 110.000 US-Dollar. Auf die Frage, was denn aus dem Geld ein Vierteljahrhundert später geworden sei, antwortete sie seufzend, dass die vollständige Summe noch immer auf dem Konto läge, allerdings mit dem Unterschied, dass der Gesamtwert heute umgerechnet 170 Dollar betrage. Über die Kriege, nicht über den Brexit, hätte man die Briten abstimmen lassen müssen, kommentierte sie verbittert die Entscheidung der Briten, per Volksentscheid im Sommer 2016 die Europäische Union zu verlassen.

Auf emotionaler Ebene assoziierten nicht nur die Iraker, sondern auch andere im Nahen Osten die Demokratie ab 2003 zum ersten Mal mit Krieg und Lüge, zum Beispiel der Lüge von den Massenvernichtungswaffen, die der Irak angeblich beherbergte.

„Freiheit für Irak" war für die Bewohner des Nahen Ostens das, was „Mädchenschulen" für die Bewohner des Mittleren Ostens waren: eine westliche PR-Masche bzw. Lüge. Spätestens mit dem Irak-Krieg 2003 rief der Begriff „Demokratie" in Anbetracht der Medienbilder und der real erlebten Millionen von Flüchtlingen aus dem Irak erschreckte Reaktionen bei vielen im Nahen Osten hervor: Nein, danke, das brauchen wir nicht! Der Begriff „Demokratisierung" ließ in den Jahren nach dem Irak-Krieg, metaphorisch ausgedrückt, beinahe instinktiv ängstliche Blicke Richtung Himmel wandern, die diesen nach den todbringenden westlichen Kampfbombern absuchten. Das Wahlfach „Geschichte und Psychologie des Nahen Ostens" stand offensichtlich nie auf dem Stundenplan des Westens. Für die ideologisierten westlichen Hardliner und Demokratiefanatiker schien der umformulierte Werbeslogan zu gelten: „Ist die Demokratie zu stark, bist Du zu schwach!" Das eigene politische System stand für diese hinsichtlich seiner möglichen Fehler nie kritisch zur Debatte. Nur die anderen Völker wurden begutachtet und waren im Ergebnis eventuell demokratiefähig oder auch nicht; wenn nicht, dann musste auch mal kräftig nachgeholfen werden. Punktum.

Auf politischer Ebene wirkte der Irak-Krieg besonders zerstörerisch auf das Image der Demokratie im Nahen Osten. Die vermeintliche neue Demokratie im Irak sollte nicht nur ohne Mittelschicht zurechtkommen, sondern auch ohne moderne politische Strukturen. Das Wesen einer angeblich vom Westen für den Irak und die ganze Region angestrebten Demokratie wurde auf seine technisch-formale Seite reduziert, das heißt auf Wahlen und Wahlurnen. Parallel dazu wurde das Wahlvolk auf vormoderne Strukturen und Zugehörigkeiten zurückgeworfen: auf Stämme, Ethnien und Religionen. Am „Ende der Geschichte" und nach dem Afghanistan- und Irak-Krieg stand den besiegten Völkern nicht einmal die an sich schon magere Möglichkeit zur Verfügung, das politische System des Siegers bloß zu adoptieren. Vielmehr erhielten diese etwas Neues: die „Steinzeit-Demokratie". Diese bestand aus einer Mischung formaldemokratischer Strukturelemente einerseits mit vormodernen Denk- und Gesellschaftsstrukturen andererseits – daher die hier gewählte Bezeichnung „Steinzeit". Bei dieser Möchtegern-Demokratie geht es nicht etwa um politische Parteien und andere organisierte Gruppen als freiwilliger Zusammenschluss von Individuen mit gemeinsamen Interessen oder gleicher Gesinnung. Vielmehr geht es um versteinerte, nicht wählbare Zugehörigkeiten zu Volksgruppen und Religionen wie zum Beispiel der Paschtunen, Tadschiken und Hasaren in Afghanistan oder der Sunniten, Schiiten und Kurden im Irak. In Deutschland wären im Vergleich unter anderem folgende Gruppen Bestandteile und Parlamentsfraktionen einer solchen Demokratie: die „Urdeutschen", die türkischstämmigen Deutschen, die Deutschen polnischer, russischer und arabischer Herkunft, die Hugenotten, die Dänen, die friesische Volksgruppe, die deutschen Sinti und Roma sowie die Sorben; von angeboren-religiös definierten Gruppen wie zum Beispiel katholischen und protestantischen Christen, sunnitischen und schiitischen Muslimen sowie Juden einmal ganz abgesehen.

Das Kochrezept dieser neuartigen Möchtegern-Demokratie ist recht einfach, wie die Zusammensetzung des im Sommer 2003 von Paul Bremer eingesetzten „Irakischen Regierungsrates" deutlich machte: Man nehme 13 Schiiten, 5 Kurden, 5 sunnitische Araber, einen Turkmenen und einen Christen. Man rühre leicht und sorge dafür, dass jeder Bestandteil einmal oben im Topf schwimmt. Im Turnus wechselte der Vorsitz im Irakischen Regierungsrat monatlich unter 9 der 25 Ratsmitglieder. Das gab es, vom afghanischen Fall einmal abgesehen, auch nicht alle Tage: Die modernste Supermacht der Welt besetzt ein Land und sucht sich dort für den Aufbau eines neuen politischen Systems die vormodernsten Strukturen aus, die es je in der konfliktreichen Urgeschichte dieses Landes gegeben hat. Guten Appetit, gute Besserung und vor allem viel Spaß in den Schlafzimmern! Denn ob religiös oder ethnisch definiert: Die Volksgruppen und Religionen wählt man in der Regel nicht freiwillig, sondern wird in diese hineingeboren. Die Mehrheiten in den Parlamenten würden bei einer solchen auf biologischer Basis fußenden politischen Konstruktion eher durch die Potenz- bzw. Fruchtbarkeitsverhältnisse der Volksgruppen bestimmt. Diese Art Demokratie benötigt keine politischen Kampagnen und Überzeugungsarbeit an der Basis, sondern vielmehr Viagra-Tabletten, um „Mehrheiten" zu (er)zeugen.

Im freien Fall durch die Hölle

Rasheed Hameed Waali gehörte als toter Schiit (oder schiitischer Toter?) zu der absoluten, gar 100-prozentigen Mehrheit auf dem Wadi-Al-Salam-Friedhof (Tal-des-Friedens-Friedhof) in der Stadt Nadschaf, circa 170 Kilometer südlich von Bagdad. Dort waren nur Grabstelen zu sehen, soweit das Auge reicht. Aus gebrannten Lehmziegeln gemauert, standen sie blassgelb unter der knallenden Sonne des Nahost-Sommers 2004. Eine Stadt der Toten, genauer: der toten Schiiten. Man lebt zwar mit- oder zumindest nebeneinander im Nahen Osten. Mit dem Tod endet jedoch die gegenseitige Höflichkeit und jeder geht auf seinen eigenen Friedhof und legt sich neben seinesgleichen. „Rasheed Hameed? Kommt mit!", sagte ein Friedhofsdiener an der Schnittstelle zwischen Dies- und Jenseits und führte uns auf dem größten Friedhof der Welt wie selbstverständlich hin. „Hin" hieß: zu jenem frischen Grab, das wie alle anderen aussah, dessen Bewohner aber einem selbst mehr als all die anderen bedeutete. Von hier aus geht es direkt zum Paradies, so glauben viele Schiiten, ohne auf den Jüngsten Tag warten zu müssen. Das Paradies und das Nicht-Warten-Müssen erhoffte man natürlich für Rasheed im Jenseits. Im Diesseits jedoch war der gesamte Irak bereits seit Herbst 2003 auf dem Weg in die Hölle.

Denn bei den Verordnungen von Paul Bremer ging es damals um viel Weitreichenderes als nur um Wirtschafts- und Privatisierungserlasse. Die entscheidendsten Erlasse waren das Verbot der seit 1968 im Irak herrschenden Baath-Partei („Entbaathifizierung" als Analogie zur „Entnazifizierung" in Deutschland nach 1945) und die Auflösung der irakischen Armee mit weit über 400.000 Angehörigen. Beide Maßnahmen bedeuteten soziale Deklassierung für Millionen Iraker und ersatzlose Absetzung der bisherigen Landeseliten mit enormen Folgen für das Funktionieren von staatlichen Institutionen, Justiz, Ordnungskräften und Verwaltung des Bildungs- und Sozialapparats. Zusätzlich heizten die Erlasse Bremers die Atmosphäre zwischen Schiiten und Sunniten im Irak und in der Region an, weil sie nicht selten als indirekte Benachteiligung von Anhängern der sunnitischen Glaubensrichtung des Islam angesehen und interpretiert wurden, zu denen auch Saddam Hussein zählte.

Gerade das Schicksal von Saddam Hussein stärkte das Gefühl der Demütigung nicht nur bei dessen Anhängern und trug somit zur weiteren Eskalation bei. Unmittelbar nach dem Fall von Bagdad wie von einem Erdloch verschluckt, wurde er am 13. Dezember 2003 schließlich von Spezialeinheiten der US-Army in seinem Versteck 15 Kilometer von seiner Heimatstadt Tikrit entfernt entdeckt und festgenommen. „Meine Damen und Herren. Wir haben ihn", so begann der oberste US-Verwalter Paul Bremer seine Pressekonferenz in Bagdad einen Tag später, bei der auch die US-Army die herabwürdigenden Bilder von der Verhaftung und der darauffolgenden zahnmedizinischen Untersuchung veröffentlichte. *BILD* titelte am Morgen darauf: „Endlich! Saddam aus Erdloch gezerrt ... und rasiert!" Am 19. Oktober 2005 begann der Prozess gegen den irakischen Präsidenten und sieben Mitangeklagte wegen Völkermords, Kriegsverbrechen und Verbrechen gegen die Menschlichkeit. Der Prozess wurde im Fernsehen teilweise übertragen, jedoch mit 30-minütiger Verzögerung. Millionen Iraker und Araber sahen eigenartige Szenen, als Richter Rizgar Muhammad Amin den angeklagten Saddam Hussein zum Auftakt für das Protokoll nach seinem vollständigen Namen und seinem Beruf fragte. „Sie kennen mich, wenn Sie ein Iraker sind", antwortete Saddam Hussein und fügte nach erneuter Aufforderung des Richters hinzu: „Ich bin der Präsident des Irak." Am 5. November 2006 wurde das Urteil verkündet: Tod durch den Strang wegen Verbrechens gegen die Menschlichkeit. Am 30. Dezember wurde das Urteil gegen Saddam Hussein in seinem Gefängnis in Bagdad vollstreckt und die Vollstreckung von anwesenden Wächtern mit Handy-Videokameras festgehalten und später ins Internet gestellt. Insgesamt ergab sich ein Bild der Brutalität, Rache und Siegerjustiz, das sich in das Gedächtnis vieler Araber einbrannte.

Der Zerfall des irakischen Staates und die neu entstandene sunnitisch-schiitische Konfliktlinie riefen international ausgerichtete dschihadistische Gruppen wie Al-Qaida auf den Plan. Auch die fortdauernde amerikanische Militärpräsenz im Irak und die Entlassung der kompletten irakischen Armee spielten den Dschihadisten in die Hände. Denn die US-Präsenz als Besatzungsmacht diente ihnen als Legitimation und die entlassene Armee als Quelle für die Rekrutierung gedemütigter und trainierter junger Männer. Bereits die Präsenz der US-Army als Schutzmacht in Saudi-Arabien, der Geburtsstätte des Islam, war für Al-Qaida eine ausreichende Begründung, ab Mitte der 90er Jahre des letzten Jahrhunderts weltweit Anschläge auf amerikanische Ziele zu verüben.

Alles in allem entstand im Nachkriegsirak eine explosive Mischung, an deren Sprengkraft das Land in den folgenden Jahren schwer leiden sollte. Im Januar 2005 wurden die ersten Parlamentswahlen abgehalten und eine Regierung mit über 30 Ministern aufgestellt. Doch ein Zwischenfall im Frühjahr 2006 zeigte, wie groß die Kluft war zwischen der optimistischen westlichen Berichterstattung über die „demokratischen Wahlen" in einem sich angeblich auf „dem Weg zur Besserung" befindlichen Land und der blutigen Realität auf dem Boden der Tatsachen: Der Al-Askari-Schrein in der Stadt Samarra 125 Kilometer nördlich von Bagdad, eines der wichtigsten Heiligtümer der Schiiten, auch als „Grab der zwei Imame" oder „Goldene Moschee" bekannt, wurde in den frühen Morgenstunden des 22. Februar von Unbekannten in die Luft gesprengt. Mit der Verbreitung der Nachricht kam es im ganzen Land zu bürgerkriegsähnlichen Ausschreitungen und Zusammenstößen zwischen Sunniten und Schiiten.

***

Am 22. Februar 2006 starb auch die Tochter eines Sunniten und einer Schiitin einen gewaltsamen Tod: Atwar Bahjat. „Eines dürfen die Iraker heute nicht vergessen ...", sagte sie in die Kamera am Ende ihres ersten und letzten Beitrages über den Anschlag in Samarra, „... egal, ob du Sunnit oder Schiit bist, Araber oder

Kurde. Es gibt keinen Unterschied zwischen den Irakern: Sie sorgen sich alle um den Irak." Sie hat den Bürgerkrieg vorausgeahnt, nicht aber den nahenden eigenen Tod.

Irgendjemandem muss die versöhnliche Sprache von Atwar Bahjat in ihrem Fernsehbeitrag und in ihren Live-Auftritten nicht gepasst haben. Sie war – mittlerweile für den Nachrichtensender *Al-Arabiya* tätig – mit ihrem Team als erste und einzige Journalistin vor Ort, weil sie zufällig in einer benachbarten Kleinstadt an einer Dokumentation gearbeitet hatte. Einige Stunden nach der ersten Live-Schaltung, so die Zeugenaussagen, fuhren um die frühe Abendzeit bewaffnete Männer auf einem Pickup vor, erkundigten sich bei der versammelten Menschenmenge nach der Reporterin und nahmen sie und zwei ihrer Mitarbeiter anschließend sofort mit. Sie erkannten offensichtlich Atwars Aufenthaltsort am Rande von Samarra anhand des Hintergrundbildes, als sie vor der Kamera stand und live berichtete. In der Folgezeit entwickelten sich, je nach politischer Gesinnung, alle möglichen Theorien über die Identität und die Motive der bewaffneten Männer. Sicher ist nur, dass zwischen der Entführung und dem Bild der endgültigen Gewissheit am nächsten Morgen weniger als 24 Stunden lagen: dem Bild der Leiche der getöteten Atwar Bahjat mit Blutflecken im Gesicht und auf ihrem hellgrünen Mantel – erschossen aus nächster Nähe.

Der Tod von Atwar, Mazen, Rasheed und vielen, sehr vielen anderen Menschen im Nahen Osten, so schmerzlich und traurig er für ihre Familien und Freunde war, lässt sich nicht getrennt von den gewaltigen krisenhaften Entwicklungen jener Jahre sehen. Krieg und Chaos verbreiteten sich nicht nur im Irak, sondern dehnten sich auf die gesamte Nahost-Region aus, und teilweise weit darüber hinaus. Wollte man diese Entwicklungen im Einzelnen behandeln, müsste man stapelweise Bücher schreiben. Im Rahmen dieses einzelnen und bereits sehr breit gefächerten Buches kann lediglich die folgende kurze Widerspiegelung und Übersicht über die angespannte Gesamtatmosphäre geleistet werden.

Bereits im Mai 2003, einen Monat nach dem Fall Bagdads, besuchte der amerikanische Außenminister Colin Powell die syrische Hauptstadt Damaskus. Dort legte er einen kategorischen Forderungskatalog vor, der unter anderem einen radikalen „Rausschmiss" von Anführern palästinensischer Organisationen aus Syrien verlangte und eine massive politische Distanz zum Iran einklagte. Im Frühjahr 2004 wurde der Gründer der „Palästinensischen Islamischen Widerstandsbewegung" (Hamas) Ahmed Yasin mit knapp 70 Jahren in seinem Rollstuhl in Gaza durch Beschuss eines israelischen Hubschraubers ermordet. Im Winter desselben Jahres starb Palästinenserchef Jassir Arafat auf mysteriöse Weise in einem Pariser Militärkrankenhaus, nachdem er zuvor wochenlang in seinem Sitz in Ramallah in der Westbank von der israelischen Armee belagert worden war. Sofort spekulierten manche arabischen Medien aufgrund einiger rätselhafter Indizien und unklarer Untersuchungsergebnisse, ob nicht doch ein israelischer Mordanschlag durch Vergiftung vorgelegen habe. Im Februar 2005 wurde der libanesische Ex-Ministerpräsident Rafiq al-Hariri (1992-1998 und 2000-2004), ein Sunnit, durch eine Explosion in der libanesischen Hauptstadt Beirut umgebracht. Nach Massenprotesten gegen die Ordnungsmacht Syrien, der eine Tatbeteiligung vorgeworfen wurde, zog Damaskus Ende April seine Truppen aus dem Libanon ab. Ein 2009 von der UNO gegründetes internationales „Sondertribunal für den Libanon" wird 2011 in seiner Anklageschrift vier Mitglieder der Hisbollah, einer libanesischen schiitischen Partei, des Mordes an al-Hariri verdächtigen.

Der Sieg der Hamas bei den Parlamentswahlen im Westjordanland und im Gazastreifen im Frühjahr 2006 wurde vom Westen aufgrund der prinzipiellen Ablehnung des Staates Israel durch die Hamas nicht anerkannt. Im Sommer desselben Jahres brach ein Krieg zwischen Israel und dem Libanon aus, nachdem die Hisbollah zur Befreiung von arabischen Gefangenen in Israel drei israelische Soldaten entführt hatte. Die vom Nahost-Quartett (USA, Russland, EU und UNO) im April 2003 vorgelegte dreistufige Roadmap zum Frieden im Nahen Osten, an dessen Ende spätestens 2005 ein Palästinenser-Staat neben Israel entstehen sollte, existierte nur noch auf dem Papier. Krieg und

Chaos in Nahost, soweit das Auge reicht, soweit die Bomben reichen: eine ganze Region im freien Fall durch die Hölle.

***

Der Westen wollte im Großen und Ganzen von all den krisenhaften Entwicklungen im Nahen Osten nach dem Irak-Krieg nichts wissen und verdrängte sie, soweit er nicht unmittelbar betroffen war. Betroffen fühlten sich die westlichen Länder erst durch die Geiselnahmen und Hinrichtungen ihrer Bürger in der Nahost-Region oder durch Terroranschläge wie im März 2004 auf Madrids und im Juli 2005 auf Londons öffentlichen Nahverkehr. Ansonsten war man, zum Beispiel in Deutschland, von den eifrigen Versuchen zur Verbesserung der Beziehungen zu den USA einmal abgesehen, vorwiegend mit sich selbst beschäftigt. Der Sozialdemokrat Gerhard Schröder, der „Ja" zum Jugoslawien-, „Ja" zum Afghanistan- und „Nein" zum Irak-Krieg sagte, verlor die vorgezogenen Wahlen 2005. Gewonnen hat die christdemokratische Jein-Kanzlerin Angela Merkel. Diese wird einer breiteren Öffentlichkeit im Ausland erst 2008 mit der Wirtschafts-, 2010 mit der Euro-Griechenland- und 2015 mit der Flüchtlingskrise auffallen. In der Zwischenzeit hätte sich die Bundesrepublik auf der internationalen Nachrichtenkarte beinahe abgeschafft, wenn nicht Kaiser Franz mit Hilfe einiger Funktionäre des Fußball-Weltverbandes (FIFA) diesem Land die – mittlerweile kann man es sagen – gekaufte Fußballweltmeisterschaft 2006, das „Sommermärchen", geschenkt hätte.

Erst zwei einschneidende Ereignisse werden in den Jahren 2007 und 2008 der breiten Öffentlichkeit im Westen die internationale Reichweite der krisenhaften Entwicklungen aufgrund des Irak-Krieges vor Auge führen. Das bedurfte zunächst einmal des Auftritts des russischen Präsidenten Wladimir Putin auf der Münchener Sicherheitskonferenz im Februar 2007. Ausgerechnet München, das fünf Jahre zuvor als Bühne für den Schlagabtausch zwischen Joschka Fischer und Donald Rumsfeld diente, sollte nun Schauplatz neuer öffentlicher Konfrontation werden. „Ich glaube, dass das monopolare Modell für die heutige Welt nicht nur unannehmbar, sondern überhaupt unmöglich ist", sagte Putin in seiner Rede, bevor er wenige Minuten später auf die konkreten Resultate dieses Modells einging: „Die einseitigen und des Öfteren nicht legitimen Handlungen haben kein einziges Problem gelöst. Mehr noch: Sie haben zu neuen menschlichen Tragödien und zu neuen Spannungsherden geführt." Spätestens bei den „nicht legitimen Handlungen" war klar, was gemeint war: der Irak-Krieg. Nach München wurde vielen Menschen im Westen nicht nur die Reichweite des Irak-Krieges weit über die Grenzen der Nahost-Region hinaus klar, sondern auch, dass viele auf der Welt die Nase voll haben vom „Neuen Amerikanischen Jahrhundert". Denn Wladimir Putin hat in seiner Rede nur das zum Ausdruck gebracht, was viele dachten, aber nicht auszusprechen wagten: Der Westen hat gar keine Kleider an! Für seinen Frontalangriff auf die angeblich gerechten und moralischen Kriege des Westens erntete er bereits am nächsten Tag seine „gerechte Strafe". Die westlichen Medien fingen prompt damit an, über einen angeblich neuen, von Russland losgetretenen Kalten Krieg zu sprechen und bliesen zum Gegenangriff. Ungefähr einen Monat nach jenem Auftritt Putins brachte *DER SPIEGEL* in seiner 10. Ausgabe 2007 ein Titelblatt mit dem Bild vieler Gaspipelines und eines bedrohlich überdimensionierten russischen Präsidenten mit rotem Stern auf der Fellmütze. Untertitel: „Der Staat Gazprom – Putins Energie-Imperium".

Ungefähr anderthalb Jahre nach Putins Rede wird die Wirtschaftskrise 2008 als weiterer Beleg für die internationale Reichweite des Irak-Krieges zunächst einmal die USA und dann die ganze Welt erfassen, mit verheerenden Folgen. Der Irak-Krieg sei der Hauptgrund, sagte kein Geringerer als der Nobelpreisträger des Jahres 2001 für Wirtschaft und Ex-Chefökonom der Weltbank, Joseph Stiglitz (1997-2000). Dieser Krieg sei nicht nur der zweitlängste seit Vietnam, sondern auch der zweitteuerste in der US-Geschichte nach dem Zweiten Weltkrieg gewesen. Er habe Amerika bis 2008 bereits 3000 Milliarden Dollar gekostet, circa 50- bis 60-mal mehr, als die Bush-Regierung prognostiziert hatte. Zur Untermauerung dieser These schrieb Joseph Stiglitz zusammen mit Linda Bilmes 2008 das Buch *The Three Trillion Dollar War: The True Cost of the Iraq Conflict* (*Die wahren Kosten des Krieges:*

Wirtschaftliche und politische Folgen des Irak-Konflikts). Die globale Wirtschaftskrise kostete aber noch viel mehr als Geld: Nach einer Studie des Londoner Imperial College trug sie zwischen 2008 und 2010 weltweit zum Tod von zusätzlich einer halben Million Menschen durch Krebs bei. Patienten hätten nicht mehr angemessen behandelt werden können, weil sie arbeitslos geworden oder weil massive Einschnitte im Gesundheitswesen vorgenommen worden seien.

„Arabischer Frühling"
mitten im Winter

Hinter dem Fenster im 17. Stock des Bürohochhauses in Berlin Mitte erstreckte sich das Weiß, das die Straßen und Dächer Berlins zu Beginn des Jahres 2012 bedeckte. Die weibliche Stimme am Telefon klang freundlich, konnte aber die Enttäuschung kaum verbergen. „Schönen Tag noch!", wünschte sie mir anschließend mit einem kälteren Ton als die Temperaturen draußen und beendete das kurze Gespräch. Es ging darum, ob ich die von mir bereits mehrfach öffentlich geäußerte Meinung gegen eine westliche militärische Intervention in Krisengebiete, zum Beispiel in Syrien, nach wie vor vertrete. „Ja", antwortete ich knapp auf die Frage der Redaktionsassistentin einer bekannten deutschen politischen TV-Talkrunde. Gesucht war aber ein anderes „Ja", ein syrisches „Ja zur Intervention". Denn Betroffene aus Nahost, die nach rettenden Bomben aus dem Westen rufen, schmeicheln diesem, sind ein dramaturgischer Volltreffer und zwingen durch ihre vermeintliche Authentizität jeden Kriegsgegner in der Runde zum Schweigen.

Der Büroleiter von *Al-Dschasira* in Deutschland wäre eine ideale Besetzung für diese Rolle gewesen. Denn der bekannteste arabische Nachrichtensender verfolgte seit 2011 eine Linie, die westliche militärische Interventionen nicht nur hinnimmt, sondern plakativ als humanitär ansieht, fordert und propagiert. Aus dieser Verwandlung ergab sich auch der mittlerweile schlechte Ruf des Senders zum Beispiel bei intellektuellen arabischen Kreisen, keinen kritischen Journalismus mehr in der Berichterstattung zur NATO zu vertreten, sondern stattdessen zu ihrem Sprachrohr zu degenerieren und Verrat an der ehemals eigenen rebellischen Haltung zu üben. Ausgerechnet der Alternativsender *Al-Dschasira*, dessen Berichterstattung über den Irak noch 2004 von US-Verteidigungsminister Donald Rumsfeld als „bösartig, unpräzise und nicht verzeihbar" kritisiert worden war, wurde spätestens im Frühjahr 2011 zum Mainstream-Medium auf internationaler Ebene. Er wurde sogar ausdrücklich von der damaligen US-Außenministerin Hillary Clinton (2009-2013) vor dem US-Kongress bei einer Debatte zur Medienpolitik gelobt. „Al-Dschasira macht echte Nachrichten", sagte Clinton damals im Rahmen ihrer Kritik an US-Medien. Irgendetwas muss in der Zwischenzeit geschehen sein.

Irgendetwas geschieht immer in Zwischenzeiten. Auch unter der Erde: Anfang 2012 war von Atwar Bahjat auf dem Friedhof in Bagdad, Mazen al-Tmaizi nahe Hebron und Rasheed Hameed Waali in Nadschaf wahrscheinlich nicht viel übriggeblieben. Der Tod ist gewissermaßen materiell recherchierbar: Innerhalb von Sekunden nimmt die Hirnaktivität bis zum totalen Versagen ab. Innerhalb von Minuten sterben die Zellen an Sauerstoffmangel. Die Körpertemperatur sinkt um 1 bis 2° Celsius stündlich bis auf Raumtemperatur. Die Haut weist Totenflecken auf, wird trocken, schrumpft zusammen und wirkt blass. Ein bis zwei Stunden darauf tritt die Totenstarre ein und hält dann bis zu zwei oder drei Tagen an. Dann setzen Fäulnis und Verwesung ein, wobei Maden binnen einer Woche mehr als die Hälfte des Körpers zersetzen. Die Bakterien vollenden schließlich die Arbeit, so dass nach ungefähr vier Monaten nur noch Knochen vorhanden sind. Das gilt allerdings nur über der Erde. Unter der Erde dauert die Zersetzung, je nachdem, wie viel Sauerstoff, Wasser und andere Stoffe vorhanden sind, unterschiedlich lange. Normalerweise ist alles Gewebe nach zwölf Jahren, sind die meisten Knochen nach dreißig Jahren zersetzt. Auf nichtmaterieller Ebene der Erinnerung an Atwar Bahjat, Mazen al-Tmaizi, Rasheed Hameed Waali und viele andere Getötete war Anfang 2012 jedoch noch so viel übrig, dass nicht nur für mich die Frage einer Intervention von außen in den Nahen Osten geklärt war und zwar mit der endgültigen Antwort: Nein!

Der Tod hat sich, was das Nichtmaterielle angeht, ohnehin im Zeitalter des Internets radikal verändert. Die Toten leben im Netz weiter oder werden durch neue Informationen, Bilder und Töne immer wieder zum Leben erweckt. Zwei Monate nach dem Tod von Atwar Bahjat verbreitete die britische *Sunday Times* die Meldung, ein Video von Atwars Ermordung erhalten zu haben. Es stellte sich jedoch nach genauer Recherche heraus, dass es sich um eine andere Geisel handelte. Drei Jahre nach ihrem Tod meldeten die irakischen Behörden 2009 erneut die Verhaftung und später die Exekution des vermeintlichen Mörders von Atwar Bahjat, eines Mitgliedes der dschihadistischen Gruppe „Mohammed-Armee". Sein Geständnis wurde im irakischen Fernsehen gezeigt und kursierte später im Netz. Doch nicht nur bei Atwars Familie herrschte große Skepsis gegenüber den offiziellen Verlautbarungen der Behörden in einem chaotischen Staat wie dem Irak nach der „Befreiung", zumal die gleichen Behörden bereits 2006 eine andere Person, ein Al-Qaida-Mitglied, als Mörder beschuldigt hatten.

Auch Mazen al-Tmaizi tauchte einige Jahre nach seinem Tod durch ein eindringliches Video im Netz auf. Es war die Aufnahme der Kamera, in die er 2004 sprach, als er getroffen wurde. Man sah ihn vor einer Menschenmenge im Hintergrund, die um das angegriffene amerikanische Panzerfahrzeug versammelt war, während er sagte: „Die rosa Träume, welche die Amerikaner dem irakischen Volk ausmalten, werden jeden Tag von der Wirklichkeit im Irak eingeholt, dessen Städte und Straßen zum Schlachtfeld wurden." Danach ein lauter Knall und das ziellose Wackeln einer Kamera in der Hand eines unter Schock umherirrenden Kameramannes. Diese lief weiter und nahm die schreiende Stimme des schwerverletzten Mazen auf: „Ich werde sterben! Ich werde sterben! Ich werde sterben!" Recht wird er behalten in beiden seiner Aussagen: zur Lage im Irak und zum eigenen Schicksal – ein guter Journalist eben.

Der Irak-Krieg von 2003, seine Erfahrungen und Folgen waren im Frühjahr 2012 in den Augen westlicher Medienmacher fast gänzlich verblasst. Das erklärt wahrscheinlich das lautstarke Auftreten der Befürworter von Militäreinsätzen in den Medien und die Suche nach einem syrischen Befürworter einer westlichen Intervention in Syrien für die oben erwähnte Talkrunde. Zwischen 2003 und 2012 änderte sich atmosphärisch zwischen dem Westen und der Arabisch-Islamischen Welt tatsächlich einiges, oft auf turbulente Art und Weise.

In einer ersten Phase unmittelbar nach dem Irak-Krieg brachen Konflikt- und Spannungsherde mit der Arabisch-Islamischen Welt überproportional schnell, oft und stark auf. Dazu gehörten unter anderem die Mohammed-Karikaturen der dänischen Tageszeitung *Jyllands-Posten* im September 2005 und der Vortrag von Papst Benedikt XVI. ein Jahr später an der Universität Regensburg, in dem er eine Aussage aus dem Mittelalter zur vermeintlichen Verbreitung des Islam mit dem Schwert zitierte. Solche Themen waren bezeichnend für diese Phase, wurden aber kurzerhand als für sich stehende Kultur- und Islam-Themen abgetan. Dabei wären aus arabischer Sicht die Proteste und Demonstrationen in den Hauptstädten Nordafrikas sowie des Nahen und Mittleren Ostens gegen die Karikaturen und den Vortrag des deutschen Papstes Benedikt XVI. (Joseph Ratzinger, 2005-2013) ohne den Irak-Krieg wesentlich moderater ausgefallen. Denn viele reagierten dort spontan aus dem Gefühl heraus: Zuerst besetzt der Westen den Irak, und nun beleidigt er durch seine Medien und Geistlichen auch noch unseren Propheten und unsere Religion. Im Westen wollte aber in jenen Jahren kaum jemand solche feinen Zusammenhänge sehen und begreifen. Es war einfacher, all diese Vorgänge nur auf ein angebliches Bilderverbot im Islam oder fehlenden Humor bzw. fehlende Toleranz der Muslime zurückzuführen.

Das Verhältnis des Westens zum Islam sollte sich allerdings in einer zweiten Phase spätestens mit der Wahl des neuen amerikanischen Präsidenten Barack Hussein Obama Ende 2008 merklich ändern. Auch wenn lokale Versuche der Entspannung, wie die Islamkonferenz in Deutschland ab 2006, vielerorts im Gange waren; nur der sympathische, relativ junge Schwarzamerikaner konnte dem Ganzen eine internationale Dimension geben. Bereits im Wahlkampf hatte er versprochen, die amerikanischen Soldaten zurück nach Hause zu bringen; eine gute Nachricht für die Arabisch-Islamische Welt. Keiner konnte damals ahnen, dass der Abzug von US-Soldaten vielerorts durch den Einsatz von Drohnen kompensiert werden würde, dass Blut weiter fließen würde, nur eben anders.

Im Juni 2009 präsentierte sich Barack Obama sogar einem breiten muslimischen Publikum an der Universität Kairo bei einer Grundsatzrede zum Verhältnis USA-Islam, zur Demokratie und zu seinen Ansichten in Bezug auf den arabisch-israelischen Konflikt. Die USA befänden sich nicht im Krieg mit dem Islam, versicherte er in der Rede und stellte fest, dass der Islam „nicht Teil des Problems im Kampf gegen den gewaltsamen Extremismus" sei, sondern „ein wichtiger Teil, den Frieden voranzubringen". Obama bekannte sich zur Demokratie und zur Universalität der Menschenrechte, bemerkte aber zugleich relativierend: „Kein Regierungssystem kann oder sollte einem Land von irgendeinem anderen Land aufgezwungen werden." Das war eine für die Araber besonders beruhigend klingende Aussage des neuen US-Präsidenten in Anbetracht der Erfahrung mit seinem Vorgänger George W. Bush. Nicht nur die Arabisch-Islamische Welt atmete vorerst auf und dachte: Alhamdulillah (Gott sei Dank)! Yes, he can!; endlich ein amerikanischer Präsident, der Sensibilität für die Probleme, Sorgen und Ängste der Arabischen Welt aufbringt. Keiner konnte damals ahnen, dass die neue Rolle des Islam als Teil der Lösung beim Kampf gegen den „gewaltsamen Extremismus" eher einen neuen regionalen Entwurf für den Nahen Osten verbarg als einen tatsächlichen Gesinnungswandel der USA und des Westens.

Das fast völlige Verschwinden des Irak-Krieges aus dem westlichen Gedächtnis war allerdings mit dem Phänomen des „Yes-we-can"-Präsidenten alleine nicht zu erklären, auch wenn „Yes, we can" auf Platz 10 der Wörter des Jahres 2008 stand. Zur weiteren Erklärung dieses Erinnerungsverlustes fehlte ein entscheidender Baustein, der erst in Nordafrika ins Rollen kam. Zum Jahreswechsel 2010/2011 brach eine Serie von Protesten, Aufständen und Unruhen in der Arabischen Welt aus, die sehr schnell auf den Namen „Arabischer Frühling" getauft wurden. Wie bei dem Begriff „Mädchenschulen" in Afghanistan ist der Urheber auch hier unbekannt. Dieser „Arabische Frühling" begann in Tunesien bereits Ende Dezember 2010 und setzte sich im Januar in Ägypten fort. Im Februar folgten Jemen, Libyen und Bahrain und schließlich Syrien im März 2011. Hinzu kamen noch kleinere Bewegungen in anderen arabischen Staaten. All das waren aus westlicher Sicht Aufsehen erregende Prozesse. Eine positive Folge war in der Tat, dass sich das Bild der Araber und Muslime kurzzeitig zum Positiven wandelte. Während bei den Wörtern des Jahres 2006 der „Karikaturenstreit" auf Platz drei kam, besetzte bei den Wörtern des Jahres 2011 „Arabellion" den gleichen Platz. Vor allem diese „Arabellion" (Arabien + Rebellion) – wie die *Frankfurter Allgemeine Zeitung* die Aufstände zu bezeichnen pflegte – ließ die Erinnerung an den Irak-Krieg 2003 verblassen.

Der Nahe Osten und der zu nahe Westen

Am frühen Morgen des 2. Mai 2011 wurde ein 54-jähriger Mann von US-Spezialeinheiten im Rahmen einer komplizierten Militäroperation in einem Haus in der pakistanischen Stadt Abbottabad erschossen. Sein Name war Osama bin Laden. An jenem Tag wurde zwar die Nachricht vom Tod des Chefs von Al-Qaida auf arabischen Bildschirmen wie dem von *Al-Dschasira* ausgiebig diskutiert. Das Thema verschwand jedoch bereits am nächsten Tag endgültig hinter den vielen Meldungen über die minimalsten Entwicklungen des Arabischen Frühlings in Libyen, Syrien und dem Jemen. Kurzum: Mit dem Ausbruch des Arabischen Frühlings verblassten nach und nach nicht nur der Irak-Krieg, sondern auch der 11. September 2001 und seine vermeintlichen Hauptfiguren, die zuvor jahrelang mit dieser oder jener Video-Botschaft der Welt medial, politisch oder gar militärisch schlaflose Nächte bereitet hatten.

Interessant waren bei *Al-Dschasira* zudem die versöhnlichen Töne einiger Mitglieder der Muslimbruderschaft, der Osama bin Laden und sein Vize und Nachfolger Ayman al-Zawahiri in ihren Anfängen angehörten. Die Studio- und Live-Gäste aus der Ecke der Muslimbrüder betonten auffällig einheitlich in den Interviews, dass Bin Laden bereits mit dem Ausbruch der „friedlichen" Proteste in der Arabischen Welt einige Monate vor seinem Tod keinen Einfluss mehr gehabt habe. Das könne nun zur Annäherung zwischen den USA und der Islamischen Welt beitragen. Gemeint war, dass nach dem Arabischen Frühling die Bedeutung gewalttätiger „Protestler" à la Al-Qaida im islamistischen Lager verloren ginge. Des Weiteren wären die Muslimbrüder, nebenbei gesagt, als die größte, älteste und erfahrenste Kraft in jenem Lager inzwischen bereit zum das Regieren. Denn erstens hätten alle anderen Ideologien in der Region, außer der islamistischen, ausgedient und zweitens könne nur eine in vielen muslimischen Ländern verbreitete, sozusagen eine soft-islamistische Gruppe die Hardcore-Islamisten des Dschihad beruhigen bzw. in Schach halten. Man wolle, um den Worten von Obama in Kairo knapp zwei Jahre später freundlich zu begegnen, Teil der Lösung, nicht des Problems sein. Die USA anzusprechen schien deswegen politisch sinnvoll und taktisch notwendig, weil das Regieren in Ländern wie Tunesien oder Ägypten zu Beginn des neuen Jahrzehnts im „Amerikanischen Jahrhundert" ein sehr entspanntes Verhältnis zum Häuptling des Westens erforderte. Ansonsten könnte man wirtschaftlich sowie politisch boykottiert, sabotiert und gelähmt werden, wie es der Hamas, dem palästinensischen Zweig der Muslimbruderschaft, nach dem Wahlsieg in den palästinensischen Gebieten im Jahr 2006 erging.

Alles in allem deutete sich im Verhältnis zwischen den Muslimbrüdern und dem Westen nach dem Arabischen Frühling eine Übereinkunft an. Der Slogan der Islamisten lautete seit ihrer Entstehung: „Der Islam ist die Lösung". Der des Westens: „Die Demokratie ist die Lösung". Mathematisch und opportunistisch ergibt sich folgende Formel hieraus: (Islam + Demokratie) ist die Lösung. Opportunistisch waren beide Parteien insofern, als jede von ihnen eigentlich die Ideologie des anderen verachtete, bekämpfte und sie nun nur als Mittel zum Zweck schlucken musste. Die Islamisten erhofften sich durch die Demokratie eine Machtübernahme mittels Wahlen in den jeweiligen Ländern, der Westen durch den Islamismus ein neues ordnendes Regionalinstrument, das den westlichen sicherheitspolitischen und strategischen Bedürfnissen dienen könnte.

Ab 2011 verbreitete sich im Westen flächendeckend der Begriff „gemäßigte Islamisten", der zuvor nur selten im westlichen Sprachgebrauch Erwähnung fand. Er wurde bis heute nicht definiert, beschreibt aber im Allgemeinen Gruppen, die westlichen Sicherheits-, Wirtschafts- und Politikinteressen nicht unbedingt feindlich gegenüberstehen. Die negativ besetzte, radikale Al-Qaida wurde zumindest medial zum Auslaufmodell. Das neue Modell des Jahres 2011 hieß, ausgehend von Tunesien und

Ägypten: die „gemäßigte" Muslimbruderschaft. Ein Jahr und drei gestürzte Präsidenten nach dem Arabischen Frühling war der Schmusekurs zwischen den USA und den Islamisten bei der – wo denn sonst? – Münchner Sicherheitskonferenz im Februar 2012 kaum zu übersehen. In der Schlussveranstaltung der Konferenz sagte der damalige demokratische US-Senator Joseph Lieberman (1989-2013) in Anwesenheit des neuen islamistischen tunesischen Ministerpräsidenten Hamadi Jebali (2011-2013): „Wir müssen unterscheiden zwischen radikalen gewalttätigen Islamisten wie Al-Qaida und dem iranischen Regime in Teheran einerseits und jenen gemäßigten gewaltablehnenden Bewegungen, die etwa Herr Jebali vertritt, andererseits." Wer hätte gedacht, dass ungefähr 10 Jahre nach dem 11. September diese versöhnlichen, ja lobenden Worte über die traditionsreichste Bewegung des politischen Islam ausgerechnet aus amerikanischem Munde zu hören sein würden?

Diese neuen US-Ansichten fanden – wie so oft – wenig später auch in Europa Widerhall. In den Jahren unmittelbar nach dem 11. September 2001 sah der westliche Blick in fast jedem Terroranschlag einen islamistischen und in fast jedem Muslim einen Islamisten. Spätestens jedoch mit dem Arabischen Frühling 2010/2011 hieß die Devise: Man müsse differenzieren, Terror gehöre keiner Religion an und die ersten Opfer des Terrorismus seien Muslime. Nicht, dass das grundsätzlich nicht stimmte und diese lang ersehnte und nun endlich seitens des Westens erfolgte Erkenntnis einen selbst nicht freuen würde. Araber und Muslime haben schließlich über Jahre versucht, just diese einfachen Punkte hervorzuheben und blieben ungehört. Dennoch enthielten die Äußerungen Joseph Liebermans einen komischen, nicht definierbaren Beigeschmack: Warum wurde das, was gewöhnliche Muslime seit langem über ihre Religion predigen, erst im Zusammenhang mit bestimmten Islamisten salonfähig, gar erklärte Staatspolitik westlicher Länder? Warum wurden einerseits die Muslimbrüder gelobt, andererseits der Iran und Al-Qaida in einem Atemzug erwähnt? Ging es dem Westen um Deeskalation oder um einen neuen regionalen Frontverlauf? Denselben unangenehmen Beigeschmack hatten auch das Bild und die Worte der damaligen US-Außenministerin Hillary Clinton Mitte März

2012 bei ihrem Besuch auf dem Tahrir-Platz in Kairo, dem Hauptschauplatz des Arabischen Frühlings: „Den Platz zu erleben, auf dem die Revolution stattfand, die so viel für die Welt bedeutet, ist ein außerordentliches Glück für mich." Dabei standen die USA dem alten „Regime" in Ägypten unter Muhammad Husni Mubarak mitnichten fern, sondern galten als seine ersten und besten politischen, militärischen und wirtschaftlichen Unterstützer. Was war zwischenzeitlich geschehen?

***

Der im Mai 2011 getötete Al-Qaida-Chef und erklärte US-Feind Osama bin Laden sowie der im Februar 2011 gestürzte ägyptische Staatschef und erklärte US-Freund Muhammad Husni Mubarak gehörten mit dem bereits im Januar 2011 vor Unruhen geflüchteten tunesischen Präsidenten Zine el-Abidine Ben Ali (1987-2011) zu den ersten Verlierern der Frühsaison in jenem Jahr. Ich hingegen gehörte als arabischer Bürger und Journalist – gefühlt – zu den ersten Gewinnern. Meine Begeisterung war grenzenlos, als ich am 10. Februar 2011 aus Berlin kommend den Tahrir-Platz mitten in Kairo mit den Hunderttausenden von Demonstranten zum ersten Mal erlebte. Die Magie der Masse war für mich in der Theorie kein unbekanntes Phänomen, sie aber in der Praxis zu erleben, war phänomenal. Davon können Fußballfans ein Lied singen. Beim „Spiel" in Kairo ging es allerdings gefühlt um nichts Geringeres als das Ganze und jeder auf dem Platz war, ebenfalls gefühlt, Spieler, Schiedsrichter und Zuschauer in einem. Nicht zu vernachlässigen war in meinem speziellen Fall, dass ich frisch aus einem Berlin kam, das sich seit Wochen fast nur noch mit einem Thilo Sarrazin und seinem Buch *Deutschland schafft sich ab: Wie wir unser Land aufs Spiel setzen* beschäftigte – samt über 1,5 Millionen verkauften Exemplaren und Platz drei für das „Sarrazin-Gen" bei den Wörtern des Jahres 2010.

Demgegenüber war Ägypten großes Kino. Auf einem überdimensionalen Bildschirm mitten auf dem Tahrir-Platz gab Noch-Präsident Muhammad Husni Mubarak bereits an unserem Ankunftsabend bekannt, formell weiterhin noch im Amt zu verweilen, verkündete jedoch gleichzeitig, seine Amtsbefugnisse bis zum Ende seiner Amtszeit an seinen Geheimdienstchef Omar Suleiman (gest. 2012) zu übertragen. Zunächst einmal klang dieser Schritt vernünftig, denn er schien angesichts der turbulenten Vorgänge eine taktisch brauchbare Kompromisslösung zu bieten. Der Präsident könnte durch diese Lösung sein Gesicht wahren und zugleich den Forderungen der Protestierenden nach seiner Entmachtung entsprechen. Die Demonstranten auf dem Platz vermuteten jedoch dahinter einen Trick, der auf den Erhalt der Macht und auf deren spätere Vererbung an den damals 48-jährigen Präsidentensohn Gamal Mubarak abzielte. Plötzlich hoben sich wie auf Befehl unzählige Arme mit Schuhen in der Hand als Zeichen der Wut und Ablehnung. Hunderttausende schrien sich wiederholt die Lunge aus dem Hals: „Morgen zum Palast! Morgen zum Palast!" Am späten Nachmittag des nächsten Tages (11. Februar 2011), einem Freitag, verkündete Omar Suleiman, nachdem sich viele Demonstranten vor dem Präsidentenpalast versammelt hatten, Präsident Mubarak habe sich aufgrund der anhaltenden Massenproteste zu einem vollständigen Rücktritt entschieden. Dieser lege zudem die Staatsgeschäfte in die Hände des „Obersten Militärrates", also der Armee, die in der ägyptischen Bevölkerung nach wie vor ein großes Ansehen genoss. Die schreiende, ja fast hysterisch jubelnde Freude auf dem Tahrir-Platz, die überschwänglich hupende Begeisterung auf den Straßen Kairos und die Hoffnung in den Augen der Menschen auf eine bessere Zukunft waren unbeschreiblich.

Es war wie „Viagra für meine Seele", so werde ich vor lauter Enthusiasmus diesen Moment Wochen später in einem Interview mit einer Berliner Tageszeitung beschreiben. Wie unbeabsichtigt und dennoch zutreffend meine Beschreibung war, sollte sich auch für mich erst viel später herausstellen. „Viagra" war im Nachhinein deswegen zutreffend, weil eine große Portion Selbsttäuschung und Fremdeinwirkung dabei gewesen sein musste, um zu glauben, dass alleine das Sich-Versammeln, dauerhafte Demonstrieren und Leben auf einem Platz eine Revolution bedeuten würde. „Seele" deswegen, weil nur auf emotionalseelischer Ebene die Annahme unwidersprochen entstehen konnte, dass alles gut werden würde, nur weil sich das Abermillionen von Arabern so sehnsüchtig wünschten. Die jahrelangen angenommenen oder tatsächlichen, aber immer als solche empfundenen Demütigungen von außen und innen führten bei den Massen in der Arabischen Welt verständlicherweise zu großem Durst nach Würde. Dort allerdings, wo Durst und Wüste herrschen, ist bekanntlich eine Fata Morgana nicht weit, auch nicht ein Sonnenstich mit der trügerischen Annahme, dass ein Frühling mitten im „Winter" kommen könnte. Der Winter steht hier nicht nur für irgendeine Jahreszeit, sondern für eine nüchterne Betrachtung der Lage in der Arabischen Welt Anfang des zweiten Jahrzehnts des 21. Jahrhunderts. Es war eher winterlich, sehr winterlich sogar, wie sich in der Folgezeit herausstellen sollte.

***

Im Oktober 2011 wurden in Tunesien zum ersten Mal seit dem Sturz von Präsident Zine el-Abidine Ben Ali, in Ägypten zwischen November 2011 und Januar 2012 zum ersten Mal seit dem Sturz von Präsident Muhammad Husni Mubarak Parlamentswahlen abgehalten. Die Atmosphäre in beiden Ländern war geradezu euphorisch. Wenn da nur die „Fata-Morgana-Demokratie" nicht gewesen wäre! Nur so kann man das Demokratie-Modell nach dem Arabischen Frühling sprachlich angemessen fassen. Dieses Modell glänzt zwar von weitem in den Augen der Durstigen wie Wasser, schmeckt jedoch in der Praxis nach Sand. Klimabedingt beißt man im Nahen Osten eher in den Sand als ins Gras. Das taten auch die Tunesier und die Ägypter. In Tunesien gewann mit großem Vorsprung die „Ennahda-Partei" (Partei des Wiedererwachens), in Ägypten die „Partei für Freiheit und Gerechtigkeit" mit jeweils knapp mehr als 37 Prozent der Stimmen – beide Vertreter der Muslimbruderschaft. An sich nichts Schlimmes, würde man denken, solange die Wahlen demokratisch und fair verlaufen sind und somit den Willen der Bevölkerung ausgedrückt haben.

Dem ist aber nicht so gewesen. Denn die „Fata-Morgana-Demokratie" in Tunesien und Ägypten nach dem Arabischen Frühling wies wie die „Steinzeit-Demokratie" im Nachkriegsirak nur formale Züge des demokratischen Gedankens auf. Kurz: außen hui, innen pfui. Anders als bei der „Steinzeit-Demokratie" waren die Defizite bei der „Fata-Morgana-Demokratie" nicht gleich zu erkennen. Denn bei Letzterer wurden die Parlamentssitze und Regierungsposten nicht plakativ nach verschiedenen konfessionellen und religiösen Zugehörigkeiten aufgeteilt. Dennoch überwog der Faktor Religion bei Weitem. Bedingt durch die spezifisch historische Entwicklung handelt es sich, von den Kopten bzw. ägyptischen Christen einmal abgesehen, bei der tunesischen und ägyptischen Gesellschaft um eine verhältnismäßig homogenere als zum Beispiel der irakischen mit ihren vielen Ethnien, Religionen und Konfessionen. Nichtsdestoweniger ist die Rolle des Islam in Tunesien und Ägypten durch just diese Homogenität seit dem 7. Jahrhundert als identitätsstiftendes Bindeglied, moralische Instanz und alles umhüllender Kulturraum umso dominanter. Das heißt: In solchen Ländern ist der Sieg einer Partei bei Wahlen in chaotischen und unsicheren Zeiten mehr als vorprogrammiert, wenn sie sich nur in irgendeiner Form in Verbindung mit dem Islam als Stabilitätsanker bringt. Das gilt umso sicherer, wenn diese religiöse Partei der sehr gut organisierten und finanzierten Muslimbruderschaft entsprungen ist, soziale Funktionen wie Hilfsleistungen an die Armen übernimmt und viele Moscheen des Landes als Wahlkampfzentralen einsetzt.

Zehn Monate nach der „Januar-Revolution", wie der Aufstand von vielen Ägyptern inzwischen genannt wurde, war ich wieder in Ägypten. Auf einer Zugreise von Kairo zur circa 600 Kilometer entfernten Provinzstadt Qina in Oberägypten wurde mir Ende 2011 schnell klar, dass es für die Demokratie am Nil nicht einfach werden würde. Ich bereitete einen Fernsehbeitrag für *Al-Dschasira* über die politische Atmosphäre im Vorfeld der Parlamentswahlen vor. Dafür suchte ich zwei Zuggäste als Protagonisten aus: einen jüngeren Mann Anfang zwanzig mit modernem Outfit und einen im mittleren Alter in traditionellem Gewand, um sie zu begleiten und zu befragen. Meine Absicht bestand darin, die Sicht der modernen, belesenen, gebildeten und weltoffenen „Revolutionsjugend" mit jener der älteren und eher konservativeren Bevölkerungsteile zu vergleichen und zu kontrastieren. Doch weit gefehlt. „Ich werde die Muslimbrüder wählen", sagte der Ältere, ein Klempner, der sich an der Januar-Revolution nicht beteiligt hatte. „Warum?", fragte ich. „Na, weil sie gute Muslims sind", erwiderte er. „Sind denn die Nationalisten, Linken oder Liberalen in Ägypten etwa keine guten Muslims?", hakte ich nach. „Wer ist denn das?", fragte er unbeholfen und fuhr fort: „Entschuldigen Sie, Meister, aber ich verstehe nicht, wen Sie meinen!"

Der Jüngere war ein Jurastudent an der Universität Kairo, Teilnehmer an den Protesten auf dem Tahrir-Platz im Januar und nun unterwegs zur Familie in seinem Geburtsdorf. „Ich werde den Abgeordneten wählen, der auch von meinem Vater gewählt wird", sagte er wenige Monate nach einer „Revolution", die offenbar einen Staatschef stürzen, aber keinem Vater widersprechen konnte. Er wisse, dass das falsch sei, „aber wir sind Bauern. Das gehört sich so. Ich kann nicht anders." Später hinter der Kamera würde mir dieser junge Ägypter von den Sesseln in Vorgärten der verschiedenen Familien in seinem Dorf erzählen. Diese Sessel seien für die Universitätsabsolventen gedacht, die nach Studienabschluss in ihr Dorf zurückkehren, weil es in der Stadt keine Arbeit für sie gibt. So hätten sie zumindest einen Sessel, auf dem sie sich breitmachen und entsprechend ihrem neu erworbenen Status den vorbeilaufenden Dorfbewohnern zeigen könnten. Das Fatale ist, dass jenseits dieser Karikatur tatsächlich über eine halbe Million Universitätsabsolventen jährlich auf den Arbeitsmarkt in Ägypten strömen und für viele von ihnen eine Arbeitslosigkeit von fünf bis sieben Jahren vorprogrammiert ist – ohne Arbeitslosengeld, versteht sich. Daran hat auch eine „Januar-Revolution" nichts geändert.

Eine „Fata-Morgana-Demokratie" glaubt nicht nur, ohne Säkularismus, sondern auch ohne Bildung, Individualismus und Arbeitsplätze auskommen zu können, von Geschlechtergleichheit, Religionsfreiheit und Minderheitenschutz ganz zu schweigen. Diese Demokratie reduziert sich nicht nur auf Formalia, sondern gibt dabei oft auch wie in Ägypten 2011/2012 ein absurdes Bild ab: getrennte Warteschlangen für Männer und Frauen vor den Wahlurnen sowie Wahlzettel, auf denen unter anderem Kamel, Wasserhahn, Flugzeug, Delphin, Halbmond, Auge und Haus als Parteisymbole zu sehen waren, weil viele Wähler nicht einmal lesen und schreiben konnten. Eine solche Demokratie wird von vielen Kameras und medialer Begeisterung begleitet und ruft fast Tränen in den Augen westlicher Beobachter hervor, die an das Ende der Geschichte glauben und am liebsten schreien würden: „Aus, auus, auuus, auuuus! Das Spiel ist aus! Demokratie ist Weltmeister!"

Von der „Fata-Morgana-Demokratie" zum „Kalifat"

Nicht Weltmeister, sondern disqualifiziert wurde der demokratische Gedanke in Tunesien und Ägypten in den Jahren 2011 und 2012. Denn der weitere Verlauf in beiden Ländern, vor allem aber in Ägypten, deutete sehr schnell auf vieles hin, nicht aber auf „blühende Landschaften", um hier Altkanzler Helmut Kohls Aussage aus jener bewegten Zeit Anfang der 90er Jahre des letzten Jahrhunderts zu zitieren. Auch nicht auf „blühende Oasen", um einen westdeutschen Begriff circa 25 Jahre nach dessen Entstehung nahöstlich anzupassen. Weder Begriffe noch politische Systeme lassen sich leicht importieren und implantieren. Auf diese Weise entstehen nur Verlierer, auch unter vermeintlichen Wahlsiegern wie den Muslimbrüdern in Tunesien und Ägypten. Diese wurden durch ihre eigenen schweren Fehler bzw. Tricksereien zu Verlierern, die nur von einer „Fata-Morgana-", aber niemals von einer echten Demokratie, zugelassen werden konnten.

Zunächst einmal griff die Muslimbruderschaft zu einem raffinierten Trick, der ihr Zweierlei erlaubte: einerseits eine religiöse, mächtige und grenzübergreifende Organisation zu bleiben und andererseits trotzdem an einem weltlichen demokratischen Spiel in dem jeweiligen Land teilzunehmen. Sie gründete in den verschiedenen Ländern Parteien, die nicht in einem klaren Verhältnis zur Mutterorganisation standen und schickte sie ins Rennen. Somit stellte sich die Muslimbruderschaft als solche praktisch nie zur Wahl und war deshalb nicht unmittelbar angreifbar. Sie agierte stattdessen aus dem Hintergrund und blieb als unübersichtliches, geheimnisvolles und grenzübergreifendes Netzwerk aktionsbereit bestehen. Außerdem musste sie sich dadurch keinerlei demokratischen oder transparenten Parteiengesetzen unterwerfen und behielt ihre inneren undemokratischen Strukturen und Prinzipien bei, allen voran den traditionellen Verhaltenskodex für jedes Mitglied im Umgang mit den höheren Etagen: „Befehl und Gehorsam".

Der zweite Trick bestand im Lügen. Um andere Kräfte in Ägypten zu beruhigen, hatten die Muslimbrüder anfangs behauptet, sie würden nur für die Hälfte der Parlamentssitze kandidieren, nicht um den Posten des Parlamentschefs konkurrieren und bei den Präsidentschaftswahlen im Mai 2012 auf einen eigenen Kandidaten verzichten. Alle drei Behauptungen wurden nicht eingehalten und das diffuse, unangenehme Gefühl einer Machtergreifung durch die Muslimbrüder verbreitete sich nach und nach in Ägypten, besonders unter Teilen der Arbeiterschaft, der städtischen Mittelschichten und der studentischen Jugend. Weitere totalitäre Bestrebungen und eine latente Islamisierung ließen sich befürchten, als eine mehrheitlich aus Muslimbrüdern und Salafisten bestehende verfassungsgebende konstitutionelle Versammlung im April 2012 eine neue Verfassung in Angriff nahm.

Der dritte relevante Trick: Die Form, nicht der Inhalt ist wichtig. Tatsacheninhalte waren folglich bei der Show der Kosmetik-Parteien in Tunesien und Ägypten Mangelware. So konnte zum Beispiel niemand den Unterschied zwischen der Wirtschaftspolitik des Gewinners der Wahlen in Tunesien, der islamistischen „Ennahda-Partei", und jener der zweitplatzierten, der Partei „Kongress für die Republik" (fast neun Prozent), ausmachen. Ähnlich verhielt es sich in Ägypten: Die islamistische „Partei für Freiheit und Gerechtigkeit" der Muslimbruderschaft unterschied sich wirtschaftspolitisch nicht nur nicht von der zweitplatzierten salafistischen „An-Nur-Partei" (circa 28 Prozent). Es gab bei beiden einfach nichts, was man Wirtschaftspolitik hätte nennen können. Es sei denn, man würde in dem Grundsatz „Nicht stehlen!" und in dem Vorhaben, den Alkoholkonsum in den Urlaubsorten zu verbieten, eine Art Wirtschaftspolitik erkennen wollen. Von Gesundheits-, Verteidigungs- oder Sozialpolitik ganz zu schweigen.

Viele Befürworter der Muslimbruderschaft in der Arabischen Welt und im Westen fragen sich bis heute, warum die traditionsreichen und sozial engagierten Muslimbrüder im nordafrikanischen Tunesien und in Ägypten am Nil so schnell gescheitert sind. Dabei stellte jeder der oben genannten drei Fehler bzw. Tricks an sich ein Todesurteil für jede politische Gruppierung dar. Hinzu kamen noch die blasse Persönlichkeit des Kandidaten der Muslimbrüder für das Amt des Staatspräsidenten, Mohammed Mursi, der am 30. Juni 2012 mit 52 Prozent der gültigen Stimmen die Wahl gewann, sowie die andauernden Machtkämpfe zwischen dem alten und dem neuen Machtapparat. So löste das Verfassungsgericht Ägyptens zwei Wochen vor der Wahl von Mohammed Mursi das frisch gewählte Parlament auf. Der neue Präsident forderte eine Woche nach seiner Wahl das aufgelöste Parlament ungeachtet der Entscheidung des Verfassungsgerichts per Dekret auf, seine Arbeit wiederaufzunehmen. Ende des Jahres setzte Mursi zudem die umstrittene Verfassung vom April 2012 in Kraft, obwohl diese beim Referendum zwei Wochen zuvor nur mit 64 Prozent der Stimmen bei einer Wahlbeteiligung von nur 33 Prozent angenommen worden war.

Es ist schwierig, ohne transparente Erhebungen der Meinungsforschung genau zu sagen, ob es die sich stetig verschlechternde wirtschaftliche Lage, die Misserfolge in der Innenpolitik, die Angst vor fortschreitender Islamisierung oder der Regierungsstil des von seinen Gegnern als „neuer Pharao" beschimpften Präsidenten Mohammed Mursi war. Fest steht nur, dass Ende Juni 2013 mehr als 20 Millionen Demonstranten die Absetzung Mursis forderten und dass das Militär am 3. Juli Mursi seines Amtes enthob und die Verfassung außer Kraft setzte. Viele Ägypter erzählten später amüsiert, der neue Präsident Mursi habe in nur einem Jahr geschafft, wofür Altpräsident Mubarak drei Jahrzehnte brauchte: Millionen auf den Straßen Ägyptens gegen sich und seine Herrschaft aufzubringen. Der Rest ist nicht Geschichte, sondern Gegenwart: Seit den Präsidentschaftswahlen im Sommer 2014 wird Ägypten vom ehemaligen Oberbefehlshaber der ägyptischen Streitkräfte, Abd al-Fattah as-Sisi, regiert.

In Anbetracht der Entwicklungen in Ägypten wurde auch den tunesischen Islamisten die Gefahr eines Volksaufstandes, Putsches oder einer Kombination aus beiden bewusst. Anfang 2014 trat ihr Ministerpräsident Ali Larajedh zurück. Mehdi Jomaâ, ein unabhängiger Politiker, übernahm den Posten.

***

Anders als in Tunesien und Ägypten verliefen die Proteste in Libyen, das geographisch zwischen den beiden Ländern in Nordafrika liegt, von Anfang an gewaltsam und es wurde frühzeitig zur Waffe gegriffen.

Die Muslimbrüder waren trotz ihrer Schwäche in Libyen auch hier nicht weit entfernt. „Das hier ist eine Fatwa [ein religiöses Gutachten]: Libysche Offiziere und Soldaten, die in der Lage sind, Muammar al-Gaddafi zu erreichen und ihm eine Kugel zu verpassen, sollten dies tun und das Land und die Menschen von ihm befreien." Dieser Mordaufruf gegen das libysche Staatsoberhaupt Muammar al-Gaddafi (1969-2011) kam nicht aus dem Munde eines Mafiabosses oder eines Osama bin Laden. Es waren die Worte des in Katar lebenden damals 85-jährigen ägyptischen Scheichs Yusuf al-Qaradawi, dem Vorsitzenden der „Internationalen Union muslimischer Gelehrter" und Vaterfigur der Muslimbruderschaft, nur einige Tage nach Ausbruch der Proteste in Libyen Mitte Februar 2011. Noch brisanter: Er sprach sie „on Air" während seiner wöchentlichen Sendung „Scharia und das Leben" bei Al-Dschasira aus, die damals eine Reichweite von über 50 Millionen Haushalten in der Arabischen Welt hatte.

Acht Monate später, am 20. Oktober 2011, wurde die Fatwa al-Qaradawis durchgesetzt, nicht von Angehörigen der libyschen Streitkräfte, sondern von der NATO und von Rebellen, die vor laufender Kamera die ganze Zeit über „Allahu Akbar" schrien. Die NATO griff an jenem Tag den Autokonvoi von Muammar al-Gaddafi nahe seiner Geburtsstadt Sirte mit Kampfflugzeugen aus der Luft an und die Dschihadisten, alias „gemäßigte Rebellen", nahmen ihn auf dem Boden verletzt und blutüberströmt fest und erledigten den Job. Jedenfalls war der knapp 70-Jährige nach kurzer Zeit voller Misshandlungen tot: alles in Bild und Ton mit Handykameras der Rebellen im Zeitalter des „Bürgerjournalismus" festgehalten und über *YouTube* und Fernsehsender weltweit verbreitet, bis nach Washington. US-Präsident Barack Obama sagte damals dem amerikanischen Fernsehkanal *NBC* in Bezug auf den Tod von Muammar al-Gaddafi: „Ihr werdet niemals einen Tod wie seinen mitansehen wollen, aber ich denke, dass dieses Video eine offensichtliche Botschaft an alle Diktatoren dieser Welt darstellt – nämlich, dass die Menschen in Freiheit leben wollen." Knapp ein Jahr später, ausgerechnet an einem 11. September (2012), wird der US-Botschafter im neuen „demokratischen" Libyen, John Christopher Stevens, bei einem gezielten Angriff auf das US-Konsulat in Bengasi getötet. Der Angriff fand im Schatten des Protest-Chaos nach einem in den USA produzierten und von vielen in der Nahost-Region als islamfeindlich empfundenen Video mit dem Titel *Innocence of Muslims* (Die Unschuld der Muslime) statt. Zynischerweise wurde der Angriff von Milizen geführt, die nur wenige Monate zuvor mit den Amerikanern zusammengearbeitet hatten. Anders als bei dem Mord an Muammar al-Gaddafi verurteilte US-Präsident Barack Obama diesmal den „abscheulichen Angriff" und fand darin keinerlei zielgerichtete Botschaften.

Auch wenn viele von dem Vergleich schockiert sein dürften: Der Mordaufruf von al-Qaradawi auf *Al-Dschasira* war de facto nichts anderes als die islamistische Übersetzung des Begriffes „Responsibility to Protect", von dem seit 2000/2001 im Westen immer wieder die Rede war. Grob formuliert bedeutete das, selbst Gewalt anzuwenden, um „schlimmere" Gewalt zu verhindern. „Responsibility to Protect" wurde zwar von der „Internationalen Kommission zu Intervention und Staatensouveränität" (ICISS) zur Jahrtausendwende entwickelt, von fast allen Staaten auf dem UNO-Gipfel „2005 World Summit" anerkannt und in Resolution 1674 von 2006 erstmals in einem Dokument des UNO-Sicherheitsrates erwähnt. „Responsibility to Protect" war aber nicht als Instrument in der Charta der Vereinigten Nationen verankert, weswegen dessen völkerrechtliche Zulässigkeit umstritten blieb. Schließlich könnte dieses Prinzip unter Umständen Tür und Tor für Kriege unter dem Vorwand öffnen, dieser oder jener Staat könne seine Schutzverantwortung gegenüber der eigenen Bevölkerung nicht wahrnehmen oder stelle selbst eine Gefahr für diese dar. Beides könnte in der Folge die „Schutzverantwortung" externer Akteure auf den Plan rufen.

Die Anwendung des Schutzverantwortungsprinzips im Falle Libyens basierte konkret auf der Behauptung der Rebellen, dass der Zivilbevölkerung im Osten des Landes angesichts der vorrückenden Einheiten der libyschen Streitkräfte ein Massaker bevorstünde. Auch wenn hierfür keinerlei Beweise vorlagen, wurde diese Version von arabischen und westlichen Mainstream-Medien gleichermaßen übernommen, verbreitet und dadurch eine Endzeitstimmung erzeugt. In dieser Atmosphäre stimmte der UNO-Sicherheitsrat auf Drängen Großbritanniens, Frankreichs und der USA der Resolution 1973 vom 17. März 2011 zu. Diese stellte fest, dass es die libyschen Behörden versäumt hätten, sich an die Resolution 1970 vom 26. Februar 2011 zu halten, in der die libysche Regierung aufgefordert worden war, ihre Zivilbevölkerung zu schützen. Ferner ermächtigte die Resolution die Mitgliedstaaten der Vereinten Nationen, eine Flugverbotszone für die libysche Luftwaffe über Libyen einzurichten und „alle notwendigen Maßnahmen zum Schutz der Bevölkerung" zu ergreifen. „Responsibility to Protect" war auch die eigentliche Neuigkeit im Zusammenhang mit dem Libyen-Krieg. Der Rest war ein Mix an Begrifflichkeiten, Überlegungen und Maßnahmen, die aus der jüngeren Geschichte des westlichen Agierens im Nahen und Mittleren Osten abgerufen wurden.

Vom Zweiten Golfkrieg 1991 übernahm der Krieg in Libyen 2011 das Embargo-Prinzip. Hinzu kam die Finanzierung beider Kriege durch die Golfstaaten. Laut libyschen Oppositionspolitikern kostete die „libysche Revolution" das Emirat Katar mehr als zwei Milliarden Dollar. Aus den Erfahrungen des Afghanistan-Krieges 2001 resultierten beim Libyen-Krieg die begleitenden internationalen Konferenzen, die verschiedenen Übergangsinstanzen sowie die schnelle Kreation einer Messias-Figur à la Hamid Karzai. Der libysche Karzai hieß Mustafa Abd al-Dschalil, Vorsitzender des „Nationalen Übergangsrates" (2011-2012). Vom Irak-Krieg 2003 wurde zur Rechtfertigung der Intervention die Idee von der „Befreiung" eines Volkes durch einen gewaltsamen „Regime Change" ins Jahr 2011 übertragen, wobei das neu eingesetzte Prinzip der „Schutzverantwortung" alles andere in den Hintergrund stellte.

***

Im Unterschied zu Tunesien und Ägypten ging der „Frühling" in Libyen mit Hilfe des Prinzips „Responsibility to Protect" mit ausländischer militärischer Einmischung einher. Es begann alles in Bengasi, der größten und bedeutendsten Stadt Ostlibyens. Dieses fiel bereits Ende Februar 2011 in die Hände der Aufständischen. Eine internationale Militäroperation folgte am 19. März 2011, zwei Tage nach der Verabschiedung von Resolution 1973, mit dem Einsatz französischer Kampfflugzeuge über Bengasi. Anschließend flogen auch amerikanische, britische und kanadische Flugzeuge etliche Einsätze, bevor die NATO drei Tage später die Führung durch die „Operation Unified Protector" (Operation Einheitlicher Schutz) übernahm. Zum Erstaunen vor allem von Russland und China wurde jedoch aus der Errichtung einer Flugverbotszone unter Verweis auf die „notwendigen Maßnahmen zum Schutz der Bevölkerung" etwas ganz anderes. Beide Länder enthielten sich bei der Abstimmung über die Resolution 1973 im Sicherheitsrat der Stimme – Deutschland im Übrigen auch – und ermöglichten damit erst die Errichtung der Flugverbotszone. Schnell wurde Moskau und Peking jedoch klar, dass es den westlichen Kampfjets keineswegs nur um die Durchsetzung eines Flugverbots für die libysche Luftwaffe ging. Vielmehr begann ein Angriffskrieg aus der Luft gegen die libyschen Truppen auf dem Boden zugunsten der Rebellen – zwecks weiterer Expansion im Land.

Im April nahmen die Rebellen die Stadt Misrata nahe der Hauptstadt Tripolis ein. Am 20. August 2011 begann die Eroberung von Tripolis. Diese sollte drei Tage dauern und trug den Namen „Operation Mermaid Dawn" (Operation Dämmerung der Meerjungfrau). Das ist kein libyscher Dialekt, sondern Englisch, weil der Operationsplan von den Briten erarbeitet und zumindest teilweise durchgeführt worden war. Knapp einen Monat später, Mitte September 2011, besuchten der britische Premierminister David Cameron (2010-2016) und der französische Präsident Nicolas Sarkozy (2007-2012) Tripolis und posierten dort zusammen mit dem Vorsitzenden des „Nationalen Übergangsrats", Mustafa Abd al-Dschalil, als Sieger.

Zu den Tragikomödien des Krieges in dem nordafrikanischen Land gehörten zweifelsohne die medialen Auftritte von Muammar al-Gaddafi. Etwa als er seine Anhänger bei einer Rede wie in einem Hollywood-Film zum Kampf aufrief: „Die Stunde der Arbeit, des Losmarschierens und des Sieges hat geschlagen. Kein Zurück mehr! Vorwääääääääärts!"; oder als er die Aufständischen, die er in Fernsehansprachen mehrfach als Verbrecher, islamistische Terroristen und Drogenabhängige bezeichnete, missbilligend fragte: „Wer seid Ihr? Ihr applaudiert doch nur für eure amerikanischen Herren." Die eigentliche Tragik dieses Krieges bestand darin, dass Muammar al-Gaddafi trotz seines theatralischen Wahns mit dieser Wer-Frage nicht ganz danebenlag. Denn in den arabischen und westlichen Mainstream-Medien herrschte gleichermaßen ein Bild von den Rebellen, das an das Niveau von Manga-Comics grenzte. Demzufolge soll es in Libyen im Frühjahr 2011 nur friedliche Demonstrationen gegeben haben. Auf diese hätte die reguläre Armee, inzwischen medial in Gaddafi-Brigaden umgetauft, geschossen. Die Demonstranten hätten sich daraufhin genötigt gefühlt, an Ort und Stelle zu kämpfenden Rebellen zu mutieren, in ihre zuvor in den Nebenstraßen geparkten Panzer einzusteigen, die für den persönlichen Bedarf bei sich getragene Schwermunition in die Schussrohre zu schieben und schweren Herzens auf den Abzug zu drücken.

Erst Mitte September 2016, fast fünf Jahre nach dem gewaltsamen Tod Muammar al-Gaddafis, kam der Auswärtige Ausschuss im britischen Parlament zu interessanten Ergebnissen, auch in Bezug auf die Identität der Rebellen: Die Entscheidungen, die im März 2011 zum militärischen Eingreifen einer internationalen Koalition zugunsten der Aufständischen führten, basierten demnach auf nichtzutreffenden Annahmen. Die Geheimdienstinformationen seien falsch und die Einschätzung der Lage in Libyen sei mangelhaft gewesen. Die britische Regierung habe sich in ihrer politischen Linie von fragwürdigen Entscheidungen in Frankreich leiten lassen und bei der Einschätzung der

„Stärke und Rolle der islamistischen Gruppen" versagt. Der UNO-Sicherheitsrat habe zwar prinzipiell einer Militärintervention in Libyen unter Einhaltung von bestimmten Voraussetzungen zugestimmt, um die Bevölkerung im Osten des Landes gegebenenfalls vor möglichen Racheakten der vorrückenden libyschen Truppen zu schützen; diese Gefahr sei aber seinerzeit maßlos überschätzt, ja übertrieben worden. Die britische Regierung hätte besser an einer friedlichen Lösung in Libyen arbeiten und dazu alte Kontakte zu Muammar al-Gaddafi auffrischen und nutzen sollen. Fazit: Eine begrenzte Intervention zum Schutz der Zivilisten sei in eine Politik des Regimewechsels mit militärischen Mitteln abgedriftet; die Intervention habe außerdem zur Ausbreitung der Terrormiliz „Islamischer Staat" (IS) in der gesamten Region beigetragen. Der ehemalige Premierminister David Cameron trage somit die Verantwortung für das Fehlen einer Strategie.

Wie bei dem Bericht der Chilcot-Untersuchungskommission zum Irak-Krieg zwei Monate zuvor galt auch für den Bericht des Auswärtigen Ausschusses im britischen Parlament: für die Betroffenen zu spät! Für die Nicht-Betroffenen im Westen benötigte der Bericht diesmal noch nicht einmal ein wichtiges Fußballspiel oder ein sonstiges Großereignis, um unterzugehen. Zu Recht wahrscheinlich: Man kann mittlerweile wirklich nicht jedes Mal ausführlich darüber berichten, wenn dieser oder jener Krieg seitens des Westens wieder einmal übereilt geführt wurde. Aus arabischer Sicht könnte man, wenn man es verschwörungstheoretisch interpretiert, in diesen Berichten von Kommissionen und Ausschüssen eine Art Abschlusskapitel des postmodernen Krieges sehen. Danach beginnt dieser Krieg am liebsten mit mehrdeutigen UNO-Resolutionen, wird mit Hilfe von Fremdluftangriffen und lokalen nicht-regulären Kämpfern geführt und endet mit faulen Rechtfertigungsversuchen westlicher Politiker.

Wie Tony Blair im Fall des Irak-Krieges fand auch David Cameron schnell PR-Worte, um seine Entscheidung für den Einsatz in Libyen zu rechtfertigen. Allerdings reagierte er, anders als Blair, bereits im Januar 2016 im Voraus auf den sich anbahnenden Bericht. Der Libyen-Einsatz, so behauptete er, sei notwendig gewesen, weil „Gaddafi die Menschen in Bengasi unterdrückt hat und damit drohte, sein eigenes Volk wie Ratten niederzuschießen". Der Ausschuss hat später in seinem Bericht allerdings genau darauf hingewiesen, dass Elemente von Muammar al-Gaddafis Rhetorik selektiv für bare Münze genommen worden seien. Was den Parlamentskommissionen in Demokratien offensichtlich immer noch zu fehlen scheint, ist eine direktere Sprache, so etwas wie: „IS-Kalifat Made in UK". Seit ihrer Begegnung mit der westlichen sogenannten Schutzverantwortung haben die Bewohner Libyens jedenfalls keinen Staat mehr, dafür aber parallel drei Regierungen und sind auf der Suche nach Schutz vor Krieg, Chaos und IS.

Syrien, Syrer, am Syrealsten

Hinterher ist man immer schlauer. Das gilt auch im Nahen Osten. Die dramatischen Entwicklungen in den Folgejahren in Libyen oder Syrien konnte zu Beginn der Protestbewegungen im Frühjahr 2011 niemand erahnen. Ich jedenfalls nicht, auch nicht nach einem mehrtägigen Besuch in Syrien. Vorweg: Anders als Osama bin Laden und Gerhard Schröder schuldet mir der an einem – wie sollten ihn die USA je mögen? – 11. September (1965) geborene und seit dem Jahr 2000 regierende syrische Präsident Baschar al-Assad Geld. Denn Ende März 2011 nahm ich einige Tage Urlaub von *Al-Dschasira* und eilte wieder in den Nahen Osten, diesmal nicht nach Ägypten, sondern als Privatmann in meine Heimat Syrien.

Seit Mitte März mehrten sich dort die Nachrichten über Protestdemonstrationen, Zusammenstöße mit den Sicherheitskräften, Tote, Verletzte und chaotische Zustände, vor allem in der Region um die Stadt Daraa, etwas mehr als 100 Kilometer südlich der Hauptstadt Damaskus. Kaum war ich angekommen, hieß es in den Nachrichten, der Präsident würde bald eine Rede vor dem Parlament über die blutigen Ereignisse im Land halten.

Am 30. März, einem Mittwoch, war es dann so weit. Ich war um die Nachmittagszeit in einem Sammeltaxi unterwegs ins Zentrum von Damaskus, als im Autoradio die Rede von Präsident Baschar al-Assad angekündigt wurde und kurz darauf deren Übertragung begann. Zehn bis 15 Minuten dauerte die Fahrt von unserem Bezirk Mazzeh in Westdamaskus ins Zentrum und kostete damals 10 Lira. Als wir im Zentrum ankamen, war die Ansprache bereits etliche Minuten alt und der Präsident immer noch bei der Einleitung. Ich wollte die Rede unbedingt vollständig hören und blieb deswegen im Sammeltaxi, einer Art kleinem Linienbus, sitzen und fuhr mit ihm mehrmals vom Zentrum in die Westbezirke hin- und zurück. Bei einer Rede von knapp einer Stunde summierten sich die Wege zu fünf Fahrten und die Kosten auf 50 Lira (damals circa ein Euro, heute, mehr als fünf Jahre später, aufgrund der Sanktionen und des Verfalls der Währung in den Kriegsjahren, circa 10 Cent).

Erst in den letzten fünf Minuten der Rede kam das Wesentliche zur Sprache. „Wir haben niemals gezögert, als es in der Vergangenheit darum ging, unsere Angelegenheiten, Interessen und Prinzipien zu verteidigen", sagte der Präsident, und fügte hinzu: „Wenn uns heute ein Krieg aufgezwungen werden sollte, so heißen wir ihn willkommen." Die syrische Führung, soviel war spätestens mit dieser Aussage klar, ging bei ihrer Einschätzung der Lage eher von einem Angriff von außen als von einer Protestbewegung im Inneren aus. Diesem Angriff, auch das war zu entnehmen, würde sie sich nicht beugen.

Einige Minuten später stand ich vor dem Parlamentsgebäude mitten in Damaskus, in dem der Präsident gerade gesprochen hatte und sich offensichtlich noch befand. Einige tausend Anhänger der Regierung waren draußen versammelt. Sie skandierten Pro-Assad-Parolen und brüllten andere gegen einen gewissen Bandar ibn Sultan. Dieser war zu jener Zeit (2005-2015) der Vorsitzende des nationalen Sicherheitsrates in Saudi-Arabien, der die Arbeit der Geheimdienste im Königreich koordinierte.

Doch von welchem Krieg spricht der Präsident, und was hat ein Bandar ibn Sultan damit zu tun? Das fragte ich mich und fragten sich bestimmt viele andere in Syrien damals. Heute wissen wir: Baschar al-Assad dachte in seiner Rede 2011 wahrscheinlich an die seit dem Fall von Bagdad 2003 von ihm nicht erfüllten Forderungen des US-Außenministers Colin Powell hinsichtlich eines Bruchs mit dem Iran, der palästinensischen Hamas und der libanesischen Hisbollah; vielleicht auch an die von westlicher Seite seit sechs Jahren immer wiederkehrenden Anschuldigungen gegen Damaskus im Zusammenhang mit dem Mord am libanesischen Ex-Ministerpräsidenten Rafiq al-Hariri. Er wird sicherlich ebenfalls an den Energie- und Pipeline-Krieg bzw. die syrische Ablehnung der katarischen Bitte zwei Jahre zuvor gedacht haben, eine Gaspipeline von Katar durch Saudi-Arabien, Jordanien und eben Syrien nach Europa zu ermöglichen.

Dieses Kriegs-Narrativ und die Verwicklungen der Golfstaaten finden mittlerweile sogar im Westen Widerhall, zum Beispiel im Buch des Australiers Tim Anderson *Der schmutzige Krieg gegen Syrien. Washington, Regime Change und Widerstand* oder im Buch des Schweizers Daniele Ganser *Illegale Kriege: Wie die NATO-Länder die UNO sabotieren. Eine Chronik von Kuba bis Syrien* (beide von 2016).

Später erfuhr ich auch, welch schillernde Figur Bandar ibn Sultan war, dem von den Anhängern der syrischen Regierung eine entscheidende Rolle bei der Rekrutierung, Finanzierung und Bewaffnung der syrischen Rebellen zugeschrieben wurde. Er wurde um das Jahr 1950 in Saudi-Arabien geboren und erhielt später eine intensive Ausbildung als Kampfpilot in Großbritannien und den USA. Dort vertrat er zwischen 1983 und 2005 ununterbrochen sein Land als Botschafter in Washington. Verdächtig auffällig war nicht nur die Länge seiner Dienstzeit, sondern auch, dass er ausschließlich in den USA Botschafter war. Noch auffälliger ist: Ihm werden eine große Nähe und enge Kontakte zu den neokonservativen Kräften in den USA, eine Verwicklung in fragwürdige Geldflüsse im Vorfeld des 11. Septembers 2001 und im Zusammenhang mit den Waffendeals seines Landes mit dem Westen eine Korruption im großen Stil nachgesagt.

Bandar ibn Sultan war allerdings bei mir nicht „auf dem Bildschirm", als ich damals in meiner Stadt Damaskus vor dem Parlament stand. So würde man es umgangssprachlich auf Arabisch ausdrücken, wenn einem die Wichtigkeit einer Person oder Sache nicht bewusst ist. Vielmehr interessierte ich mich für ein anderes Feindbild der Anhänger der Regierung: den Nachrichtensender *Al-Dschasira*. Ein Mann direkt vor mir schrie plötzlich:

„Al-Dschasira niederträchtig, unsere Demo nicht so wichtig!"
Die Menge kannte den Slogan und fing an, ihn zu skandieren.
Ich dachte: Hoffentlich drehen sie sich jetzt nicht zu mir um
und erkennen mich als Vertreter des inzwischen als einseitig
empfundenen Senders, der nur über die Demonstrationen der
Regierungsgegner, nicht aber über die der Regierungsanhänger
berichtet. Bereits in der Rede des Präsidenten selbst waren abfäl-
lige Bemerkungen von ihm über die „in den Studios der Satellitenfernsehsender lauernden Kommentatoren" zu hören.

Das Schicksal wollte es an diesem Tag aber nicht dabei belas-
sen, dass Präsident Baschar al-Assad und seine Anhänger über
die Art und Weise der Berichterstattung mit den Medien hader-
ten. Zufällig wurde an jenem Tag einer der wichtigsten medialen
Aspekte im Zusammenhang mit dem Arabischen Frühling im
Allgemeinen und dem Krieg in Syrien im Besonderen klar: der
endgültige Sieg des Bildes über das Wort als Informationsträger
bzw. Informationsquelle.

Als der Präsident das Parlament verließ, in sein Auto, das er
gerne selbst steuerte, einstieg und dieses gerade mit Schrittge-
schwindigkeit anfuhr, durchbrach eine Frau mit Kopftuch blitz-
schnell den Sicherheitskordon und übergab dem Präsidenten einen zusammengefalteten Zettel durch das offene Fahrerfenster.
Darin stand sehr wahrscheinlich eine Bitte um Hilfe bei einem
persönlichen Anliegen. Der Präsident bremste und ein chaotisches Bild entstand für und durch das Sicherheitspersonal, das
überrascht und aufgeregt zum Auto eilte, bevor sich die Situation schließlich friedlich auflöste. Die Szene wurde damals gleich
auf *CNN* aufgegriffen. Auf dem US-Bildschirm stand: „BREAK-
ING NEWS. Al-Assads car attacked after speech" (Eilmeldung:
Assads Auto nach Rede angegriffen). Surreal war nur, dass 20
Meter entfernt vom Ort der vermeintlichen Attacke meine We-
nigkeit als Vertreter des „Arabischen CNN" namens *Al-Dschasira*
stand und alles völlig anders sah.

***

Das Bild als Nachricht an sich markierte den Beginn einer Zeit
medialer Emotionalisierung und fehlender Rationalität. Politi-

ker, Journalisten, Künstler und Intellektuelle im Nahen Osten
wurden bei den hitzigen Debatten über den Arabischen Frühling
in starre Schubladen gesteckt: „Revolutionär", wenn man als
Frühlingsbefürworter, oder „Reaktionär", wenn man als Früh-
lingsgegner galt. Auch im Westen existierte eine emotionale
Spaltung zwischen der Partei „Wir-Müssen-Etwas-Tun" einerseits und der Partei „Wir-Können-Nichts-Tun" andererseits. Diese angespannte Atmosphäre hüben wie drüben erklärte zumindest einen Teil des im vorigen Kapitel erwähnten Falls des syrisch-libanesischen Dichters Adonis, der in keine Schublade pas-
sen wollte und damit wütende Kritik auf sich zog. Dabei waren
die explosiven Entwicklungen in den Ländern des Arabischen
Frühlings auf einer rationalen, nicht emotionalen Ebene alles
andere als unbegreiflich.

Es gab in Tunesien, Ägypten, Libyen, Syrien und andernorts
in der Arabischen Welt objektiv messbare Gründe für Proteste,
Aufstände und Unruhen. Zu diesen gehörte höhere Gewalt wie
extreme und langanhaltende Dürreperioden in Ländern wie zum
Beispiel Syrien, deren Bewässerungssysteme noch wetterabhän-
gig sind. Laut einer Studie der University of California von 2015
herrschte im Nahen Osten zwischen 2006 und 2010 eine heftige
Dürre. „Wir behaupten nicht, dass die Dürre den Krieg verur-
sacht hat", sagte damals der Klimatologe Richard Seager in Bezug auf Syrien, „aber sie addierte sich zu all den anderen Stress-
faktoren und bildete damit vielleicht den Zündfunken". Eine
andere Studie sprach im Falle Syriens ein Jahr später von der
größten Dürre seit mindestens 500, wenn nicht gar 900 Jahren.
Das bewirkte die Entwurzelung und Wanderung von hunderttausenden Kleinbauern und Viehzüchtern, die ihre Existenz-
grundlage verloren hatten, in die überfüllten urbanen Zentren
und damit in die Armut und Perspektivlosigkeit der Vorstädte.
Klimawandel und Naturkatastrophen sowie deren desaströse
ökonomische und soziale Folgen waren aber weder in den An-
sätzen zum „Ende der Geschichte" von Francis Fukuyama noch
in denen zum „Kampf der Kulturen" von Samuel P. Huntington
als entscheidende Konfliktfaktoren zu entdecken – vermutlich,

weil sie weder demokratisch abwählbar sind noch einer bestimmen Religion oder Kultur angehören.

Selbstverständlich waren die Ereignisse in der Arabischen Welt auch das Ergebnis hausgemachter politischer, wirtschaftlicher und gesellschaftlicher Probleme. Dazu gehörte die Ignoranz vor der Notwendigkeit überfälliger Reformen, obwohl viele Länder zwischen dem Atlantik und dem Golf unter Korruption, Ungerechtigkeit und Misswirtschaft litten. Die Erstarrung der bestehenden politischen, wirtschaftlichen und gesellschaftlichen Strukturen gab großen Teilen der Bevölkerung nicht einmal die Möglichkeit, ihre Leiden wenigstens zu kanalisieren und dadurch zu lindern. So wurden etwa das Demonstrationsrecht und die Versammlungsfreiheit in vielen arabischen Staaten jahrzehntelang durch Ausnahmezustandsgesetze torpediert, vom Fehlen von Chancengleichheit, Rechtssicherheit und Entfaltungsmöglichkeiten des Individuums ganz zu schweigen. Nicht von der Hand zu weisen ist hierbei auch der demographische Faktor. So hatte zum Beispiel Syrien im Jahr 1990 circa 12,5 Millionen Einwohner, Deutschland Ost und West zusammen hingegen circa 79,5 Millionen. Im Jahr 2011 hatte Deutschland knapp 82 Millionen trotz Zuwanderung, Syrien knapp 22 Millionen, fast eine Verdoppelung ohne Zuwanderung. Das entspräche bei einer vergleichbaren Entwicklung in Deutschland etwa 140 Millionen Einwohnern.

Zur höheren Gewalt und den hausgemachten Problemen gesellten sich auch die durch regionale und internationale Außenfaktoren direkt oder indirekt beeinflussten Entwicklungen. Dazu gehörten zum Beispiel der Jahrzehnte alte Nahostkonflikt und der folgenschwere Irak-Krieg. Beide bedeuteten allgemeine Destabilisierung der gesamten Region, wirtschaftliche Herausforderungen und große palästinensische bzw. irakische Flüchtlingsströme. Sowohl in den palästinensischen Gebieten, allen voran dem abgeriegelten Gazastreifen, als auch im Irak gingen die konflikthaften und kriegerischen Entwicklungen parallel zum Arabischen Frühling in den benachbarten arabischen Ländern unvermindert weiter.

Alle oben genannten Aspekte dürften weder den politischen Eliten noch den Sicherheitsapparaten, Forschungszentren und

Medienhäusern innerhalb und außerhalb der Arabischen Welt
verborgen geblieben sein. Viele Punkte standen sogar fast eins zu
eins im fünften „Human Development Report" (Bericht über die
menschliche Entwicklung) 2009, der vom Entwicklungspro-
gramm der Vereinten Nationen (UNDP) gefördert und von unabhängigen und kritischen Intellektuellen und Wissenschaftlern
aus arabischen Ländern verfasst wurde. Sogar die Außenfaktoren wurden dort mahnend erwähnt. An siebter Stelle der „Bau-
steine" der Sicherheit für Menschen im arabischen Raum stand,
„dass sich im Ausland die politische Erkenntnis durchsetzt, dass
die seit langer Zeit gegenüber den arabischen Völkern verübten
Menschenrechtsverstöße sowie die fortgesetzte Verletzung der
arabischen Souveränität und arabischer Menschenleben seitens
regionaler und globaler Mächte durch Besatzung und militärische Intervention selbstzerstörerisch ... sind."

Die Mängelliste der konkreten arabischen Lebenswirklichkeit
vor dem Arabischen Frühling war auf rationaler Ebene nicht
strittig. Die Frage drehte sich im Wesentlichen nur noch darum,
was lokale, regionale und internationale Akteure daraus machen
würden. Gerade im Fall Libyens und Syriens ließen die Anzeichen diesbezüglich nichts Gutes erahnen, sowohl aus der Ecke
der Freunde des Westens in der Region, wie der Türkei und den
Golfstaaten, als auch aus dem Westen selbst, allen voran den
USA.

***

Wenige Tage nach der Rede des syrischen Präsidenten und einer
großen Rundreise durch das eigene Land war ich Anfang April
2011 mit meinem Vater unterwegs zum Flughafen von Damaskus. Damals, vor der Verschärfung der EU-Sanktionen ab dem
Frühjahr 2012, gab es noch direkte Flüge zwischen Syrien und
den Ländern der europäischen Union. Der erfrischende Früh-
lingswind kam an jenem frühen Morgen durch die halboffenen
Autofenster und die tiefe Stimme eines Nachrichtensprechers
aus dem Autoradio. Das auf den arabischsprachigen Dienst des
US-Senders *Voice of America* eingestellte Radio überraschte uns
mit folgender Meldung: „Die Vereinigten Staaten von Amerika

rufen ihre Bürger zum Verlassen Syriens auf." Nee, ist ein April-Scherz, oder? Die spinnen, die Amerikaner, dachte ich laut, so schlimm ist die Lage doch auch wieder nicht. Mein Vater reagierte nicht auf das Laut-Gedachte, er fuhr mit zusammengekniffenen Augen weiter und schwieg. So sah er immer aus, wenn er intensiv nachdachte, innerlich bedrückt war oder gar Schlimmes vorausahnte. In den Folgejahren wurde mir anlässlich mehrerer Aufenthalte in Syrien zunehmend bewusst, dass Großmächte und Imperien im 21. Jahrhundert, anders als die Römer in jenem Comic-Heft, selten spinnen. Sie sehen nur viel weiter, wenn man es neutral, oder planen viel weiter voraus, wenn man es weniger neutral formulieren will.

Im Zeichnen surrealistischer und absurder Welten standen die auf Syrien zurollenden Ereignisse den Comic-Heften allerdings in nichts nach. Anfang Sommer 2013 karikierte eine Bekannte aus der damals bereits seit fast einem Jahr geteilten und umkämpften Stadt Aleppo folgendes Bild von der Front: „An der ersten Straßensperre setzen wir auf Anweisung unseres Autofahrers normale Kopftücher auf, denn die Kämpfer der Al-Nusra-Front wollen es so haben", so begann ihre Beschreibung der Reise von Aleppo im Norden nach Damaskus im Südwesten des Landes und der Begegnung mit den Kämpfern des ersten Ablegers von Al-Qaida in Syrien, der „Al-Nusra-Front". Ab Mitte 2016 nannte sich diese Gruppe „Front zur Eroberung Syriens". Nach dem Zusammenschluss mit anderen Gruppen nach ihrer Vertreibung aus Aleppo durch die syrische Armee Ende 2016 nennt sie sich seit Anfang 2017 „Organisation zur Befreiung Syriens". „An der zweiten Straßensperre, diesmal gehört sie dem ISIS, tauschen wir das Kopftuch gegen die Burka", wobei ISIS die Abkürzung für den „Islamischen Staat im Irak und in Syrien" war, dem zweiten Ableger von Al-Qaida und das Vorgängermodel des heutigen IS. „Erst an der dritten und letzten Sperre können wir alles wieder absetzen und unser Haar zeigen", denn hier habe endlich die reguläre syrische Armee bis nach Damaskus das Sagen.

Fast eine ganze Runde um die Sonne und 365 Drehungen um die eigene Achse später wird der blaue Planet um einen Staat, genauer ein „Kalifat", reicher sein. Ende Juni 2014 rief der offizielle Sprecher des ISIS, Abu Mohammad al-Adnani (getötet nördlich von Aleppo 2016) den „Islamischen Staat" und Abu-Bakr al-Baghdadi zum Kalifen aus. Das geschah drei Wochen nach der Einnahme der strategisch und symbolisch wichtigen Millionenstadt Mossul nördlich von Bagdad im Irak durch die Kämpfer des ISIS. Evolutionstheoretisch könnte diese „Staatsentstehung" kurz wie folgt dokumentiert werden: 1. Phase nach dem Irak-Krieg: 2003 bis 2004 „al-Tawhid wal-Jihad", 2004 bis 2006 „Al-Qaida im Irak", 2006 „Schura-Rat der Mudschaheddin im Irak", ab Ende 2006 „Islamischer Staat im Irak" (ISI). 2. Phase nach dem Libyen- und Syrien-Krieg: 2013 bis 2014 „Islamischer Staat im Irak und in Syrien" (ISIS), ab Ende Juni 2014 nur noch „Islamischer Staat" (IS) mit dazugehörigen kleineren Gebieten in Libyen und andernorts auf der Welt.

Auch die Syrer drehten sich zusammen mit den Anderen um die Sonne, vor allem aber ratlos alleine um die eigene Achse. Schließlich lag die Hauptstadt des „Kalifats" mitten in Syrien und hieß Ar-Raqqa (auch Rakka oder Al-Rakka). Diese wurde bereits im Frühling 2013 angeblich, so zum Beispiel die Meldung der *Deutschen Presse-Agentur* (*DPA*), von den „Rebellen der Freien Syrischen Armee" erobert. Die schwarzgekleideten IS-Kämpfer müssen demnach später, mit Raumschiffen vom Mars kommend und von der amerikanischen National Aeronautics and Space Administration (NASA) unbemerkt, dorthin gelangt und dann erfolgreich auf dem ummauerten Hof der historischen Großen Moschee von Ar-Raqqa gelandet sein.

Es deutete vieles auf einen sehr langen und harten syrischen „Frühling" hin. Nun war klar, dass sich die Syrer, nicht nur geographisch, sondern auch sprachlich, gedanklich und im Alltag an Neues gewöhnen mussten. „Hat der Islamische Staat schon wieder ein Gasfeld eingenommen, ein Elektrokraftwerk zerstört, oder wie oder was?", brummelte mein Vater mit seinen über siebzig Jahren wie viele andere Damaszener ab Sommer 2014 vor sich hin, wann immer der Strom in der syrischen Hauptstadt ausfiel, also zweimal täglich mindestens. Für seine Flucht aus seinem Dorf im Norden Syriens zu der von den syrischen Regierungstruppen kontrollierten Mittelmeerstadt Latakia fand ein junger Automechaniker weniger politische als pragmatische Gründe: „Ich bin hier, weil ich rauchen will", sagte er. Denn der IS hat in seinen Gebieten die größte „Non Smoking Area" der Welt geschaffen mit entsprechend „angemessenen" Strafen für Sündige.

Eine weitere Runde um die Sonne und circa 365 zusätzliche Umdrehungen um sich selbst später: Erst ein Facharzt konnte einen syrischen Journalistenkollegen im Sommer 2015 beruhigen, der große Angst vor der Enthauptung durch den IS hatte. Er befürchtete, dass die Mudschaheddin ihm das antun würden, wenn sie ihn bei einem seiner Fronteinsätze als Kriegsreporter für das staatliche syrische Fernsehen entdecken und festnehmen sollten. Da er sich seinen Ängsten aber nicht hilflos ausliefern wollte, stellte er sich ihnen zur Bewältigung in guter psychologischer Manier, indem er zunächst einmal Enthauptungsvideos im Internet analysierte – mit „beruhigenden" Ergebnissen: Die Zeit bis zum Eintritt des Todes dauere auf den Videos höchstens vier bis sechs Sekunden. Ganz schön routiniert seien die „Jungs von IS und Co.", merkte der Kollege an. Danach sei man auf jeden Fall tot, noch bevor der Kopf vom Körper abgetrennt ist. Das habe ihm sogar ein Arzt versichert, den er anschließend konsultierte. „Und wenn nicht?", habe mein Kollege den Arzt skeptisch gefragt. „Dann sind die Schmerzen so groß, dass sie für die Schmerzzentren im Hirn kaum noch wahrnehmbar sind, also auch egal", soll dieser tröstend geantwortet haben. „Vier bis sechs Sekunden ...", dachte der Kollege laut nach, während er mir die Geschichte erzählte und die Strahlen der Mittagssonne über dem Straßencafé mitten in Damaskus senkrecht auf uns herabknallten, „... das geht, oder?" Ich nickte und schaute instinktiv auf den Sekundenzeiger meiner Armbanduhr. Wahrscheinlich hat er recht: Man muss sich bei einer Enthauptung wegen der paar Sekunden keinen Kopf machen.

Wenn die Post „postfaktisch" abgeht

„Ramadan-Drama" ist seit Längerem ein fester gängiger Begriff in der Arabischen Welt. Gemeint sind Seifenopern, die extra für die Ausstrahlung im islamischen Fastenmonat Ramadan produziert werden. Um die harte Fastenzeit bis Sonnenuntergang zu überbrücken, schlafen viele Menschen im Nahen Osten am Morgen länger und gehen nachts später ins Bett. Ab dem Fastenbrechen bzw. Sonnenuntergang gibt es somit Jahr für Jahr einen großen Sendeplatz für viele Stunden, der nach TV-Serien schreit, die sich als Verdauungsbegleiter eignen. Es handelt sich bei der Verdauungsbegleitung allerdings nicht um eine Frömmigkeits-Aktion gläubiger Produzenten gegenüber gläubigen Konsumenten, sondern um einen frevelhaft hart umkämpften Produktions- und Werbemarkt mit über 300 Millionen arabischen Zuschauern bzw. Kunden, der jährlich hunderte Millionen von Dollars umsetzt.

Dollars ist es bekanntlich egal, ob sie in Weihnachts- oder Ramadan-Produktionen umgesetzt werden, solange die Rendite stimmt. Als kleiner wirtschaftlicher Vorsprung erweist sich jedoch beim Islam die Tatsache, dass Ramadan anders als Weihnachten einen ganzen Monat dauert. Trotz unterschiedlicher Dialekte kann eine arabischsprachige Serie ägyptischer, syrischer oder libanesischer Produktion außerdem überall zwischen dem Atlantik und dem Golf gut verstanden und verfolgt werden. Kein Wunder, dass die Produktionsfirmen ein Jahr vor Ramadan mit den Vorbereitungen für diese Serien anfangen. Die Ausrufung des „Kalifats" im Sommer 2014 war ein dramaturgisches Geschenk des Himmels für arabische Regisseure, Drehbuchautoren und Schauspieler, die sofort Produktionen der Sorte „Schlechte Zeiten, noch schlechtere Zeiten" starteten. Das Resultat im Ramadan 2015, dessen Beginn auf Mitte Juni fiel, konnte sich sehen lassen.

In einer palästinensischen Satiresendung stritten sich in jenem Sommer lautstark zwei IS-Kämpfer an einer Straßensperre darum, wer denn einen angehaltenen Mann erschießen dürfe. Dabei wurde die fanatische Logik der Extremisten durch entsprechende Dialoge ins Lächerliche gezogen und enttarnt: „Warum darf ich die Geisel nicht erschießen? Ich habe heute noch keinen umgelegt, du schon vier. Wie soll ich sonst ins Paradies kommen?", jammerte der eine. „Aber die vier waren Muslime. Der hier ist Christ. Für die Tötung eines Christen gibt es die vierfache Belohnung im Paradies", antwortete der andere. „Eben", erwiderte der erste, „wenn ich diesen töten darf, sind wir beide quitt."

Die Libanesen kamen auf die Idee, die Entstehung eines vermeintlichen islamistischen Handynetzes im jungen „Kalifat" zu karikieren. Bei der Einweihung rief der „Kalif" vor Medienvertretern stolz einen x-beliebigen IS-Kämpfer an, um das Netz zu testen. Aus dem auf laut gestellten Handy des Kalifen war aber nur die Mailbox des Kämpfers zu hören: „Der von Ihnen gewählte Gesprächspartner ist zurzeit nicht erreichbar. Bitte rufen Sie zu einem späteren Zeitpunkt nicht an. Er hat sich in die Luft gesprengt."

In Syrien entfaltete sich der IS-Albtraum in jenem Ramadan auf den Bildschirmen in Form einer Komödie über eine „IS-angehauchte" Familie. In dieser setzte die Mutter dem Vater einen Revolver an die Schläfe, damit er endlich Fleisch kaufen geht, während er ihr versprach, sie bei dem nächsten Waschgang durch den in der Waschmaschine versteckten Sprengsatz zu überraschen und loszuwerden. Als dann der Sohn drohte, seinen Sprengstoffgürtel zu zünden, falls er keinen neuen Computer bekomme, erntete er von beiden nur Schläge: „Schäme dich! Du benimmst dich wie deine kleine Schwester beim Kauf von Turnschuhen."

Auch wenn es zu surreal klingen sollte, aber die Muslime im Nahen Osten fasteten in jenem Jahr wie eh und je in den letzten 14 Jahrhunderten, aßen mit großem Appetit nach Sonnenuntergang, schauten laut lachend diese Serien im Satelliten-Fernsehen bis spät in die Nacht an und gingen danach müde ins Bett. Einige werden gedacht haben: Lieber so etwas beim Anmachen des Fernsehers in Form einer satirischen Fiktion erleben, als, wie in Ar-Raqqa oder Mossul, beim Aufmachen des eigenen Fensters in Form einer todernsten Reality-Show.

Nirgends sonst waren Realität und Medienrealität so zynisch nah beieinander wie bei den oben genannten arabischen Satiresendungen und Komödien. Nirgends sonst wurde die Surrealität der neuen regionalen Realität so wirklichkeitsgetreu abgebildet. Es mag übertrieben klingen, aber die Geschichtsschreibung sollte sich eines Tages bei der Aufarbeitung der Ereignisse in der

Nahost-Region im zweiten Jahrzehnt des 21. Jahrhunderts lieber den fast faktischen Serien widmen als den „postfaktischen" Nachrichtensendungen. Aus arabischer Sicht hätte bereits mit dem Arabischen Frühling 2011 das Wort des Jahres „postfaktisch" heißen sollen, nicht – wie aus deutscher Sicht – erst 2016.

Dieses Wort bedeutet „jenseits der Wahrheit" und drückt, laut der Gesellschaft für Deutsche Sprache, das Phänomen aus, dass die Fakten und Tatsachen in der öffentlichen Diskussion zugunsten von Emotionen und gefühlten Wahrheiten zunehmend unwichtiger werden. Besser könnte der Arabische Frühling nicht beschrieben werden, auch wenn die Gesellschaft für Deutsche Sprache bei ihrer Entscheidung nicht gerade diesen im Sinne hatte. Denn der Arabische Frühling markierte nicht nur, wie bereits erwähnt, den endgültigen Sieg des Bildes über das Wort bzw. der Emotionalität über die Rationalität bei der Nachrichtenübermittlung. Vielmehr wurde darüber hinaus das an sich zur Nachricht geronnene Bild zur einzigen Wahrheit stilisiert, völlig unabhängig davon, ob es von neutralen oder parteiischen Quellen, von „freilaufenden" oder „eingebetteten" Journalisten, mit professionellen TV-Kameras oder amateurhaften Handys aufgenommen worden war.

Zunehmend verwischten sich die Grenzen zwischen Journalisten, Aktivisten und anderen Akteuren und somit auch zwischen Massenmedien und den sogenannten „Social Media". Der sogenannte Bürgerjournalismus, nicht der klassische, schien die Spielregeln beim Arabischen Frühling zu bestimmen, sprich ein Journalismus ohne Ausbildung, Regeln oder Professionalität. Eine Entwicklung, die sich bei allen späteren Konflikten, so in der Ostukraine 2014, fortsetzen würde.

Das Internet avancierte im Zusammenhang mit dem Arabischen Frühling zur ersten Informations- und vor allem Bildquelle. Dabei verwischten sich interessanterweise auch die Grenzen zwischen arabischen und westlichen Mainstream-Medien, die sich gleichermaßen im Netz bedienten. Anders als beim Irak-Krieg 2003 wurde zum Beispiel der Libyen-Krieg 2011, von kosmetischen Unterschieden einmal abgesehen, von *Al-Dschasira, Al-Arabiya, CNN, BBC, RTL, ZDF* oder *ARD* identisch behandelt. Das

Bild war auf allen Bildschirmen tief emotional, ziemlich übereinstimmend und sehr oft ohne Quellenangabe: eben „postfaktisch". Somit war der Wahrnehmungssprung durch den postmodernen Menschen von „ich glaube, was ich sehe" hin zu „ich sehe, was ich glaube" vollzogen. Oder noch schlimmer: Vor lauter Schlachtenbildern den Krieg nicht sehen. Das gilt für Medienmacher und Medienkonsumenten gleichermaßen.

***

Das Buch des ägyptischen Internet-Aktivisten und Marketingchefs von *Google* im Nahen Osten, Wael Ghonim, *Revolution 2.0: Wie wir mit der ägyptischen Revolution die Welt verändern* verriet bereits 2012, wie wirksam politische Kommunikation im Netz sein kann, und ließ erahnen, welches Potential in ihr für die Zukunft noch steckt. Was das Buch von Ghonim allerdings nicht verriet, war, dass trotz des angeblichen Zeitalters der sogenannten „Facebook-Revolutionen" die klassischen Medien nicht ganz aus dem Rennen waren. Diese nutzten zwar die Sozialen Medien im Internet als eine willkommene Quelle, vor allem aber deshalb, um zunächst einmal Bilder und Informationen von dort übernehmen und ausstrahlen zu können, ohne für deren Wahrheitsgehalt später haften zu müssen. Dabei gingen die klassischen Medien und Nachrichtenagenturen sehr selektiv vor, wohl wissend, dass erst die Ausstrahlung durch ein bekanntes und anerkanntes Massenmedium einer Information bzw. einem Bild aus der Welt der Sozialen Medien eine professionelle Glaubwürdigkeit verleihen und eine politische Reichweite garantieren kann.

Der Arabische Frühling war medial somit weniger eine Facebook-Revolution als vielmehr ein Ausdruck dessen, was man als arbeitsteiliges Zusammenspiel „Neuer", „Sozialer" und klassischer Medien bezeichnen könnte. Zumindest hinter den arabischen klassischen Medien ließen sich dabei durchaus handfeste politische Interessen vermuten. Im Fall von Tunesien und Ägypten trug zum Beispiel die Emotionalisierung und Dramatisierung durch den wichtigsten arabischen Sender *Al-Dschasira* offensichtlich zur Mobilisierung der Massen in dem jeweiligen Land bei. Im Fall von Libyen und Syrien lag es nahe, dass *Al-*

Dschasira den westlichen Bestrebungen nach UNO-Resolutionen à la „Responsibility to Protect" auf arabischer und internationaler Ebene atmosphärisch dienen sollte.

Das mediale Ergebnis jenseits schwer zu überprüfender politischer Absichten waren Erfindungen von Bildern und Begriffen, die denjenigen aus der nahen Vergangenheit frappant ähnelten: von den „ölbefleckten Vögeln" aus dem Zweiten Golfkrieg im Jahr 1991 bis hin zu Satellitenfotos von Lastwagen mit „mobilen Massenvernichtungswaffen" aus dem Irak-Krieg 2003; und von „getöteten Frühchen" in Kuwait 1990 bis zu „Mädchenschulen" in Afghanistan (2001/2002). Nur, ab dem Jahr 2011 lief vieles zunächst über „Soziale" und „Neue" Medien. So desertierte ein libyscher, syrischer oder jemenitischer Soldat oder jemand, der als solcher präsentiert wurde, und verlas vor der Kamera eine Erklärung zu seiner Entscheidung und stellte die Aufnahme ins Netz. Ein Weltnachrichtensender wie *Al-Dschasira* fischte sich kurz danach just diese Aufnahme aus dem Netz und strahlte sie als Hauptnachricht aus. So erblickte zum Beispiel die „Freie Syrische Armee" das Licht der Welt bzw. das Scheinwerferlicht der Medienwelt. Mit dieser Armee wurde suggeriert, dass es sich bei den bewaffneten Kämpfern in Syrien um desertierte Soldaten der offiziellen Armee handelte, die angeblich nicht auf die eigene Bevölkerung schießen wollten und die Seite wechselten. Der englischsprachige Dienst von *Al-Dschasira* übernahm anschließend die Aufnahme vom arabischsprachigen Dienst und kolportierte die Idee von Freien Armeen und zu Kämpfern mutierten Demonstranten sende- und somit salonfähig in die weite Welt. Zur gleichen Zeit kämpften die Mudschaheddin real an der Front und bewegten sich völlig frei von Tunesien und Marokko in Nordafrika bis nach Syrien über das NATO-Land Türkei, ohne dass sie anfänglich medial zum Thema wurden.

Nicht nur Einzelphänomene, ganze Kriegs-Narrative tauchten auf diese Weise beim Arabischen Frühling auf, deren Übernahme durch seriöse Medien, Experten und gar Politiker zuvor nicht vorstellbar gewesen wäre. Der Phantasie, wie ich in verschiedenen Radio- und TV-Talkrunden hautnah miterleben durfte, waren dabei keine Grenzen gesetzt. So müssten, würde man diesen Narrativen Glauben schenken, Millionen Syrer an Verfolgungswahn und Halluzinationen gelitten haben, weil sie Angst vor jemandem hatten, den es laut herrschender medialer Meinung in den Jahren 2011/2012 in Wirklichkeit gar nicht gab: dem Dschihadisten. Demnach gab es damals nur den „desertierenden Soldaten" und den „gemäßigten Rebellen". Und diese dürften den eigenen Landsleuten wahrlich keine Angst bereitet haben. Die syrische Armee müsste später ihrerseits massenweise depressive Soldaten mit hoher Selbstmordgefahr in ihren Reihen gehabt haben. Denn laut herrschender medialer Meinung in den Jahren 2013/2014, als die Dschihadisten kaum zu übersehen waren, „erfand" das syrische „Regime" den IS durch massenhafte Freilassung von Islamisten aus syrischen Gefängnissen. Die eigene „Erfindung" konnte jedoch nicht die eigenen Soldaten getötet und verletzt haben; deshalb müssten diese bereitwillig und massenhaft Selbstverstümmelung bzw. Selbsttötung begangen haben. Die herrschende mediale Meinung ab 2015 wäre eher der Physik als der Psychologie zuzuordnen: Es gebe die Dschihadisten wirklich und Präsident Baschar al-Assad hätte sie nicht erfunden, aber er ziehe sie wie ein Magnet an. Also müsse er abtreten, diesmal aus physikalischen Gründen, versteht sich.

***

Ein anderer Ausdruck für eine medial vorherrschende Meinung ist: eine durch die Medien hergestellte Gesamtatmosphäre. Diese ergriff in den Jahren des Arabischen Frühlings generell Partei pro Opposition und pro westliche Einmischung. Die am Anfang dieses Kapitels erwähnte Talkshow, die auf der Suche nach einem syrischen „Ja" zu einer westlichen Militärintervention in Syrien im Frühjahr 2012 war, ist ein gutes Musterbeispiel zur Charakterisierung dieser Gesamtatmosphäre. Bei allen Talkrunden werden die Hauptrollen im Vorfeld verteilt, sonst könnte es für die Zuschauer durch Gäste mit ähnlichen Meinungen mangels Kontroverse schnell langweilig werden. Doch allzu radikal darf eine Unterhaltungssendung auch nicht werden, sonst könnte sie auf die Zuschauer verstörend wirken. Meinungen wie ein „Nein zu einer Intervention in Syrien" waren 2012 zwar nicht verboten.

In Wirklichkeit aber war es viel schlimmer: Eine solche Meinung verbot sich von alleine, weil der Kontext als aufbrechender demokratischer Frühling in die Freiheit definiert, mit grausamen Bildern von getöteten Kindern untermauert und von anderen Instanzen wie Politik, Social Media und „Internationalen Organisationen" gleich einem Mantra dauernd bestätigt wurde. Einmal medial hergestellt, führt eine solche Gesamtatmosphäre automatisch dazu, dass sich bestimmte Meinungen (gegen Intervention) verbieten, während sich andere (für Intervention) geradezu gebieten.

Wer sich dieser gewaltigen Gesamtatmosphäre widersetzt, muss mit Konsequenzen rechnen, auch und vor allem innerhalb der eigenen Redaktion. Natürlich hatten wir, die Mitarbeiter von *Al-Dschasira*, damals unsere Vermutungen bezüglich des neuen, zugleich pro-islamistischen und pro-westlichen Kurses des Senders. Etwa dass es möglicherweise um katarische Außenpolitik ginge, die anfangs subtil und später plakativ begann, das Medium *Al-Dschasira* als Waffe für die Freunde und gegen die Feinde einzusetzen. Manche vermuteten, dass die Muslimbrüder die Macht innerhalb des Senders ganz an sich gerissen hätten und nach dem Arabischen Frühling und den Flitterwochen mit dem Westen nur noch ihre Sicht der Dinge zeigen und sehen wollten.

Am 4. Februar 2012 legten Russland und China ihr zweites Doppelveto (das erste war im Oktober 2011) im Sicherheitsrat in New York gegen eine Syrien-Resolution ein. Diese war von Marokko eingebracht worden und wurde von den USA, Großbritannien und Frankreich unterstützt. Für Russland sei sie eine Einmischung der UNO in einen landesinternen Konflikt, sagte der russische UNO-Botschafter Witali Tschurkin (gest. 2017) bereits im Vorfeld: „Mit der Russischen Föderation wird es keine Sanktionen und keine Intervention in Syrien geben." Für die USA stand ebenfalls von vornherein fest: wer die Resolution verweigere, mache sich zum „Komplizen der anhaltenden Gewalt", wie es US-Außenministerin Hillary Clinton formulierte: „Es ist nun Zeit für die internationale Gemeinschaft, ihre Differenzen beizulegen und eine klare Botschaft der Unterstützung für das syrische Volk zu schicken." Die Gesamtatmosphäre im

Westen nach dem erneuten doppelten chinesisch-russischen Veto fasste ein Schlüsselsatz zusammen, der nicht nur nach einem Krimi klang, sondern tatsächlich Titel eines James-Bond-Films aus dem Jahr 1989 war: Das Veto sei eine „Lizenz zum Töten". So bezeichnete es damals der katarische Vizeaußenminister Khalid al-Attiyah (2011-2013, anschließend Außenminister bis 2016), bevor ihm westliche Politiker folgten. Gemeint war, dass die schützenden Hände von Moskau und Peking eine Ermutigung für das syrische „Regime" darstellen würden, das weiter zu machen, womit es die ganze Zeit nach westlichem Narrativ beschäftigt war: zu töten.

Kurze Zeit nach der vermeintlichen „Lizenz zum Töten" nahm ich fast routinemäßig an einer TV-Diskussionsrunde des arabischsprachigen Dienstes der *Deutschen Welle* zum Thema Russland-China-Veto teil. Diese lud turnusgemäß arabische und arabischsprachige deutsche Journalisten ein und wurde in den arabischen Ländern empfangen. Dabei widersprach ich dem mittlerweile zum Non-Plus-Ultra gewordenen Satz der westlichen James-Bond-Politik und plädierte für einen anderen, ruhigeren internationalen Anlauf zur Lösung des komplizierten Syrien-Konfliktes, der mittlerweile internationale Dimensionen angenommen hatte. Bereits am nächsten Morgen nach der Ausstrahlung rief mich jemand aus der *Al-Dschasira*-Chefredaktion an. Mit zitternder, aufgeregter Stimme wurde mir mitgeteilt, dass meine Teilnahme an der Sendung hohe Wellen in den Sozialen Medien im Internet geschlagen habe, dass bei den Kommentaren im Netz die Rede von einem *Al-Dschasira*-Korrespondenten gewesen sei, der eine „Lizenz zum Töten" unterstützen würde, und dass ich vorher ein schriftliches Okay für die Teilnahme an der Sendung hätte beantragen müssen.

Auf das Argument hin, dass ich seit über zehn Jahren an deutsch- und arabischsprachigen Sendungen in Deutschland teilgenommen hätte und dass bei dem, was ich in der Sendung gesagt hatte, nichts Spektakuläres sei, folgte zunächst ein längeres Schweigen. „Ich muss Sie nun in diesem Zusammenhang schriftlich verwarnen", sagte das Zittern auf der anderen Seite der Leitung irgendwann und fügte hinzu, „um Sie und mich zu schützen". Eine schriftliche Verwarnung könnte meine Personalakte als Kriegs- und Europa-Reporter seit 2002 wahrlich verkraften, dachte ich. Aber mir war nicht klar, vor wem oder wovor ein Chef bei *Al-Dschasira* so viel Angst hatte. Früher war *Al-Dschasira* der Schreck der Mächtigen gewesen, nicht umgekehrt. „Was? Aus dieser kleinen Streichholzschachtel kommt der ganze Ärger?", hatte einst Ägyptens Präsident Muhammad Husni Mubarak bei einem Besuch in der katarischen Hauptstadt Doha in früheren Jahren lachend gefragt, als er im Rahmen eines Besuchsprogramms die damals schlichte und kleine Zentrale des Nachrichtensenders besichtigte. Als alle Büroleiter zur gleichen Zentrale im Frühling 2012, einen Monat nach der mich und meinen Chef „schützenden" schriftlichen Verwarnung, zu Konsultationen eingeladen wurden, erkannten wir unsere Streichholzschachtel kaum noch wieder. Diese glich jetzt einer Festung mit vielen Sicherheitskameras, viel Wachpersonal und mehrstufigen Sicherheitsgürteln. Kein Wunder, denn der ehemals als professionell und unabhängig geltende Sender war inzwischen, wie es ein Kollege in der Redaktions-Zentrale hinter vorgehaltener Hand formulierte, Teil einer Staatspolitik. Und Staaten haben nicht nur Freunde.

Wir zu Gast bei der Welt

Deutschland im Herbst 2016. Gefühlt war ein „Flüchtlingssturm" ein Jahr lang über das Land hinweggezogen mit Blitz und Donner für die sogenannte Anti-Flüchtlings-Fraktion und mit erfrischender Luft für die sogenannte Pro-Flüchtlings-Fraktion. Doch in diesem Herbst hatten die zwei Lager zum ersten Mal seit fast einem Jahr einen Grund, zur gleichen Zeit aufzuatmen. Erstere, weil es 2015 laut letzter Information des Bundesinnenministeriums doch nicht 1,1 Millionen Asylsuchende waren, wie ursprünglich befürchtet, sondern „nur" 890.000. Anders ausgedrückt: Es kam alles weniger schlimm, als man zunächst angenommen hatte. Dies ist ein wichtiger Punkt für eine Fraktion, die sich im zurückliegenden Vierteljahrhundert seit den ersten großen Asyl- und Flüchtlingsdebatten direkt nach der deutschen Wiedervereinigung immer wieder aufs Neue über jeden quantitativen Sieg, sprich statistisch weniger Asylbewerber, freute. Die zweite Fraktion atmete auf, weil aus ihrer Sicht mit den neuen Zahlen die Regierung von Kanzlerin Angela Merkel doch nicht schuld an dem Flüchtlingsstrom gewesen sein konnte. Denn laut Schätzungen des Bundesinnenministeriums waren bereits im Sommer 2015 circa 800.000 Flüchtlinge erwartet worden. Das heißt, die knapp 900.000 Flüchtlinge deuteten sich lange vor dem Eingreifen des Bundesamtes für Migration und Flüchtlinge (BAMF) am 21. August mit der Außerkraftsetzung der sogenannten Dublin-Regeln für Syrer an, wonach Flüchtlinge dorthin zurückgeschickt werden sollen, wo sie erstmals europäischen Boden betreten haben. Anders ausgedrückt: Es kam doch alles, wie man es eh erwartet hatte.

Nicht nur die Flüchtlingsgegner schafften es in den schwierigen Jahren 2015/2016 nicht, zwischen einer Flüchtlingspolitik, die sie auf ganzer Linie kompromisslos ablehnten, und dem faktischen Gegenstand dieser Politik, dem Flüchtling, zu unterscheiden. Dies sollten übrigens im Endergebnis viele Flüchtlinge ausbaden, denkt man an zahlreiche rassistische Übergriffe aus dem rechtsradikalen Rand des gesellschaftlichen Spektrums. Auch die Flüchtlingsbefürworter schafften es kaum, zwischen der gleichen Flüchtlingspolitik, die sie allerdings auf ganzer Linie bedingungslos unterstützten, und der komplizierten Realität auf dem Boden der Tatsachen zu unterscheiden. Zu diesen gehörte, dass die zuständige Bundesbehörde, das BAMF, noch im Sommer 2015 nur von etwa 450.000 Flüchtlingen bis zum Jahresende ausgegangen war, nicht aber von 800.000. Letztere fast doppelt so hohe Zahl erwarteter Flüchtlinge tauchte im Bundesinnenministerium gerade einmal zwei Tage vor der Aufhebung der Dublin-Regeln auf, als die Flüchtlinge bereits in Sichtweite bzw. am Ankommen waren. So ganz erwartet kann diese Zahl folglich nicht gewesen sein, und ganz wie erwartet kam alles in den Jahren 2015/2016 gewiss auch nicht.

Die Deutschen und die Flüchtlinge mussten in den letzten Jahren vieles gemeinsam durchmachen. Das belegen nicht nur allerlei Bestseller-Bücher mit spektakulären Titeln wie das von Katja Schneidt *Wir schaffen es nicht: Eine Flüchtlingshelferin erklärt, warum die Flüchtlingskrise Deutschland überfordert* von 2016 oder das von Robin Alexander *Die Getriebenen: Merkel und die Flücht-*

lingspolitik: Report aus dem Innern der Macht von 2017, sondern auch die Ranglisten zum Wort des Jahres im entsprechenden Zeitraum. Während im Jahr 2013 die „Armutseinwanderung" auf Platz drei der Wörter des Jahres stand, kam bereits 2014 die „Willkommenskultur" auf Platz sechs. Ab 2015 war das Thema endgültig angekommen: auf Platz eins kam „Flüchtlinge" und auf Platz zehn die deutsche Version von „Yes, we can", das merkelsche „Wir schaffen das". Wörter des Jahres, überhaupt Sprache, waren und sind im Zusammenhang mit dem Zeitgeist stets wichtig: Am Anfang war das Wort und es hieß „Ausländer", dann kam der „Türke", dann der „Kanake", dann der „Muslim" und heute ist es der „Flüchtling" in vielen Variationen, vom „Sozial- und Wirtschafts-" bis zum „Kriegsflüchtling".

***

Auch wir, arabisch- und syrisch-stämmige „Neudeutsche", mussten in den Jahren 2015/2016 viel durchmachen und mit Phänomenen wie den Bildern von Menschen mit „Refugees-Welcome"-Plakaten an den Bahnhöfen psychologisch fertig werden. Bahnhöfe waren auch für uns Anfang der 90er Jahre des letzten Jahrhunderts immer mal wieder eine erkenntnisträchtige Begegnungsstätte mit bestimmten Gruppen vom Rande der Mehrheitsgesellschaft, allerdings nicht mit „Students-Welcome"-Plakaten, sondern mit Baseballschlägern in der Hand. An die gängigen 4-W-Fragen für ausländische Studierende aus jener Zeit erinnern sich bis heute noch viele: „Wie heißen Sie? Woher kommen Sie? Was studieren Sie? Wann fahren Sie in Ihre Heimat zurück?" Andere Zeiten, andere Bahnhofssitten und Fragen, könnte man meinen.

Natürlich hat sich in Deutschland zwischen 1991 und 2016 in Bezug auf Menschen anderer Herkunft recht viel getan. Natürlich herrscht in einem Land, dessen Bewohner im Jahr 2016 zu einem Fünftel Migrationshintergrund haben, mittlerweile eine andere Atmosphäre als die nationalistisch angehauchte direkt nach der Wiedervereinigung. Irgendetwas geschieht immer in Zwischenzeiten, auch im positiven Sinne. Doch der schnelle Sinneswandel gegenüber Flüchtlingen nach den sexuellen Übergriffen gegen Frauen, vor allem in Köln, in der Silvester-Nacht 2015/2016 zeigte ein differenzierteres Bild. Einiges zum Thema Flüchtlinge, Araber und Muslime hat sich offenbar, bei allen sonst positiven Entwicklungen, nur an der Oberfläche der Gesellschaft verändert. Vieles war eher eine mediale emotionale Übertreibung einer vermeintlichen Willkommenskultur als eine tiefgreifende rationale Auseinandersetzung mit sich und dem „Anderen".

15 Jahre nach dem 11. September saß ich wieder deutschen Kolleginnen und Kollegen in Interviews gegenüber, die zwar nicht, wie damals nach dem 11. September 2001, fragten, wie das so bei „uns" mit den „Frauen" sei. Viel schlimmer: Sie fragten, ob man denn mehr Integrationskurse brauche, um arabischen und muslimischen männlichen Flüchtlingen endlich klarmachen zu können, dass hier „bei uns in Deutschland" anders mit Frauen umgegangen werde als da, wo man herkomme. Traurig war nicht allein die erneute pauschale Projizierung des Werkes einiger krimineller Banden auf eine ganze Kultur. Traurig war aus arabischer Sicht auch, dass professionelle Politiker und Journalisten, dass erwachsene und belesene Männer und Frauen von der abwertenden und unwürdigen Annahme ausgingen, dass sexuelle Übergriffe in arabisch-muslimischen Gesellschaften eine Alltagsnormalität, eine von und zwischen allen Männern und allen Frauen dauernd erlebte Realität darstellten; dass Betroffene daher diese schlechten Gewohnheiten nur mit Hilfe von Wundermitteln namens Integrationskursen überwinden könnten. So avanciert ein Kurs zur „Einführung von Nicht-Deutschen in die deutsche Kultur" zur „Einführung von Barbaren in Kultur überhaupt".

Ja, es gibt ihn tatsächlich, den „positiven" Rassismus, sprich die sich aus noblen Beweggründen ergebenden Verhaltensweisen, die nichtsdestoweniger bei genauerer Betrachtung einen unbewusst herabwürdigenden Blick im Hintergrund verraten. In seinem Anfang 2017 erschienenem Buch *Unter Weißen: Was es heißt, privilegiert zu sein* erzählt der für deutsche Medien in Deutschland auf Deutsch schreibende marokkanische Journalist Mohamed Amjahid sehr eindringlich von diesem „positiven" Alltagsrassismus, auch im Zusammenhang mit der Flüchtlingskri-

se. Er sei vor Ort gewesen, als im Sommer 2015 viele Menschen
aus Syrien und dem Irak am Münchner Hauptbahnhof ankamen. Eine Helferin habe ihn mit einem Käsebrötchen verfolgt
und mit ihm nur eine seltsame Art Pidgin-Englisch gesprochen,
auch wenn er auf Deutsch geantwortet habe – so unerschütter-
lich sei ihr Glaube gewesen, der Reporter sei ein Flüchtling. Der
oder das Fremde bzw. der „Flüchtling" musste als Projektionsfläche guter und schlechter, linker und rechter, offener und kon-
servativer, freundlicher und feindlicher Einstellungen und Gefühle herhalten – das ist die eigentliche Tragik eines Flücht-
lingsdaseins. Eine Tragik, bei der die Flüchtlingsdebatten einer
ganzen Gesellschaft auf dem Rücken von Menschen ausgetragen
werden, die nicht einmal „Bahnhof" verstehen, geschweige denn
die sie betreffenden Debatten. Apropos Bahnhof: Die „Silvester-
nacht" schaffte es sogar auf Platz drei bei den Wörtern des Jahres
2016.

✳✳✳

Während mit der „Silvesternacht" als Auftakt die schwelenden
innenpolitischen Gegensätze in der Flüchtlingsthematik offen
aufbrachen und sich zuspitzten, deutete Platz sechs bei den
Wörtern des Jahres 2015, „Durchwinken", und Platz zwei bei denen des Jahres 2016, „Brexit", auf außenpolitische Dimensionen
hin. Mit dem ersten Begriff war das Verhalten vieler, vor allem
osteuropäischer Staaten gemeint, die die Flüchtlingsströme ab
Sommer 2015 praktisch nach Deutschland durchgewunken haben, aber selbst kaum welche aufnehmen wollten. Doch Ungarn,
Polen, Tschechien und die Slowakei waren in ihrer ablehnenden
Haltung gegenüber Flüchtlingen und deutscher Flüchtlingspolitik nicht allein. „Deutschland öffnet seine Tore", titelte die britische Zeitung *The Independent* dramatisierend, als Berlin die Dublin-Regeln für Syrer im Sommer 2015 außer Kraft gesetzt hatte.
Ungefähr ein Jahr später werden die Briten für den Austritt aus
der Europäischen Union votieren: Der Brexit-Fall war eingetreten. Für viele, wie der UNO-Sondergesandte für Syrien seit 2014,
Staffan de Mistura, auf einer Tagung im deutschen Bundestag
im November 2016 erinnerte, auch eine Folge der zunehmenden

Ängste im Zusammenhang mit der Flüchtlingsthematik und somit auch eine Spätfolge der Krise in Syrien.

Die außenpolitischen Dimensionen der Flüchtlingsthematik beschränkten sich allerdings keinesfalls auf europäisches Gebiet. Anders als Begriffe wie „Sozial-" und „Wirtschaftsflüchtlinge", die vor allem polemisch in innenpolitischen Debatten zwecks Verschärfung von Asylgesetzen und Erleichterung von Abschiebungen sehr gut einsetzbar waren, war der Terminus „Kriegsflüchtling" eher für Debatten zu außenpolitischen Fragen zweckbestimmt einsetzbar. So fliehe zum Beispiel der syrische Kriegsflüchtling – je nach westlichem politischen Bedarf – mal vor „Assad", mal vor dem „Islamischen Staat" (IS), aber niemals vor den Bewaffneten der „Freien Syrischen Armee", „Al-Nusra-Front" oder „gemäßigten Rebellen". Beliebt ist auch die Variante, die syrischen Flüchtlinge würden vor den Russen fliehen. Dies würde allerdings bedeuten, dass diese Flüchtlinge hellseherische Kräfte hätten und im Voraus flüchteten. Denn das russische militärische Eingreifen in Syrien begann erst Ende September 2015 und somit nach Ausbruch der großen Flüchtlingsbewegung. Die amerikanische Intervention hingegen, die im Rahmen einer sogenannten „Internationalen Koalition" gegen den IS im September 2014 erfolgte, ist fast nirgends bei westlichen Politikern und Medien als Flucht- oder Todesursache zu finden.

Dieses Buch, das den Krieg und das Chaos im Nahen Osten vor Augen hatte, bevor es bei den Flüchtlingen und der Flüchtlingsdebatte in Deutschland landete, wollte an dieser Stelle ursprünglich einen neuen Flüchtlingsbegriff hervorbringen: „Demokratisierungsflüchtling". Dieser wäre ein Flüchtling, der seine Heimat verlassen musste, weil irgendwelche Westmächte über sie direkt oder indirekt hergefallen waren, um nach eigenen Angaben Demokratie einzuführen und Terror zu bekämpfen. Argumente für den neuen Flüchtlingsbegriff gäbe es genug. Allen voran, dass die ersten drei Herkunftsländer der Flüchtlinge im Jahr 2016 Syrien, Afghanistan und Irak in dieser Reihenfolge waren. Sie kamen somit aus einem „Regime-Change-Krieg", einem „Anti-Terror-Krieg" und einem „Präventiv-Krieg", die alle vom Westen, vor allem den USA und deren regionalen Verbündeten, geführt wurden. Ein weiteres indirektes Argument wäre der an einer anderen Stelle bereits erwähnte Bericht des Auswärtigen Ausschusses im britischen Parlament zum Libyen-Einsatz. Nach diesem sind die Folgen dieses Einsatzes nicht nur der politische und wirtschaftliche Zusammenbruch des Landes, Kämpfe zwischen rivalisierenden Milizen und der Aufstieg des „Islamischen Staates" (IS), sondern auch eine Flüchtlingskrise auf dem Mittelmeer. Denn durch den völligen Zusammenbruch des Staates und der daraus folgenden Cliquenherrschaft von Stammes-Banden und Warlords entwickelte sich Libyen zu einer Drehscheibe für Menschenschmuggel und Schleuserbanden.

Der Begriff „Demokratisierungsflüchtlinge" wäre auf den ersten Blick gar nicht so abwegig, wenn es denn nur diese vermeintliche Demokratisierung gäbe. Denn das würde wenigstens bedeuten: Die Absicht an sich war positiv, das Ergebnis aber leider negativ. Man hat versucht, anderen Völkern die Demokratie zu schenken, beizubringen oder aufzuzwingen, dies ist aber, weshalb auch immer, danebengegangen. In Wirklichkeit gab es diesen Versuch jedoch nie, sondern stattdessen nur eine „Steinzeit-" und „Fata-Morgana-Demokratie". In Wirklichkeit kann auch kaum von einem „Arabischen Frühling" die Rede sein, der diesen Namen verdient hätte: Laut einem Report der Wirtschafts- und Sozialkommission für Westasien (ESCWA) der UNO von 2016 betrug alleine der wirtschaftliche Verlust aufgrund der Entwicklungen nach dem Arabischen Frühling bis Ende 2015 mehr als 600 Milliarden Dollar. Das „Arabische Strategieforum" bezifferte die Verluste sogar, nur bis Ende 2014, auf über 800 Milliarden. Hinzu kamen über eine Million Tote und Verletzte sowie mehr als 14 Millionen Flüchtlinge. Nein, die Anführungszeichen beim „Arabischen Frühling" im Titel dieses Kapitels sind kein Druckfehler, sondern gewollt. Sie gehören eigentlich jedes Mal dazu, wäre dies nicht zerstörerisch für den Lesefluss.

Es bleibt somit nur die trübselige und wenig hoffnungsvoll stimmende Tatsache, dass wir Araber, Muslime, Menschen aus Nordafrika, dem Nahen und Mittleren Osten am Ende der Geschichte als Flüchtlinge zu Gast bei der Welt waren und immer noch sind.

Statt eines Schlussworts: Des Rätsels Lösung?

Was war das für ein Vierteljahrhundert, das mit der uniformierten Welt zu Gast bei den Arabern 1991 begann und mit den geflüchteten Arabern zu Gast bei der Welt 2016 endete? In Anbetracht der Kriege und Militärinterventionen jener Jahre scheint es aus arabischer Sicht ein Vierteljahrhundert gewesen zu sein, in dem sich der Westen gegenüber den Nachbarn in Nordafrika und im Mittleren und Nahen Osten oft so präventiv-kriegerisch wie der Soldat in folgendem arabischen Witz präsentiert hat: „Schockiert rennt ein Offizier zum Soldaten, der gerade von seinem Wachturm herunter einen Mann auf dem naheliegenden Marktplatz erschossen hatte. Was erlaube er sich, fragt der Offizier den Soldaten wütend. 'Jawohl Sir, aber Sie haben doch gesagt, dass ab 18 Uhr Ausgangssperre wäre und dass wir auf jeden schießen müssen, der sich an diese nicht hält', antwortete der Soldat. 'Ja, aber jetzt ist es erst 17 Uhr. Der Mann hat nichts verbrochen', erwiderte der Offizier. 'Jawohl Sir, ich weiß', versuchte der Soldat seinen Offizier zu beruhigen, zeigte auf den in seinem Blut liegenden Mann und fügte hinzu: 'Ich melde gehorsamst, Sir: Den Mann kenne ich. Er ist mein Nachbar und würde es nie im Leben in einer Stunde bis nach Hause schaffen.“

Doch auch wenn die vorigen Buchkapitel aufgezeigt haben sollten, wie präventiv-kriegerisch oder gar nur kriegerisch das westliche Handeln nicht nur in der Nahost-Region gewesen war, bleibt die Frage nach Sinn und Ziel dieses Handelns trotzdem offen. Was genau wollte der Westen dort in den 25 Jahren zwischen 1991 und 2016? Wollte er, wie es bei der Befreiung von Kuwait 1991 hieß, die „Souveränität des Staates" um jeden Preis schützen? Oder, wie beim Irak-Krieg 2003, diese total und ohne UNO-Mandat endgültig untergraben? Oder sie, wie beim Libyen-Krieg 2011, nur gelegentlich und je nach Situation relativieren? Wollte der Westen die Islamisten als potenzielle Terroristen mit allen Mitteln und überall bekämpfen, wie seine aggressive Rhetorik es nach dem 11. September 2001 versprach? Oder mit ihrer Hilfe willfährige politische Systeme installieren, wonach es nach dem Arabischen Frühling zum Beispiel in Tunesien und Ägypten 2011/2012 de facto aussah? Oder nur ihre vielen Kämpfer je nach Bedarf in „gemäßigt" und „radikal" einteilen und zur Destabilisierung von „widerspenstigen" Staaten einsetzen, was man zum Beispiel in Syrien ab 2011 vermuten darf? Wollte und will der Westen einen gespaltenen und zerrissenen Nahen Osten der Steinzeit mit Stammes-, Konfessions- und Ethnien-Kriegen, sprich einen Sieg des „Kampfes der Kulturen" à la Samuel P. Huntington? Oder einen Nahen Osten der Moderne mit demokratischen Staaten, 100-prozentig nach westlichem Vorbild, sprich einen Sieg vom „Ende der Geschichte" à la Francis Fukuyama, und sei es nur als Beleg für die Überlegenheit des eigenen politischen Systems?

Für jede der oben genannten Varianten gibt es entsprechende Ansätze, Argumente und Anhänger. Nur, keine Variante ergibt für sich allein ein überzeugend logisches Gesamtbild oder hält einer konsequenten wissenschaftlichen Überprüfung stand. Schlüssig zu Ende gedacht würden gerade die oben diskutierten Terror- und Demokratieaspekte bedeuten, dass die Entscheidungsträger im Westen böse Geister oder Dummköpfe wären. Denn oberflächlich betrachtet könnten nur Bosheit oder Dummheit erklären, warum modernere Staaten wie der Irak, Libyen oder Syrien zerstört wurden, während Monarchien ohne Parlamente, aber mit massivem religiösen Fundamentalismus ausgestattet, wie die Golfstaaten, nicht nur geduldet, sondern regelrecht unterstützt werden. Viel schlimmer noch: Der Westen arbeitet, laut Äußerungen diverser westlicher Politiker, allen Ernstes mit einem Emirat Katar an der „Demokratisierung" von Libyen und mit einem Königreich Saudi-Arabien an der von Syrien. Doch so verlockend das fassungslose Gerede von „bösen Geistern oder Dummköpfen" als simple Erklärung für komplizierte Vorgänge erscheinen mag, als Erklärungsgrundlage für die Entwicklung politischer und militärischer Entscheidungsprozesse ist es oberflächlich und irreführend.

Jenseits von „dumm" und „böse" muss es folglich andere Erklärungen für die Haltung des Westens gegenüber dem Nahen und Mittleren Osten geben. Diese werden allerdings erst sichtbar, wenn man sich von einem Weltbild verabschiedet, wie es in weiten Teilen der westlichen Öffentlichkeit und Eliten vorzufinden ist. Dieses Bild lässt sich besonders deutlich erkennen in der letzten Rede von US-Präsident Barack Obama vor der Generalversammlung der Vereinigten Nationen in New York am 20. September 2016. Wichtiger als sein „Vermächtnis" an die Welt, wie viele westliche Medien einige Aspekte der Rede beschrieben haben, war seine Bewertung der nahen Vergangenheit. Die Zahl der Demokratien rund um die Welt habe sich in den vergangenen 25 Jahren fast verdoppelt. „Ein Vierteljahrhundert nach Ende des Kalten Krieges ist die Welt in vielerlei Hinsicht weniger gewalttätig und wohlhabender als jemals zuvor", sagte er damals, wenige Monate vor Ende seiner Präsidentschaft.

Eine genauere Betrachtung des gleichen Vierteljahrhunderts ergibt allerdings nicht nur aus arabischer Sicht ein völlig anderes Narrativ, das sich sehr gut mit dem oben erzählten Witz über den Soldaten und die Ausgangssperre verbinden lässt. In welchem Krieg befand sich der Soldat und vor allem gegen wen, als er seinen Nachbarn erschossen hatte? Angesichts der Situation mit Soldaten, Waffen und Ausgangssperren muss es einen Krieg gegeben haben, dessen Ursachen, Umstände und Folgen durch dieses zynische Schlaglicht nicht ausreichend erklärt werden können. In welchem Krieg befand sich der Westen und gegen wen, als Atwar Bahjat, Mazen al-Tmaizi und Rasheed Hameed Waali starben? Der Irak-Krieg war offiziell doch längst zu Ende. Anbei der Versuch einer Antwort, einer Sinn-These und einer arabischen Gegendarstellung zu Obamas „schöner, neuer" Welt:

Im Januar 1991 brach – versteckt hinter dem Namen „Zweiter Golfkrieg" – der „Dritte Weltkrieg" aus; ein Krieg um handfeste geostrategische Interessen wie Bodenschätze, Energiewege und Einflusssphären – losgetreten durch den Westen, allen voran die USA. Ein gewaltiger Weltkrieg, der später gar Deutschland, den Verlierer der letzten beiden Weltkriege, binnen weniger Jahre vom „politischen Zwerg" mit „Scheckbuchdiplomatie" in ein Land umwandeln sollte, das mehr „Verantwortung in der Welt" tragen wolle, wie viele deutsche Politiker das Ganze heutzutage verschleiernd formulieren; oder in ein Land mit einer gewissen Größe mit „Außenhandelsorientierung und damit auch Außenhandelsabhängigkeit", für das im Notfall, um seine Interessen zu wahren, auch militärische Einsätze notwendig seien, wie einst Horst Köhler das Ganze offen formulierte. Von der Datierung auf den Januar 1991 und dem Terminus „Dritter Weltkrieg" einmal abgesehen, blieb dieser Krieg in der Fachliteratur nicht unbemerkt. Bereits 2007 schrieb der aus dem Iran stammende deutsche Autor Bahman Nirumand genau zu diesem Thema seine beachtenswerte Analyse *Der unerklärte Weltkrieg – Akteure und Interessen in Nah- und Mittelost.* Dass die breite Weltöffentlichkeit den „Dritten Weltkrieg" nicht mitbekommen hatte, lag an mehreren, die Sicht erschwerenden Aspekten.

Dazu gehörte, dass – anders als beim Ersten und Zweiten Weltkrieg – der Krisenherd Naher und Mittlerer Osten dieses Mal ein Haupt- und kein Nebenschauplatz des Weltkrieges war. Dieser in den Nahen und Mittleren Osten verlagerte Weltkrieg war deshalb für viele im Westen und anderswo in der Welt nicht unmittelbar sichtbar. Zusätzlich wurde die Sicht auch durch den postmodernen Charakter des „Dritten Weltkrieges" erschwert, bei dem der Frontbegriff zu keiner der klassischen Definitionen passte. Es wurde über längere Zeiträume, aus verschiedenen Anlässen und auf verwirrend breiter und zum Teil asymmetrischer Front, von Afghanistan im Mittleren Osten bis Libyen in Nordafrika über Irak und Syrien im Nahen Osten gekämpft. Darüber hinaus half denjenigen, die von einem „Dritten Weltkrieg" nichts wissen bzw. ihn verschweigen wollten, eine schon lange zurückliegende sprachliche Erfindung, hinter der sich dieser Krieg verstecken ließ, aus der Erklärungsnot. Die Nachkriegsordnung zwischen 1945 und 1991 nannte man im Westen aufgrund der Konkurrenz zweier politischer und Wirtschaftssysteme spätestens seit dem Buch *The Cold War* (1947) des amerikanischen Autors und Journalisten Walter Lippmann (gest. 1974) einen „Kalten Krieg". Korrekter hätte es eher heißen müssen: „Kalter Frieden". Als sich der „Kalte Frieden" mit dem Mauerfall und der Deutschen Einheit dem Ende näherte, hieß es euphorisch, der „Kalte Krieg" sei vorbei. Dabei dauerte der Übergang vom

„Kalten Frieden", alias „Kalter Krieg", bis zum Ausbruch des „Dritten Weltkriegs" nur wenige Wochen.

Die Verdrängung des Weltkrieges wurde auch durch eine strategische „Ungeschicklichkeit" begünstigt: die Besetzung Kuwaits durch den Irak. Denn mit dieser ließ sich der Ausbruch des Weltkrieges als willkommene „Befreiungsaktion" eines besetzten Staates hervorragend verschleiern. Dass für die Befreiung Kuwaits auch viele andere nichtmilitärische Wege oder militärische, aber mit weniger Beteiligten, Gerät und folglich Intensität und Opfern, hätten beschritten werden können, wurde nicht einmal im Ansatz thematisiert.

Ein weiterer Grund für die Nichtsichtbarkeit des „Dritten Weltkrieges" war der intensiven, vielschichtigen und professionellen Medienarbeit durch kriegführende Kreise in den westlichen Staaten zu verdanken. Das Endergebnis dieser Medienarbeit für die breite Öffentlichkeit wurde an einer anderen Stelle dieses Buches mit der Formulierung beschrieben: „Vor lauter Schlachtenbildern den (Welt-)Krieg nicht sehen". Diesen sollte man auch nicht deutlich sehen, denn die saturierte Lage der Wohlstandsbürger, die leidvollen historischen Kriegserfahrungen sowie die Antikriegs- und Friedensbewegungen in den westlichen Ländern ließen kaum Begeisterung für Kriege, geschweige denn für Weltkriege, aufkommen. Das erklärt die erleichterte Rede von George Bush Senior über das Verscheuchen des Vietnam-Syndroms nach dem Zweiten Golfkrieg. Dieser war ein Befreiungsschlag, denn die Wirtschaftssysteme und -strukturen im Westen brauchten und brauchen Kriege zum Überleben: Krieg ist Wirtschaftswachstum mit Waffen, ganz abgesehen davon, ob es dabei um das Absichern von Rohstoffreserven, Transportwegen und Märkten geht oder um das Abschneiden der Gegner von selbigen. Vom Zweiten Golfkrieg (als Antwortkrieg), Anti-Terror-Krieg (als Vergeltungskrieg) und Irak-Krieg (als Präventivkrieg) bis zum Libyen-Krieg (als Schutzverantwortungskrieg) und Syrien-Krieg (als Mix aus Bürger-, Demokratisierungs- und Anti-IS-Krieg) folgte die postmoderne Medienarbeit der westlichen Angreifer nicht nur der klassischen Propagandaregel, einem Krieg – wie oben in Klammern – eine bestimmte Form in den Köpfen der Menschen zu verleihen. Vielmehr machte diese Medienarbeit den übergeordneten Weltkrieg hinter all den oben aufgezählten kleineren Kriegen unsichtbar und somit erst möglich.

Der Name „Dritter Weltkrieg" erklärt einiges im Zusammenhang mit den Entwicklungen innerhalb und außerhalb des Nahen Ostens in den letzten 25 Jahren. Nicht nur dem damals noch nicht sichtbaren Feind, sondern einem jeden eventuellen Feind prophylaktisch kriegerisch mit vielen Koalitionspartnern und viel Feuerwerk eine Lektion zu erteilen: Das war die Devise des Zweiten Golfkrieges bzw. der ersten Etappe im „Dritten Weltkrieg". Es ist daher kein Wunder, dass die USA am 8. Juni 1991 die größte Siegesparade seit dem Ende des Zweiten Weltkrieges in Washington feierten und ihre Militärpräsenz auf der Arabischen Halbinsel auch nach dem Krieg und der Zerstörung der irakischen Militärkapazitäten beibehielten. Diese Präsenz verwies somit viel mehr auf einen fortlaufenden Weltkrieg als auf eine angeblich weiterhin bestehende irakische Gefahr.

Zu einer Art ideologischer Vorbereitung, Begleitung und Rechtfertigung vor allem des Anti-Terror-Krieges bzw. der zweiten Etappe des „Dritten Weltkrieges" dienten ausgerechnet sogenannte akademische Gedankenspiele wie das „Ende der Geschichte" oder der „Kampf der Kulturen". Diese trugen zu einer Atmosphäre bei, in der ein Krieg als legitimes Instrument zur Verbreitung des westlichen Werte- und Politsystems und als Selbstverteidigungsmaßnahme gegen ein vorwiegend aus dem islamischen Kulturkreis stammendes und weltweit agierendes Terrornetz vermarktet werden konnte. Der amerikanische Denker Noam Chomsky gehört zu den wenigen Köpfen, die sich frühzeitig von dieser offiziellen Lesart samt personifizierter Gefahr in der überstilisierten „Satansfigur" namens Osama bin Laden befreit haben. In seinem Buch mit dem schlichten Titel *9-11* von 2001 erachtete er die Frage nach der Schuld am bzw. Wahrheit über den 11. September für weniger wichtig. Stattdessen konzentrierte er sich darauf, die politischen und ökonomischen Triebkräfte im Hintergrund zu beleuchten, die eine große Rolle bei der Entscheidung spielten, was die USA strategisch aus dem 11. September machten. Es ging damals in der Tat um alles Mögliche, nur nicht um den Westen und den Islam oder die Islamisten. Die westlichen Staaten hatten eher Energiequellen, Versorgungsflüsse und offene Märkte im Nahen und Mittleren Osten als einen Osama bin Laden im Blick, als sie ihre Militärmaschinerie gen Arabische Halbinsel, Horn von Afrika und andere Schlüsselorte der Erdkugel in Gang setzten. Weder hatte Al-Qaida eine Flotte am Horn von Afrika im Herbst 2001 noch der „Islamische Staat" eine im Mittelmeer im Herbst 2016, die internationale oder NATO-Marinemissionen erforderlich gemacht hätten.

Am Vorabend der dritten Etappe des „Dritten Weltkrieges" kam es augenscheinlich zum Eklat. Wichtige Alliierte wie Deutschland und Frankreich stellten sich gegen die Pläne der USA für den Irak-Krieg im Jahr 2003. Vielleicht waren diese tatsächlich „nicht überzeugt", wie es der damalige deutsche Außenminister Joschka Fischer in jener Szene während der Münchner Sicherheitskonferenz formulierte. Vielleicht waren auch andere Gründe im Spiel – das war aber nicht entscheidend. Entscheidend war wie bei jedem Weltkrieg, dass trotz aller Differenzen die Zusammenarbeit der Alliierten funktionierte, dass sie trotz ihrer öffentlich beteuerten Antihaltung ihre Aufgaben abseits des Lichtes der Öffentlichkeit erfüllten. Das erklärt, warum, während Bundeskanzler Gerhard Schröder in Hannover 2002 gegen den Irak-Krieg wetterte, „Business as usual" auf der Ramstein Air Base in der Nähe von Frankfurt, dem größten US-Militärflugplatz außerhalb von Amerika, herrschte und warum gleichzeitig der BND fleißig seine Berichte aus Bagdad über Berlin in die USA schickte.

Das strategische Moment zur Weichenstellung für das „Amerikanische Jahrhundert" durch einen „Dritten Weltkrieg" erlaubte keinerlei Bedenken, geschweige denn Ein- oder Widersprüche. Das galt sowohl für alliierte Regierungen außerhalb als auch für die eigene Bevölkerung innerhalb der USA. Um die Risiken gegen Null zu senken, wurde das größte und mächtigste globale Überwachungs- und Spionagesystem der Geschichte durch die amerikanische National Security Agency (NSA) entwickelt. Dieses „Big-Brother-Spinnennetz" von tendenziell totalitären Orwellschen Ausmaßen wurde allerdings erst 2013 von dem CIA-Mitarbeiter Edward Snowden aufgedeckt: dem Geburtsjahr der NSA-Affäre. Auf Platz 10 der Wörter des Jahres 2013 kam in jenem Jahr übrigens: „Freund hört mit".

Im Nahen Osten wurden unterdessen die Vorbereitungsarbeiten für die nächste Etappe des Weltkriegs in Angriff genommen. Es war erneut ein „Sturm" mit Ankündigung, aber ein außerordentlich gut verpackter. Unmittelbar nach der Besetzung Afghanistans 2001 und des Irak 2003 und der Installation neuer „demokratischer" politischer Systeme vor Ort begann auf amerikanischer Seite die Rede von der Bildung des sogenannten „Großraums Mittlerer Osten". Dieser umfasse alle islamischen Nationen von Nordafrika im Westen bis nach Pakistan im Osten als geopolitische Großregion, inklusive der Türkei und Israel. Anlässlich des G-8 Gipfels in Sea Island in den Vereinigten Staaten im Juni 2004 präsentierten die USA ihr Projekt als politische Agenda zur Umstrukturierung und Demokratisierung der Nah- und Mittelost-Region. Die hegemonialen Ziele dahinter waren allerdings kaum zu verbergen: von der Beseitigung unliebsamer Regierungen bis hin zur Errichtung weiterer Militärstützpunkte auch in ehemals sowjetischen Republiken wie Usbekistan, Turkmenistan und Aserbaidschan sowie der damit verbundene Zugriff auf strategisch und wirtschaftlich bedeutsame Rohstoffreserven.

Im Juli 2006 bereicherte die damalige US-Außenministerin Condoleezza Rice (2005-2009) die Welt der Begriffe um einen weiteren: den „Neuen Nahen Osten". Bei einem Besuch in Tel Aviv während des israelischen Krieges gegen den benachbarten Libanon verkündete Rice, in der Region ein „kreatives Chaos" säen zu wollen, aus dem ein „Neuer Naher Osten" hervorgehen solle: "Was wir hier sehen, ist in gewisser Weise das Entstehen der Geburtswehen eines neuen Nahen Ostens, und was immer wir tun, wir müssen sicher sein, dass wir auf einen neuen Nahen Osten hinarbeiten und nicht zum alten zurückkehren."

Fünf Jahre später hatte der Arabische Frühling der US-Ministerin, wenn auch im negativen Sinne, nachträglich Recht gegeben. Die vierte Etappe des „Dritten Weltkrieges" war mit zwei Großschlachten in Libyen und Syrien angebrochen, die zunächst hinter dem Namen „Arabischer Frühling" und den durchaus berechtigten Protesten der arabischen Massen verborgen blieben. Dennoch charakterisierte der liberal-konservative ägyptische Denker Muhammad Hassanein Heikal (gest. 2016) den Arabischen Frühling bereits Ende 2011 im Interview mit der ägyptischen Zeitung *Al-Ahram* als ein neues Sykes-Picot-Abkommen: „Das alte Sykes-Picot-Abkommen bedeutete eine Aufteilung der Arabischen Welt als Erbe des untergehenden Osmanischen Reiches zwischen den Briten und den Franzosen auf Kosten der Türken. Das neue Sykes-Picot-Abkommen ist der Versuch einer europäisch-amerikanischen Aufteilung des Erbes des gescheiterten Entwurfes namens Arabischer Nationalismus. Die Verlierer sind diesmal die Araber selbst."

Die größten Verlierer unter den Arabern waren die Libyer, die Syrer und nicht zuletzt die Jemeniten. In allen drei Ländern wurden ganz seltsame und gewaltsame Wege bestritten, die daran erinnern, dass bei Weltkriegen mit allen erlaubten und unerlaubten Mitteln gekämpft wird. Der am strategisch wichtigen Bab al-Mandab (Tor der Tränen), der Meeresstraße zwischen dem Roten Meer und dem Golf von Aden liegende Jemen sah sich ab dem Frühjahr 2015 mit der Intervention einer von Saudi-Arabien angeführten Militärallianz konfrontiert. Diese wird nach wie vor von den USA, Großbritannien und Frankreich unter dem Namen „Operation Decisive Storm" (Operation Sturm der Entschlossenheit) unterstützt. Libyen und Syrien sahen sich mit einer Extradosis schlagkräftiger Islamismus konfrontiert: Al-Qaida und Co. Im Januar 2017 veröffentlichte die Internetplattform *Wikileaks* die Audio-Aufnahme eines Gesprächs zwischen dem damaligen US-Außenminister John Kerry (2013-2017) und syrischen Oppositionellen vom 22. September 2016 in New York. Kerry sagte darin offen, dass die Vereinigten Staaten der Ausbreitung des IS absichtlich untätig zusahen, um den syrischen Präsidenten Baschar al-Assad zu Verhandlungen zu zwingen und fügte hinzu: „Anstelle von Verhandlungen kam ihm aber Putin zu Hilfe."

Die Frage nach den Gegnern des Westens im „Dritten Weltkrieg" ist für das Verständnis dessen, was im Nahen Osten zwischen 1991 und 2016 geschah, nicht unerheblich. Ein einziger Blick auf die Weltkarte verrät umgehend, um welchen Feind der Westen einen islamischen Bogen wie den „Großraum Mittlerer Osten" spannen wollte. Und das auch um den Preis einer erneuten Zusammenarbeit mit radikalen Gruppen, einer Verstümmelung des demokratischen Gedankens zur „Steinzeit-" und „Fata-Morgana-Demokratie", einer Wirtschaftskrise, einer erhöhten Terrorgefahr für die eigene Bevölkerung und einer Völkerwanderung von Millionen Flüchtlingen aus Afghanistan, dem Irak und Syrien in alle Himmelsrichtungen, auch nach Europa. Mit der oben erwähnten Äußerung von US-Außenminister Kerry wurde bereits der Hauptgegner des Westens im „Dritten Weltkrieg" namentlich genannt: Russland. Für diesen Gegner wurde sogar in den Jahren zuvor eine veraltete NATO erhalten und erweitert, die ihre Existenzberechtigung nach dem Ende des Warschauer Paktes im Sommer 1991 hätte verlieren dürfen. Mit dem ersten Doppelveto gegen eine Syrien-Resolution im Oktober 2011 meldete sich an der Nahost-Front, neben Russland, der zweite Gegner des Westens: China. Mit diesem Veto reagierte das zweite nicht-westliche ständige Sicherheitsratsmitglied auf verloren gegangene Einflusssphären und Energieinteressen im Nahen Osten und in Nordafrika beziehungsweise auf die Siegerposen von David Cameron und Nicolas Sarkozy in Tripolis.

Der weitere Verlauf des Krieges ist allgemein bekannt: Im Dezember 2016 konnte die syrische Armee mit Hilfe der russischen Luftwaffe die Kontrolle über den Ostteil der zweitgrößten Stadt des Landes, Aleppo, zum ersten Mal seit Sommer 2012 wiedererlangen. Ein Aufschrei ging durch die Medien entlang der westlichen Front, Aleppo gleiche einer Ruinenstadt am Ende des Zweiten Weltkrieges. Des „Dritten", sollte es ehrlicherweise heißen. Hoffentlich die letzte Schlacht, hoffentlich das Ende des Weltkrieges. Der seit 2004 amtierende russische Außenminister Sergej Lawrow sprach bereits im Februar 2017 bei der Münchner Sicherheitskonferenz zum ersten Mal von einer „postwestlichen Weltordnung". Gemeint war eine Nachkriegsordnung, oder wie es ein junger Syrer bei meinem Besuch in Latakia einige Wochen zuvor ausgedrückt hatte, während er dabei auf den blauen Himmel und auf das blaue Mittelmeer zeigte: „Vergiss Schiiten und Sunniten, Mann! Da oben und da draußen sind Russen und Amerikaner!"

Für Atwar Bahjat, Mazen al-Tmaizi, Rasheed Hameed Waali
und Millionen anderer Getöteter seit 1991
ändern die Erkenntnisse über den
Krieg und die Kriegsparteien
vermutlich nicht viel.
Vielleicht aber für einen selbst,
denn Sterben ist es manchmal auch,
wenn man sich lebend glaubt,
aber mit einem bereits toten Geist
durch das Leben reist.

Personenregister

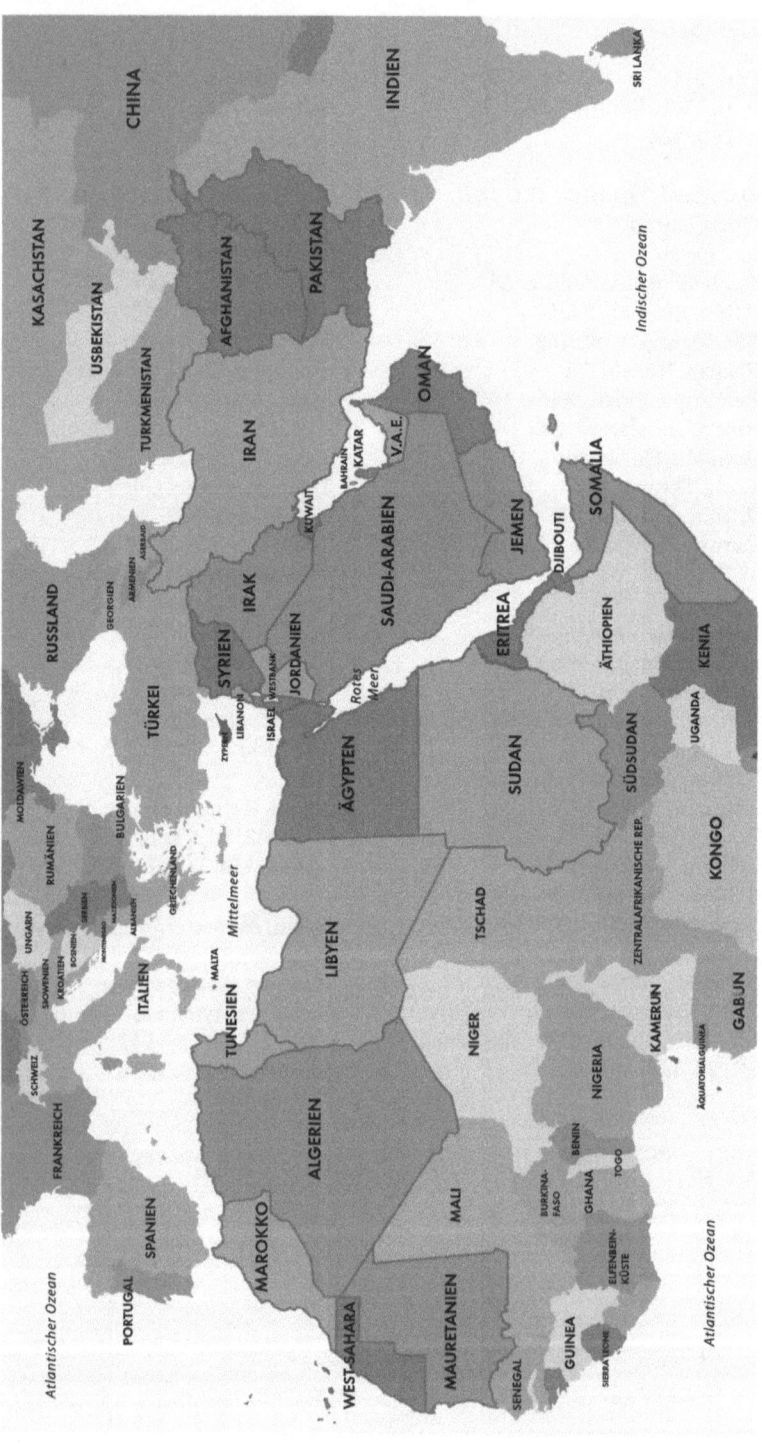